Jörg Knoblauch/Horst Marquardt (Hrsg.)

Fit für die Zukunft –
Konzepte christlicher Führungskräfte

BRUNNEN
VERLAG GIESSEN · BASEL

ABCteam-Bücher erscheinen in folgenden Verlagen:
Aussaat Verlag Neukirchen-Vluyn
R. Brockhaus Verlag Wuppertal und Zürich
Brunnen Verlag Gießen und Basel
Christliches Verlagshaus Stuttgart
Oncken Verlag Wuppertal und Kassel

© an dieser Zusammenstellung
1999 Brunnen Verlag Gießen.
Das Copyright der einzelnen Artikel liegt
bei den jeweiligen Autoren.
Redaktion: Frank-Michael Rommert
Umschlaggestaltung: Wolfram S.C. Heidenreich,
Buttgereit & Heidenreich Kommunikationsdesign, Haltern
Schaubilder und Grafiken: Daniel Saarbourg, idea-Grafik
Cartoons: Werner „Tiki" Küstenmacher
Satz: DTP Brunnen
Herstellung: St.-Johannis-Druckerei, Lahr
ISBN 3-7655-1176-5

Inhalt

Vorwort

Vom 4. bis 6. Februar 1999 fand in Fellbach der erste „Kongress christlicher Führungskräfte" statt. Es trafen sich fast 1200 Führungskräfte aus Kirche, Wirtschaft, Politik und Medien, um sich kennen zu lernen und Erfahrungen auszutauschen, um gemeinsam zu beten und voneinander zu lernen.

Konkret, inspirierend, kompetent und ermutigend – so haben viele Teilnehmer den Kongress erlebt. Das Buch, das die wichtigsten Beiträge des Kongresses enthält, verhilft zu einem aktuellen Überblick über die Lage unserer Gesellschaft, vermittelt Mut machende Perspektiven und weist auf neue Chancen hin. Neben einer Fülle praktischer Anregungen geben erfolgreiche Unternehmer auch Einblick in ihr Denken, Planen und Schaffen. Es ist unser Wunsch, dass die Themen dieses Kongressberichtes auch Ihnen Hilfe bieten für die wachsenden Herausforderungen, denen sich Führungskräfte im Alltag zu stellen haben.

Es war den Mitarbeitern von idea eine Freude und Ehre, die Veranstaltung mit tempus zusammen zu planen und zu gestalten. Es war unser gemeinsames Ziel, den Kongress durchzuführen im Glauben an den einen unwandelbaren Gott, Schöpfer und Erhalter des Himmels und der Erde. Wir wissen, dass er den Menschen den Auftrag gab, die Erde zu bebauen und zu bewahren (1. Mose 2,15). Dieser Gott ist der Vater unseres Herrn Jesus Christus. Wer sich auf Christus einlässt und sich an ihm orientiert, der gewinnt neue Perspektiven. Der Kongress zeigte, dass gerade aus biblisch orientiertem christlichen Glauben Antworten gefunden werden können auf manche Fragen, die sich Menschen an der Schwelle zum nächsten Jahrtausend stellen.

Horst Marquardt

Dr. Siegfried Buchholz

Fit für die Zukunft – Aufspringen auf einen fahrenden Zug

Führung war zu allen Zeiten ein interessantes, herausforderndes, mühsames und wichtiges Geschäft. In einer Zeit vieler, schneller Änderungen kann Führung jedoch zur ultimativen Zerreißprobe werden – oder sie verkommt zur Verwaltung des Status quo. Das ist aber dann keine Führung mehr. Führung hat viele Facetten und darf nicht verwechselt werden mit Management. Ganz plakativ formuliert:

Führung beschäftigt sich mit den Zielen von morgen. Management löst die Probleme von heute.

Führung sollte auch nie gleichgestellt werden mit Leitung. Leitung beschäftigt sich immer mit dem Strukturieren und Steuern von sachlichen Abläufen und will objektive Kosten-Nutzen-Bedingungen schaffen, kommt also dem Begriff Management sehr nahe. Das Wort „Leiterschaft" ist eine falsche Übersetzung des englischen „leadership" und kommt in der deutschen Sprache eigentlich gar nicht vor, sondern ist eine Erfindung frommer Leute. Leiten heißt klären, anordnen, systematisieren, vorzeichnen, vormachen, vorberechnen. Führen heißt erklären, begeistern, überzeugen, helfen, ermöglichen, vorleben, vorbedenken. Mit der Zukunft beschäftigt sich ausschließlich Führung, nicht Management und auch nicht Leitung.

Ich möchte mich hier mit der wichtigsten Aufgabe von Führung beschäftigen, mit der „Vorbereitung auf die Zukunft". Wir haben heute allen Grund anzunehmen, dass unsere Zukunft sehr herausfordernd sein wird. Und wer innerlich bereit ist, Herausforderungen anzunehmen, der ist gut beraten, sich darauf vorzubereiten, d. h. fit zu sein für die Bewältigung der anstehenden Aufgaben, eben „fit für die Zukunft".

In noch viel höherem Maß als früher muss uns allen klar sein, was Führung wirklich ist. Führung ist kein Job. Führung ist keine sichere Erwerbsquelle, kein Weg, schnell reich zu werden. Führung ist auch kein Abarbeiten von Lehrbuchinhalten. Führung ist ein Lebensstil, der gleichzeitig beglückend und belastend, faszinierend und riskant ist. Führung setzt Folgendes voraus: hellwach zu sein, immer. Bereit und fähig zu sein, die eigenen Fähigkeiten laufend zu verbessern. Bereit und fähig sein zum laufenden Wachstum von Wissen und Charakter. Nie mit zweitklassiger Arbeit zufrieden zu sein. Bereit und fähig zu sein, Menschen liebende Zuneigung entgegenzubringen und ihnen zu helfen, ihr volles Potential zu erreichen. Führen heißt willens sein, die Dimension von Qualität auf alle Bereiche des Lebens und Arbeitens zu übertragen. Willens sein, in diese Welt mehr hineinzugeben, als herauszuholen. Und Führung setzt voraus, sich dessen stets bewusst zu sein, nur dann Vorbild und Autorität für andere sein zu können, wenn das eigene Leben unter der Führung einer höchsten Autorität steht.

Was bedeutet das: Fit sein?

Im Lexikon findet man eine erstaunliche Vielfalt an Inhalten für den Begriff „fit". Wer näher hinschaut, entdeckt dort zwei Kategorien. Einmal kann „fit" heißen: tauglich, geeignet für, leistungsfähig, gut genug für, qualifiziert, passend. Hier sind Sie fit für einen Zweck *außerhalb* von Ihnen selbst. Zum anderen kann „fit" aber auch heißen: gesund, sportlich, drahtig, hohe Lebensqualität, sich wohlfühlend. Dann sind Sie *fit für sich selbst*. Gute Leute können beides miteinander kombinieren, aber es gelingt nur sehr wenigen. Richtig fit heißt also immer körperlich fit sein, mental fit sein und geistlich fit sein.

Wenn Sie die Frage „Was ist das: Fitness? Bin ich wirklich fit für eine herausfordernde Zukunft?" umfassend beantwortet haben möchten, dann muss sie noch präziser gestellt werden. Sie sollten sich dann fragen: Wie überlebe ich erfolgreich in einem Umfeld hoher Änderungsdynamik? „Fit für die Zukunft" heißt, über vier wichtige Ressourcen zu verfügen:

1. Geistige Elastizität, um die Frage beantworten zu können: „Wie bewältige ich immer wieder, was da auf mich zukommt?".
2. Körperliche Robustheit, um der Frage „Wie überlebe ich?" entgegentreten zu können.
3. Gewissheit über die eigene Identität. Sie müssen unverwechselbar sein, um eine Antwort auf die Frage zu haben: „Wer bin ich? Wer bin ich wirklich?"

4. Persönliche Geborgenheit. Sie müssen die Frage beantworten können: „Wer hält mich?" Sonst gehen Sie unter bei dem, was auf Sie zukommt.

Um wirklich fit zu sein, müssen Sie Antworten auf jede dieser vier Fragen haben.

Der Ansatzpunkt aller Erfolge und Misserfolge ist immer Führung. Und richtige Führung gelingt mir nur, wenn der mithilft, der mich gemacht hat. Gott weiß am besten, was ich brauche. Wenn Sie ihn ausschalten, ist richtige Führung schwierig.

Wie könnte die Zukunft aussehen, für die wir uns fit machen müssen?

Auf welche Art von Zukunft steuern wir eigentlich zu? Oder vielleicht noch genauer: Wie sehen die zukunftsbildenden Prozesse derzeit aus?

Wir können zunächst einmal davon ausgehen, dass unbekannte Zukunft uns immer die Möglichkeit einer Mitgestaltung von Zukunft gibt. Ich möchte Sie ermutigen, auf die Zukunft zuzugehen und nicht innerlich vor der Zukunft wegzulaufen. Das Ertragbare an der Zukunft ist ja, dass sie in Raten kommt und uns immer wieder „portionsweise" serviert wird. Und hier liegt die Chance unserer Anpassung durch Lernen. Wenn wir heute die Zukunft fürchten, werden wir uns auch unsere Gegenwart vermasseln.

Unsere Zukunft ist grundsätzlich immer unbekannt. Aber weil unsere Zukunft eine Zukunft des stetigen Wandels sein wird, wird sie auch den Charakter einer Flusssituation haben. Und in einer sich stetig ändernden Flusssituation kann man sich einfädeln und Änderungen langsam mitbestimmen. Darauf beruht z.B. Chaosmanagement.

Ich möchte die Möglichkeit dieser Zukunftsmitgestaltung einmal illustrieren. Wer sich in unserer Welt umschaut, dem fällt auf, dass überall neue „Schienenstränge" gelegt werden, auf denen man hofft, sicher ins nächste Jahrhundert zu kommen, möglichst schneller als die anderen. Deutschland legt z.B. andere Schienenstränge als England. Die Vereinigten Staaten legen andere Schienen als Europa. Tschechien legt andere als Ungarn. Daimler-Chrysler legt andere Schienen als General Motors, Hoechst andere als Bayer. Die

Unternehmer legen andere Schienen als die Gewerkschaften, die großen Kirchen andere als die Sekten. Seit geraumer Zeit findet hier ein Zukunftswettbewerb statt. Und es sind zahllose Schienenstränge, auf denen heute bereits Züge fahren:

- Züge, die man stoppen sollte,
- Züge, auf die man aufspringen sollte,
- Züge, die man umleiten sollte und
- Züge, auf denen man keinesfalls mitfahren sollte.

Der hier stattfindende Zukunftswettbewerb, d. h. die sorgfältige Entscheidung, auf welche Züge wir aufspringen sollten und auf welche nicht, wird die wichtigste und herausragendste Aufgabe von Führung in der Zukunft sein.

Wenn wir uns dieses große Wirrwarr von Schienen, Weichen und Zügen anschauen, dann müssen wir uns fragen: Gibt es Muster, die wir entdecken und an denen wir vielleicht lernen können, wo wir mitfahren sollten und wo nicht?

Ein Muster scheint uns zu verfolgen von Anbeginn der Welt. Der Widersacher Gottes bietet uns immer wieder einen scheinbar intelligenten Weg an, den er uns als strategische Option verkauft. Ich darf Sie daran erinnern: Sünde ist eine strategische Option. Denken Sie an das erste Angebot im Garten Eden, das der Widersacher dort machte. Dieses Angebot scheint vernünftig. Den beiden Paradiesbewohnern wurde Führungsqualifikation angeboten, Wissen um Zusammenhänge, Durchblick und Erkenntnis, Unternehmerpotential. Es war ein faszinierendes Angebot von Führungskompetenz durch Machtausübung. Allerdings ausgestattet mit einer Führungsqualität, die nicht von Gott stammte. Und dieses Angebot und die daraus resultierende Führungspraxis finden wir heute wieder in unserem Leben.

Die globalen Erfolge von organisierter Kriminalität gehen direkt auf dieses erste Führungsangebot zurück, auf die Gott und Menschen verachtende Kombination von Brain-Power und Hell-Power. Nie zuvor hat Kriminalität mit soviel zynischer Intelligenz so erfolgreich gearbeitet wie heute. Auch das wird Teil unserer Zukunft sein. Von allen Prozessen der Globalisierung ist die Globalisierung der organisierten Kriminalität der furchterregendste. Was unsere Welt von heute und morgen prägt und prägen wird, sind neue, außerordentlich wirksame und menschenverachtende Wege von Machtausübung. Wo finden wir heute in unserer Welt wirklich vorzeigbare Führungskompetenz? Wer führt am effizientesten? Wo sind die Gruppen, die zielorientiert, strategiekonform und außergewöhnlich erfolgreich führen? – Wie würde wohl eine „Hitliste Führungskompetenz" aussehen?

An erster Stelle steht sicherlich die organisierte Kriminalität, an zweiter Stelle stehen Minoritäten und Randgruppen. Dann steht dort die Wirtschaft, dann die Banken, dann die Politik und am Schluss die großen Kirchen. Wenn Sie sich diese Hitliste vor Augen halten, dann entdecken Sie, dass die, die am besten führen, sinnzerstörende Führung praktizieren, und dass die, die am schlechtesten führen, sinnstiftende Führung produzieren. Ich weiß nicht, ob es uns gelingt, dies bald zu ändern.

Ich habe einen guten Freund in Amerika. Er gehört dort zu den bedeutenden Strategieberatern. Eines Abends saßen wir zusammen in einem Restaurant an der 3rd Avenue in Manhattan. Und ich sagte: „Du bist doch schon in vielen Unternehmen gewesen, die bankrott gegangen sind. Hast du einen roten Faden entdeckt, warum das alles passierte?"

Und er sagte: „Ja."

Ich sagte: „Wie sieht dieser rote Faden aus?"

„Nun", sagte er, „20 Prozent Inkompetenz, 80 Prozent Korruption."

Ich hakte nach: „Was verstehst du unter Korruption?"

Er sagte: „Korruption ist für mich alles, wo jemand seine eigenen Interessen über die des Unternehmens stellt. Das ist ein banales Beispiel für Führungsschwäche."

Und dann pausierte er eine Weile , um dann einen überraschenden Satz hinterherzuschieben: „Um die Zusammenhänge von Führungsschwäche und Korruption wirklich zu verstehen, we need a new concept of evil – wir müssen das Böse besser verstehen."

Der Apostel Johannes hat dann wohl den Managern und Führungskräften etwas zu sagen, wenn er darauf hinweist, dass Jesus auf die Erde gekommen ist, um die Werke des Teufels zu zerstören. Es wird zunehmend wichtiger, darauf zu achten, *wer* uns Führungsqualität und Führungsqualifikation anbietet. Achten Sie sehr sorgfältig darauf, wen Sie einkaufen.

Mit Hilfe meines Bildes von Schienen und Zügen möchte ich illustrieren, wo wir Führungsqualifikationen benötigen, um „fit für die Zukunft" zu sein. Ich gebe zunächst einmal einige Beispiele von Zügen, die bereits abgefahren sind – Züge, die überallhin, aber nicht in die Zukunft fahren.

Wir leben in einer Zeit langer, schmerzhafter Abschiede. Wir verabschieden uns derzeit von einigen wichtigen Kulturbausteinen, die für uns einen hohen Wert haben, und die alle bisher eine Art von Geborgenheit vermittelt haben. Ich frage mich manchmal, ob jetzt eine Zeit beginnt, wo wir uns in dieser Welt nicht mehr geborgen fühlen können, weil Gott uns seine Geborgenheit anbieten möchte.

Das erste, von dem wir uns verabschieden, ist der *sichere Arbeitsplatz*. Ich darf daran erinnern: Der sichere Arbeitsplatz war ein gesellschaftliches Kunstprodukt. Er entstand Anfang letzten Jahrhunderts. Er war eine Konsequenz der Industrialisierung. Der sichere Arbeitsplatz endet mit Ende dieses Jahrhunderts. Es hat ihn 200 Jahre gegeben. Sein Ende muss keine Katastrophe sein.

Wir verabschieden uns derzeit von dem, was wir bisher eine *vorausplanbare Karriere* nannten. Die hohe Änderungsdynamik hat vorhersehbare, sichere Berufswege abgeschafft. Auch das muss noch keine Katastrophe sein.

Wir verabschieden uns möglicherweise derzeit bereits schon vom sogenannten *Mittelstand*. Er hat ohnehin nur etwa 50 Jahre gedauert. Unsere Unfähigkeit, mit Arbeit und Arbeitslosigkeit umzugehen, wird möglicherweise nur noch Arme und Reiche zurücklassen. Für diese Welt zunehmender Kontraste müssen wir noch einiges lernen.

Wir verabschieden uns möglicherweise auch von einer menschlichen Lebensphase, die wir *Kindheit* nannten. Auch die wurde nicht einmal 150 Jahre alt. Die Schonzeit vor dem Erwachsenwerden schrumpft schnell zusammen. Dafür sorgen Ehescheidungen, Massenmedien und die Ökonomisierung des gesamten Lebens. Es entstehen immer mehr frühkindliche Erwachsene.

Wir verabschieden uns möglicherweise auch bald schon von der *Staatsform der Demokratie,* die auch nur nicht einmal 200 Jahre alt wurde. Auf der einen Seite lassen gravierende Änderungen in der globalen Machtausübung zunehmend weniger Raum für nationale freie Mehrheitsentscheidungen, und auf der anderen Seite scheint gerade der Missbrauch der Demokratie zu ihrem Ende zu führen.

Unsere moralische Widerstandskraft, die man in einer Demokratie braucht, erlahmt mehr und mehr.

Andere Züge fahren mit Volldampf und scheinbar ungebremst in die Zukunft. Alle diese Züge werden zu Kontrasten führen und tun dies heute schon. Wenn wir mit Kontrasten umgehen müssen, dann haben wir ein großes Problem. Unser Harmoniebedürfnis ist zu hoch.

Zug Nr. 1 ist unser *Umgang mit Geld.* Hier fährt ein Zug, der irgendwann einmal entgleisen muss. Der Antriebsmotor dieses Zuges heißt Gier. Dieser Zug ist wohl nicht mehr zu stoppen. Bitte springen Sie auf diesen Zug nicht auf! Seit geraumer Zeit wird in unserer Welt mehr Geld mit Geld verdient als mit Arbeit. Über 90 Prozent alles derzeit global bewegten Geldes hat keine wirtschaftliche Basis mehr, sondern ist nur noch Spekulationsmasse. Wir haben nichts gelernt vom Zerplatzen der japanischen „Bubble-Economy". Wir werden wahrscheinlich das Gleiche wiederholen, was die Japaner auch gemacht haben. Der Börsenwert aller Aktiengesellschaften weltweit ist derzeit geschätzt 9,5 mal so hoch wie der Realwert dieser Unternehmen. Und dieses Auseinanderdriften von virtuellem und wirklichem Wert der Wirtschaft werden wir irgendwann nicht mehr handhaben können. Was dort mit dem kühlen Begriff „shareholder value" beschrieben wird, müsste eigentlich „shareholder cash" heißen. Und das breitflächige Feuern von Mitarbeitern, um den virtuellen Unternehmenswert auf der Börse zu erhöhen, den man mit Hilfe von Stock-Options zu privatem Bargeld der Manager macht, und zwar zu sehr vielem, wird uns sicher nicht „fit für die Zukunft" machen. Wissen Sie, warum nicht? Eitelkeit macht dumm, Hektik macht dumm, Angst macht dumm, aber Gier macht furchtbar dumm!

Zug Nr. 2 ist unser *Umgang mit Bildung und Ausbildung.* Wir müssen davon ausgehen, dass Bildung der wichtigste Rohstoff des nächsten Jahrhunderts sein wird. Unsere derzeitigen Bildungssysteme bereiten nicht auf Zukunft vor. Schule kann oder will bis jetzt nicht verstehen, was in der Welt der Berufe wirklich benötigt wird. Schule ist immer noch im Geschäft der reinen Vermittlung von Wissen, das traditionell vermittelbar und speicherbar ist. Schule geht immer noch davon aus, für traditionelle, lebenslange Berufe vorzubereiten, die es schon gar nicht mehr gibt. Schule muss lernen, nicht mehr auf Employment vorzubereiten, sondern auf Employability, d.h. auf die Bereitschaft und Fähigkeit, in einer Welt sich stets ändernder Berufe auf fahrende Züge aufzuspringen. Und das lernen wir in der Schule nicht. Es hat bereits seit geraumer Zeit ein globaler Leistungswettbewerb begonnen. In einer internationalen Bildungsstudie 1992 wurde z.b. festgestellt, dass etwa fünfzig Prozent aller Amerikaner keine Chance hätten, in einer japanischen Honda-Fabrik eingestellt zu werden. Wie viel Deutsche würden dort angestellt werden?

Der nächste Zug ist unser *Umgang mit Arbeit*. Wir sind dabei, unsere Gesellschaft in zwei große Blöcke zu teilen. Der eine Block heißt „Arbeit ohne Leben" und der andere heißt „Leben ohne Arbeit". Beide Blöcke haben keine Vision mehr, und es wird schwierig sein, diesen beiden Blöcken eine Vision zu geben. Hier wird ein Dominoeffekt sichtbar. Weil unser erster Zug „Umgang mit Geld" und unser zweiter Zug „Umgang mit Bildung" in die falsche Richtung fahren, fährt auch dieser dritte Zug „Arbeit" in die falsche Richtung.

Als ich 1961 in den Beruf eintrat, konnte ich eine Lebensarbeitszeit von etwa 100.000 Stunden erwarten. Meine Söhne, die jetzt in den Beruf eintreten, können nur noch eine Lebensarbeitszeit von 50.000 Stunden erwarten. Wir haben in nur einer Generation unsere Lebensarbeitszeit halbiert. Die Gründe dafür sind längere Ausbildung, mehr Urlaub und Feiertage, keine lebenslangen Anstellungen mehr, frühere Pensionierung und dazu noch in Deutschland die welthöchsten Arbeitskosten. Auch auf diesen Zug müssen wir aufspringen, um ihn in die richtige Richtung zu leiten.

Lassen Sie mich einen letzten Zug erwähnen, der in eine gefährlich falsche Richtung fährt und unsere Zukunfts-Fitness deutlich gefährdet. Dieser Zug heißt „Umgang mit dem Sinn und Wert von Zukunft". Wir befinden uns mitten in einem Prozess einer alles umfassenden geistigen und geistlichen Kulturrevolution. Halten Sie sich die drei Komponenten dieses Prozesses vor Augen:

- Prozess Nr. 1 ist eine globale Entwestlichung des Christentums.
- Prozess Nr. 2 ist eine kulturelle Herausforderung des Christentums.
- Prozess Nr. 3 ist eine gefährliche Entstellung des Christentums.

Diese drei Prozesse scheinen auf hintergründige Art ineinanderzugreifen und machen so eine alles umfassende Kulturrevolution möglich. Im besonderen Maß ist hier die sogenannte Unternehmenskultur Europas gefährdet.

Die *globale Entwestlichung des Christentums* ist ein nicht mehr anzuhaltender Zug. Ungefähr 70 Prozent aller Evangelikalen leben bereits heute in Afrika, Asien und Südamerika. Im größten römisch-katholischen Land der Welt, in Brasilien, sind bereits 18 Prozent der Gesamtbevölkerung evangelikale Christen. Zehn der zwanzig größten christlichen Kirchen der Welt existieren in Südkorea. 80 Prozent aller Einwohner von Uganda sind Christen. Wir werden buchstabieren lernen müssen, was Jesus zu Nikodemus sagte: „Der Geist Gottes weht, wo es ihm gefällt", nicht wo es uns gefällt. Christliche Theologie wird in Zukunft von Menschen geprägt werden, die anders denken und anders hoffen als Sie und ich. Das wird für uns etwas Neues sein.

Eine neue Art von globaler, *kultureller Herausforderung des biblischen Christentums* steht uns aber noch von einer anderen Seite ins Haus – eine direkte Folge der Globalisierung. Der Harvard-Professor Samuel Huntington nennt in seinem Buch „Kampf der Kulturen" („Clash of Civilisations") überzeugende Gründe dafür, dass die Kriege der Zukunft sehr wahrscheinlich Kulturkriege sein werden. Weil in einer globalisierten Welt die Bedeutung der Nationalstaaten laufend zurückgeht, werden sich Menschen mehr und mehr wieder mit ihrer Kultur identifizieren. Und Kulturen definieren sich immer durch Religionen. Dabei wird sich dann sehr schnell herausstellen, wie vital, wie kraftspendend, wie überzeugend und wie sinnstiftend die einzelnen Religionen sein werden. In meiner Sprache würde ich dazu sagen: wie wettbewerbsfähig.

Der geistige und geistliche Wettbewerb zwischen Christentum und Islam hat auch in diesem Land längst begonnen. Der nächste Wettbewerb wird mit dem Buddhismus ausgetragen werden. Und eigentlich hat er schon begonnen.

In dieser eben beschriebenen Kampf- und Wettbewerbssituation trifft uns nun ein *Prozess der Entstellung und Karikierung des Christentums* besonders hart. Das ist zunächst einmal ein europäisches Problem. Im Europaparlament gibt es starke Bestrebungen, Sekten für illegal zu erklären. Die meisten EU-Länder haben bereits Sektenkataloge vorgelegt, der Katalog Deutschlands enthält ca. 800 verschiedene Gruppen. Darf ich Ihnen ein paar Beispiele dafür geben, was derzeit in verschiedenen EU-Ländern in die Kategorie „Sekten" fällt: Katholische Charismatiker, Baptisten, Mormonen,

Zeugen Jehovas, Quäker, CVJM, Opus Dei, Campus für Christus. Seit Dezember 1997 beschäftigt sich die Helsinki-Kommission des US-amerikanischen Justizministeriums damit und fordert die EU immer wieder auf, in Europa die Freiheit religiöser Minoritäten zu garantieren, wie es die Menschenrechtskonvention vorgibt.

Diese zukunftbildende Kulturrevolution bietet manchmal auch erfreuliche, nachdenkenswerte Beispiele. Und ich gebe Ihnen auch hier ein Beispiel: Ich bin regelmäßig in Zagreb und arbeite dort in einer hochkarätigen Arbeitsgruppe mit, die sich die geistige Erneuerung Kroatiens zum Ziel gesetzt hat. Auf meine anfängliche Frage, was gerade ich in diesem Arbeitskreis ausrichten kann, wurde mir gesagt: „Als christliche Führungskraft bitten wir Sie uns zu helfen, in unsere neue Arbeitsbasis für unser Land tragfähige Werte einzufädeln." Das ist großartig. Es gibt noch mehr Länder, die dies probieren.

Ich möchte noch etwas über Inhalt und Bedeutung von Führung nachdenken und darüber, welche Rolle das biblische Christentum dabei spielen könnte. Führung besteht aus zwei Komponenten: Aus Wissenskompetenz und aus Persönlichkeit. Ungefähr ein Drittel Kompetenz, zwei Drittel Persönlichkeit. Kompetenz lernt man auf der Schule, Persönlichkeit lernt man in der Familie. Gehen Sie mal davon aus, dass mit etwa sieben Jahren der Prozess der Persönlichkeitsformung eines Menschen so gut wie abgeschlossen ist. Ob man später einmal eine gute Führungskraft wird, ist in der Mehrzahl aller Fälle dann schon entschieden, wenn man ins erste Schuljahr geht. Wichtigste Bausteine für Zukunftsfitness werden also bereits in den ersten Lebensjahren eingesetzt. Charaktereigenschaften und Wesenszüge wie z.B. Teamfähigkeit, Integrität, Selbstdisziplin, soziale Kompetenz, gutes Selbstbewusstsein, Hilfsbereitschaft, Wahrhaftigkeit und Vertrauenswürdigkeit lernt man nur als Kind zu Hause. Später ist niemand mehr daran interessiert, uns das beizubringen. Das wird im Elternhaus erlebt und trainiert und ist im späteren Leben bei Null anfangend nicht mehr vermittelbar, auch nicht mehr in teuren Führungsseminaren.

Wenn die Eltern eines Kindes Christen und noch beide zu Hause vorhanden sind, dann kann das Kind in jungen Jahren an seinen Eltern modellhaft lernen, was es später in einem anspruchsvollen

Beruf können und anwenden muss. Um richtige, „zukunftsrichtige" Führungspersönlichkeiten zu entwickeln, müssen wir also möglichst viele intakte Elternhäuser haben.

Doch die Frage ist natürlich, was mit den Menschen passiert, die nicht das Glück hatten, eine lebenswichtige Persönlichkeit mit auf den Weg zu bekommen? Das ist eine sehr ernste Frage. Was machen Sie mit einem Manager, der viel weiß und kann, der aber keine Führungspersönlichkeit ist, der unglaublich intelligent, ein hochkarätiger Profi, aber gleichzeitig charakterschwach ist? Es gibt nur einen, der darauf eine Antwort hat und einen praktischen, wirklichkeitserprobten Weg anbietet, den viele Menschen erfolgreich gegangen sind. Es gibt de facto einen Weg, auch bei einem erwachsenen Menschen Persönlichkeit zu ändern. Gott läßt Paulus im zweiten Brief an die Korinther eine bemerkenswerte Aussage machen: „Gehört jemand zu Christus, dann ist er ein neuer Mensch. Was vorher war, ist vergangen, etwas Neues hat begonnen."

Gott hat seit jeher einen guten, intelligenten, ganzheitlichen Plan für seine Menschen. Der durchgängige rote Faden in seinem Plan heißt Liebe. Er hat uns seine Liebe modellhaft vorgezeigt und hat sich das viel kosten lassen. Um die Schuld unserer bewussten Gottesferne abzuzahlen, hat er jemand anders dafür zahlen lassen: Jesus. Dieses gigantische, globale Rettungsprojekt geht weit über unser Verständnis. Aber diejenigen, die es für sich persönlich akzeptieren, lernen einen Gott kennen, der ihnen eine neue Führungsqualität schenkt: Nächstenliebe. Und Nächstenliebe ist immer noch die wichtigste Führungsqualifikation. Wer Menschen nicht lieben kann, kann sie auch nicht führen. Er wird sie schlussendlich manipulieren. Das ist eine Frage seiner Geduld. Er kann sie auch nur kommandieren, nicht führen. Aber in eine unbekannte, herausfordernde Zukunft hinein können Sie Menschen nur hineinführen. Sie können sie nicht hineinkommandieren.

Wie kann man sich für die Zukunft gut vorbereiten?

Noch einmal zurück zu dem Bild mit dem Zug und den Schienen: Es gibt einen Zug, der durch unsere Welt fährt und Vorfahrt vor allen anderen Zügen hat. Dieser Zug hält nie. Er fährt auch weiter als alle anderen Züge. Er fährt manchmal langsam, so dass man aufspringen kann. Die Fahrt und die Richtung dieses Zuges wird durch die ganze Bibel hindurch beschrieben. Dieser Zug ist der souveräne, unbeirrbare Führungs- und Gestaltungsprozess Gottes, mit dem er seine Schöpfung auf seinem Weg an sein Ziel führt. Diesen gewaltigen, universalen Prozess einer für alle Zeit und Ewigkeit proklamierten absoluten Herrschaft des Schöpfers über alles Geschaffene benennt die Bibel mit dem Begriff „Reich Gottes". „Reich Gottes" ist die Chiffre für Gottes Souveränität und damit auch für äußerste Realität.

Für diesen Zug ist unsere Zukunft nur eine Durchgangsstation, nur ein kleiner Teil seiner Wegstrecke. Dieser Zug fährt viel weiter. Wer in diesem Zug sitzt, ist nicht nur fit für die Zukunft. Er ist fit für die Ewigkeit. Und das ist ultimative Zukunft. Dieser Zug will alle mitnehmen. Aber mitfahren kann man nur zu bestimmten Bedingungen. Jesus hat sie aufgelistet im Neuen Testament. Er sagt, wer mitfahren will in diesem Zug, muss zu Folgendem bereit sein:

1. Er muss sein altes Leben abgeben und neu geboren werden – die Grundbedingung fürs Einsteigen (Johannes 3).
2. Er muss seine Prioritäten klar sortiert haben. Das Reich Gottes muss bei ihm an erster Stelle stehen. Alles andere kommt dann fast automatisch hinterher. Dieser Zug befährt also keine Nebenstrecken (Matthäus 6).
3. Er muss das Reich Gottes wirklich wollen und sich deutlich danach ausstrecken. Wer immer wieder seine Vergangenheit aufarbeitet, wird nicht gebraucht in diesem Zug (Lukas 9).
4. Er muss alles Wichtige von Gott erwarten und nicht mehr seiner eigenen Klugheit vertrauen. Er muss dem Lokomotivführer wirklich die Lenkung überlassen (Matthäus 5).
5. Er muss sich der Liebe Gottes öffnen wie ein Kind: einfach, wahrhaftig und vertrauensvoll (Markus 10).

Immer wieder werden in diesem gewaltigen Gestaltungsprozess des Reiches Gottes zwei Dinge sehr klargemacht: Dass Gott sein Ziel unbeirrbar verfolgt und dass er eine bemerkenswerte Weise hat, Führung auszuüben. Der klarste und souveränste Führungsanspruch erreichte uns, als Jesus Christus diese Welt betrat und den ersten geistigen Globalisierungsprozess in Gang setzte. Sein Anspruch: „Ich bin der Weg, ich bin das Licht der Welt", verweist alle anderen

Ansprüche ähnlicher Art auf den zweiten oder sogar dritten Platz. Seine Ich-bin-Worte sind geistige Unikate, so etwas hat sonst niemand gesagt.

Er definiert Führungsqualität in kurzen, knappen Worten bei der letzten gemeinsamen Mahlzeit mit seinen Freunden. Jesus sagt: „In dieser Welt unterdrücken die Herrscher ihre Völker, und Diktatoren lassen sich als Wohltäter feiern. Aber bei euch sollte das nicht so sein. Wer der erste sein will, der soll sich zunächst einmal allen anderen unterordnen. Wer führen will, der muss erst einmal dienen lernen. Selbst ich, der Herr, bin euer aller Diener geworden, euer Modell. Ich verspreche euch, ihr werdet mit mir zusammen in einem Reich herrschen, das mein Vater mir übergeben hat."

Wo immer wir als christliche Führungskräfte über Führung nachdenken oder Führung praktizieren, da müssen diese Führungsgrundsätze unseres Herrn Maßstab unseres Denkens und Handelns sein.

Wer in diesem Zug sitzt, der Reich Gottes heißt, dem können zwei wunderbare Dinge passieren. Paulus schreibt im Römerbrief, dass die ganze Schöpfung sehnsüchtig darauf wartet, dass Gott sein Reich vollendet. Glauben Sie mir: Viele Menschen, die den Begriff „Reich Gottes" nie gehört haben, verspüren eine tiefe Sehnsucht nach einer neuen Welt und nach einer guten Zukunft und einer klaren Führung. Diese Sehnsucht entzündet sich bei den meisten an den Defiziten und Ungerechtigkeiten unserer derzeitigen Herrschaftssysteme, an dem immer sichtbarer werdenden Versagen unserer Führungsstrukturen. Dieser Sehnsucht möchte Jesus begegnen.

Wenn wir anderen Menschen von der umgestaltenden Kraft Jesu Christi erzählen, dann gibt es da oft ein großes Problem: deren mangelnde Vorstellungskraft. Sie können sich nicht vorstellen, dass es so etwas gibt wie wirklichen Frieden des Herzens, wie wirkliche Vergebung, wie wirkliche Zufuhr von Kraft. Ihre Fernsicht versagt. Dann müssen diejenigen, die Gott erlebt haben und mit ihm leben, die Bürger sind im Reich Gottes, die Sehkraft derer verstärken, die diese Vision der Hoffnung noch nicht schaffen.

Steigen Sie ein. Springen Sie auf. Je nachdem, wie geistlich-sportlich Sie sind und vor allen Dingen, je nachdem, wieviel Sehnsucht Sie haben, wirklich dort anzukommen, wo Sie ankommen wollen, und wo er Sie dann längst erwartet.

Gott als Schöpfer und Herr dieser Welt ist souverän. Er ist ein souveräner Herrscher, der anordnen kann, was er für richtig hält. Souveräne Herrscher hatten nie eine ausgeprägte Neigung, Dialoge zu führen. Sie gaben Anweisungen. Jesus hat uns gesagt, dass wir den Souverän dieser Welt mit „Vater" anreden dürfen. Jesus aber hat uns gesagt, dass dieser Vater uns sogar adoptieren will. Er will mit uns umgehen wie mit seinen eigenen Kindern. Verstehen Sie das? Ich nicht. Aber für mich ist das schon allein Grund genug, auf diesen fahrenden Zug aufzuspringen. Ich will beim Reich Gottes dabei sein, ganz, ganz sicher. Denn nur hier werde ich dort ankommen, wo ich um alles in der Welt ankommen will. An den einzigen Ort dieser Welt, an dem ich mich nicht mehr darum zu sorgen brauche, „fit für die Zukunft" zu sein, an dem ich wirklich Geborgenheit finde, und das auch noch in einem Leben, das nie aufhören wird. Das kann man doch nicht ausschlagen!

Helmut Matthies

Wo liegt die Zukunft der Kirchen?
Anmerkungen eines Journalisten
zu einem höchst umstrittenen Thema

Für einen Journalisten wie mich wird die Situation bei diesem höchst umstrittenen Thema in der Bibel klar beschrieben. In der Apostelgeschichte (Kapitel 19) heißt es über die Situation in der kleinasiatischen Stadt Ephesus: „Die einen schrien dies, die anderen das, und die meisten wußten nicht, warum sie zusammengekommen waren."
　Wir haben zwar ein Thema, aber wenn ich dazu auffordern würde, auf die gestellte Frage zu antworten, dann wäre das Ergebnis wahrscheinlich ähnlich. Aber auch die Aufgabe des Journalisten wird von dem großen Reporter des Neuen Testaments, dem Evangelisten Lukas, klar benannt. Zu Beginn seines Evangeliums schreibt er: Aufgabe ist, den sicheren Grund von allem herauszufinden. Wo ist er bei unserem Thema?

1. Das Umfeld der Kirchen in Deutschland

Wir leben in einem gedrittelten Volk: Ein Drittel sind Atheisten, Moslems und Juden, ein Drittel katholisch und ein Drittel evangelisch. Sind in der alten Bundesrepublik knapp 80 Prozent Mitglieder einer Kirche, so sind es in den neuen Bundesländern etwa 80 Prozent nicht.

„Das gäbe es in meiner idealen Welt"

Freiheit	97%
Natur	94%
Umweltfreundliche Technik	93%
Freizeit	91%
Familiensinn	91%
Demokratie	88%
Wohlstand	87%
Technischer Fortschritt	81%
Fernsehen	72%
Gut ausgebaute Straßen — — —	72%
Heimatverbundenheit	72%
Hohe Löhne	63%
Förd. v. Wissensch. u. Forschung	60%
Große künstlerische Leistungen	60%
Computer	56%
Religiosität	45%
Großstädte	44%

Allensbach-Umfrage
in Deutschland
Bevölkerung in Prozent

Quelle: Allensbacher Archiv, IfD-Umfrage 6043, April/Mai 1997 © 1997 ideagrafik

Was ist den Deutschen nun wichtig? Für 97 Prozent ist es die Freiheit. Es folgen Natur, Technik, Freizeit, Familie, Demokratie und Wohlstand. Für nur 45 Prozent ist es die Religion. Gibt sie demnach keine Antworten auf die Wünsche der Bürger? Dabei hätten wir doch als Christen zu allen Wünschen tragfähige Antworten zu geben. Traut man uns etwa nicht? Laut Emnid-Umfrage ist bei der Jugend das Vertrauen in Gerichte (71 Prozent), Polizei (70 Prozent), selbst Bundeswehr (65 Prozent) größer als in die Kirchen (46 Prozent). Und weil sie den Botschaftern wenig vertrauen, ist offensichtlich auch der Glaube an die Botschaft gering. Nur 45 Prozent der Deutschen glauben überhaupt noch an Gott. Es gibt also 9 Millionen Kirchenmitglieder, die nicht einmal an Gott glauben. Und die Unkenntnis wird immer größer. In Greifswald hieß es kürzlich bei einer Evangelisation: „Schlagen Sie bitte das Neue Testament auf."

Eine Frau meldet sich: „Ich habe hier nur eine Bibel. Geben Sie mir bitte auch ein Neues Testament."

Aber auch im Westen weiß man immer häufiger immer weniger. Der damals ranghöchste Lutheraner in Deutschland, der ehemalige hannoversche Landesbischof Horst Hirschler, erfuhr am eigenen Leib, dass trotz zahlreicher religiöser Sendungen im Fernsehen nicht einmal allen westlichen Fernsehmachern (!) bekannt ist, daß es zehn (!) Gebote gibt. Der Bischof: „Spätnachmittags wurde ich von RTL aus Köln angerufen. Eine junge Frauenstimme war am Apparat, Stimmengewirr im Hintergrund. ‚Ist da jemand von der Kirche?'

‚Ja', sage ich, ‚Landesbischof Hirschler.'

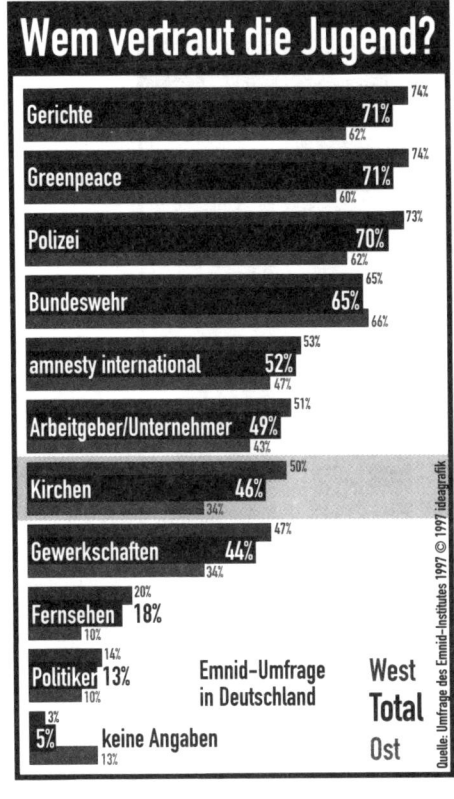

Wem vertraut die Jugend?

Gerichte	71%	74% / 62%
Greenpeace	71%	74% / 60%
Polizei	70%	73% / 62%
Bundeswehr	65%	65% / 66%
amnesty international	52%	53% / 47%
Arbeitgeber/Unternehmer	49%	51% / 43%
Kirchen	46%	50% / 34%
Gewerkschaften	44%	47% / 34%
Fernsehen	18%	20% / 10%
Politiker	13%	14% / 10%
keine Angaben	5%	3% / 13%

Emnid-Umfrage in Deutschland

West
Total
Ost

Quelle: Umfrage des Emnid-Institutes 1997 © 1997 Ideagrafik

,Was?', fragt sie.

,Ich bin der Bischof', sage ich.

,Toll', sagt sie. ,Mensch, hier', ruft sie in den Hintergrund, ,ich habe einen richtigen Bischof dran. Ja, also wir sind hier das Team für die Sendung *Wie bitte?* Und wir haben eine Frage: Sagen Sie mal, es gibt doch in der katholischen Kirche so Gebote. Kennen Sie die?'

,Ja klar', sag ich, ,das sind dieselben wie in der evangelischen Kirche.'

,Ach', sagt sie sehr interessiert. ,Was steht denn da drin? Sind das viele?'

,Ja, das sind die Zehn Gebote.'

,Ach', sagt sie, ,zehn?'

,Ja', sage ich, ,da steh'n ganz vernünftige Sachen drin; fünftes Gebot: Du sollst nicht töten; siebtes: Du sollst nicht stehlen; sechstes Gebot – kann man sich gut merken wegen Sex –: Du sollst nicht ehebrechen; achtes Gebot: Du sollst keine falschen Nachrichten senden.'

,Ach', sagt sie, ,ist ja interessant.'

,Und', sage ich, ,es gibt Luthers Erklärungen dazu; beim fünften zum Beispiel – Du sollst nicht töten –, dass wir unserem Nächsten an seinem Leben keinen Schaden noch Leid tun, sondern ihm helfen und fördern in allen Leibesnöten.'

,Toll', sagt sie, ,Gebote gleich mit Gebrauchsanweisung. Sagen Sie, können Sie uns das nicht mal durchfaxen?'

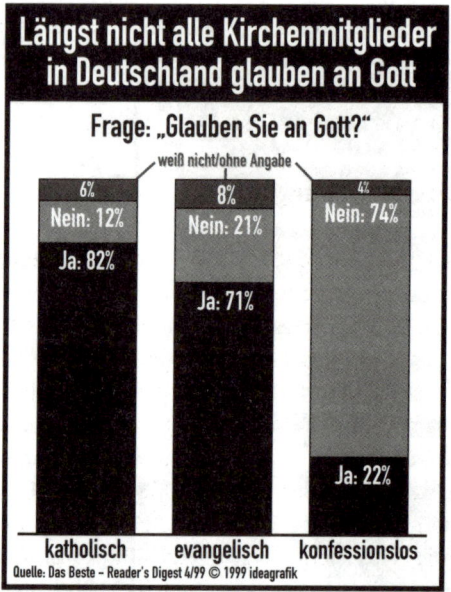

Längst nicht alle Kirchenmitglieder in Deutschland glauben an Gott

Frage: „Glauben Sie an Gott?"

weiß nicht/ohne Angabe

katholisch	evangelisch	konfessionslos
6%	8%	4%
Nein: 12%	Nein: 21%	Nein: 74%
Ja: 82%	Ja: 71%	Ja: 22%

Quelle: Das Beste – Reader's Digest 4/99 © 1999 ideagrafik

,Aber natürlich, geben Sie mir Ihre Faxnummer.'
So kam also Luthers Kleiner Katechismus zu RTL."

Dabei suchen eigentlich alle nach einem Sinn für ihr Leben. Und wer antwortet? Es sind beispielsweise rund 600 Sekten und Psychogruppen, denen etwa zwei Millionen Bürger als Mitglieder bzw. Sympathisanten angehören. Die größte Sekte, die Neuapostolische Kirche, hat mit rund 400.000 mehr Mitglieder als sämtliche Freikirchen in Deutschland zusammen. Dazu kommt der Okkultismus. Es gibt rund 40.000 katholische und evangelische Geistliche in Deutschland, gleichzeitig aber knapp 100.000 steuerpflichtig registrierte Wahrsager. Sie alle geben Antwort ebenso wie über 100.000 Juden und mindestens drei Millionen Moslems. In der Stadt, in der jetzt die Musik spielt, der Hauptstadt Berlin, gibt es mittlerweile mehr praktizierende Moslems als Besucher aller Gottesdienste zusammen.

Es boomt also an Religion. Und angesichts der Tatsache, dass 38 Prozent aller Deutschen davon überzeugt sind, dass ein vierblättriges Kleeblatt Glück bringt, kann man kaum sagen, die biblischen Wunder forderten zu viel an Glauben.

Das Fazit: Die Kirchen haben mehr Konkurrenz denn je. Nicht das Glaubenkönnen ist das Problem, sondern wahrer oder eben falscher Glaube.

2. Die Situation der Kirchen

Vor fünfhundert Jahren gab es eine Kirche auf deutschem Gebiet, heute sind es rund dreißig. Waren zum Ende der Reformationszeit etwa 70 Prozent aller Deutschen evangelisch, so sind es heute noch 33 Prozent. In den letzten 50 Jahren haben die evangelischen Kirchen in Deutschland 16 Millionen Mitglieder verloren, die Katholiken haben um zwei Millionen zugelegt. Der evangelische Aderlass geht zu mehr als die Hälfte auf das Konto der SED-Diktatur. Nach 1946 gaben bei der Volkszählung in der damaligen sowjetischen Besatzungszone 94,5 Prozent der Bevölkerung an, Mitglied einer Kirche zu sein. Heute sind es rund 20 Prozent. Wie brüchig ist doch unsere Christlichkeit, wenn sie ein atheistisches Regime so schnell zum Einsturz bringt!

Dank fast halb so großer Austrittsrate, der Einbürgerung und höherer Kinderzahl ist die katholische Kirche zurzeit schon stärkste Kirche im Land der Reformation. 1997 trennten sie von der EKD nur noch 23.000 Mitglieder. Dass sie gegenwärtig von heftigen Auseinandersetzungen geschüttelt wird, ist bekannt. Doch ihr Pfund

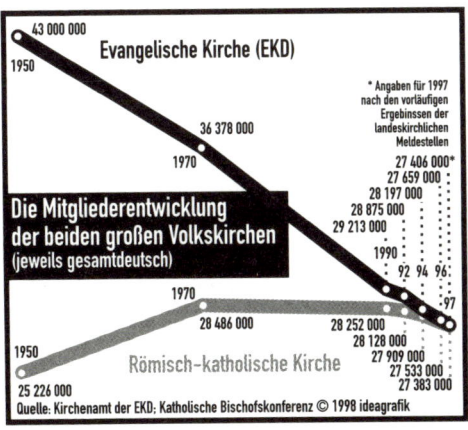

ist: Der Gottesdienstbesuch ist fast viermal so hoch wie in den Landeskirchen. Und: Laut Umfragen lesen mehr Katholiken die Heilige Schrift als die Mitglieder der Kirche des Wortes, also der evangelischen.

Was ist nun eigentlich evangelische Kirche heute? Die große Volkskirche, die EKD, besteht aus zwei reformierten Kirchen, acht Kirchen, die zur Vereinigten Evangelisch-Lutherischen Kirche Deutschlands (VELKD) gehören, sieben Kirchen, die zur Evangelischen Kirche der Union (EKU) gehören, und zwei lutherischen und fünf unierten ohne diesen Anschluss. Neben der EKD gibt es über 20 evangelische Freikirchen, von den konservativen Selbständigen Lutheranern über die Baptisten, die Heilsarmee bis hin zu den Pfingstkirchen. Diese Vielfalt bedeutet nicht nur Reichtum, sondern auch Verwirrung. Als ich am Ende einer Israelreise den Reiseführer (einen Juden aus Ostpreußen), der sich besser als viele Christen im Neuen Testament auskannte, fragte, warum er eigentlich kein Christ werde, war seine für mich verblüffende Antwort: „Was soll ich denn werden? In Israel gibt es über 500 verschiedene christliche Glaubensgemeinschaften. Wie soll ich mich da entscheiden? Da bleibe ich doch lieber gleich Jude."

Ist fehlende Einheit ein Grund für fehlendes Wachstum?

3. Welches Kirchenmodell ist am überzeugendsten?

Welches Modell von Kirche macht eigentlich das Rennen in Deutschland? Für viele dürfte es eine Überraschung sein, dass auch viele Freikirchen Mitgliederschwund verzeichnen. Von 1985 bis 1997 ging der Mitgliederstand der Volkskirche um 9,3 Prozent zurück, aber auch die fünf größten Freikirchen büßten zusammen 2,3 Prozent ein. Eine große Ausnahme bildet lediglich der Bund Freier evangelischer Gemeinden, der sich prozentual stark, aber absolut nur um 6.000 Mitglieder vermehrte.

Warum haben eigentlich die Freikirchen nicht mehr Mitglieder? Die EKD selbst hat bedauert, dass leider gerade engagierte Christen mit „kirchlichen Argumenten" die Volkskirche verließen. Doch wohin tritt, wer deshalb austritt, wenn er nicht bei einer Freikirche eintritt? In die katholische Kirche treten pro Jahr gerade mal 4.000 Menschen

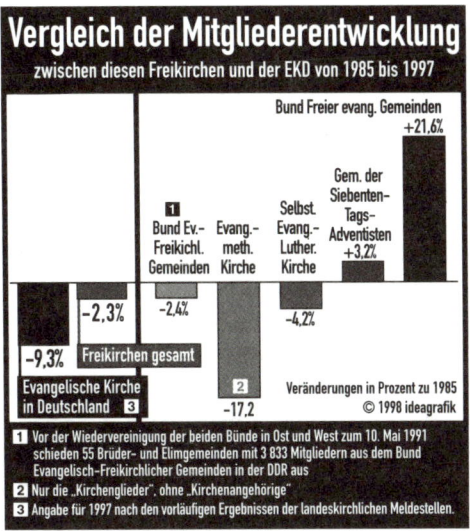

Vergleich der Mitgliederentwicklung
zwischen diesen Freikirchen und der EKD von 1985 bis 1997

Bund Freier evang. Gemeinden +21,6%

Gem. der Siebenten-Tags-Adventisten +3,2%

1 Bund Ev.-Freikirchl. Gemeinden

Evang.-meth. Kirche –2,4%

Selbst. Evang.-Luther. Kirche –4,2%

–2,3% Freikirchen gesamt

–9,3% Evangelische Kirche in Deutschland **3**

2 –17,2

Veränderungen in Prozent zu 1985
© 1998 ideagrafik

1 Vor der Wiedervereinigung der beiden Bünde in Ost und West zum 10. Mai 1991 schieden 55 Brüder- und Elimgemeinden mit 3 833 Mitgliedern aus dem Bund Evangelisch-Freikirchlicher Gemeinden in der DDR aus
2 Nur die „Kirchenglieder", ohne „Kirchenangehörige"
3 Angabe für 1997 nach den vorläufigen Ergebnissen der landeskirchlichen Meldestellen.

über. Die Zahl der Mitglieder Landeskirchlicher Gemeinschaften ohne eine Kirchenzugehörigkeit beläuft sich auf wenige Tausend. Nun sollen sich viele – so die Weltanschauungsbeauftragten – in den rund 1.000 völlig unabhängigen Gemeinden sammeln. Doch sie haben nach Schätzungen höchstens 100.000 Mitglieder (meist Aussiedler). Wenn aber von den vier Millionen Ausgetretenen in den letzten 25 Jahren im Westen auch nur zehn Prozent aus Glaubensgründen ausgetreten sind, so wissen wir also bei mindestens 300.000 nicht, wo sie – also Christen – geblieben sind.

Das Fazit: Keine der rund 30 Kirchen in Deutschland und kein Gemeindemodell hat sich als über die Maßen zugkräftig erwiesen. Keine Kirche kann von Erweckungen berichten. Keiner Kirche blieben in den letzten Jahrzehnten Zerbrüche, ja Häresien erspart. Die Frage, bibeltreu oder nicht, geht – wenn auch in unterschiedlichem Maße – durch alle Konfessionen hindurch.

Und die Evangelikalen selbst? Sie bilden einerseits das Zentrum von dem, was überhaupt noch missionarisch ist. Viele ihrer Gemeinden sind geistliche Oasen. Gleichzeitig aber bieten sie gerade in jüngster Zeit ein Bild heilloser Zerstrittenheit. Offensichtlich handelt es sich nicht nur um einen Scherz, wenn man fragt: Worin liegt eigentlich der große Unterschied zwischen katholischer Kirche und evangelikaler Bewegung? Und die Antwort lautet dann: „Rom kennt nur einen Papst."

Unter den Evangelikalen aber beanspruchen viele dieses Amt.

4. Woran liegen Stagnation oder Rückgang?

Etwa allein an falschen Strategien oder Methoden? Fehlen uns Modelle der Erneuerung? Dabei haben wir doch in den letzten 30 Jahren viel erlebt! Da traf auf einen weithin auch tatsächlich erstarrten Pietismus die charismatische Bewegung, brachte positive Impulse ein in eine altgewordene Erneuerungsbewegung. Doch der große Durchbruch ist auch bei den Charismatikern bisher ausgeblieben. Viele suchten Mitte der 90er-Jahre das Heil in einer charismatischen Gemeinde der kanadischen Metropole Toronto. Berühmt wurde der „Toronto-Segen": Gottesdienstbesucher fielen zu Boden oder fingen an, unkontrolliert zu lachen oder zu schreien. In 50.000 Gemeinden sollen danach ähnliche Phänomene geschehen sein. Als aber dann auch bei ihnen eine Erweckung ausblieb, zogen viele nach Pensacola in Florida. Im Gegensatz zu „Toronto" verstand sich der dortige charismatische Aufbruch als Bußbewegung, die anfangs auch sehr positiv beurteilt wurde. Tausende Pastoren sahen sich danach „Pensacola" an und versuchten, etwas mitzunehmen in ihre Gemeinden. Jetzt schreibt ein zu dieser Bewegung gehörendes Informationsblatt über eine Pensacola-Veranstaltung, die wie ein Tollhaus gewesen sei. So ginge es nun wirklich nicht. Auch „Pensacola" brachte also keinen weiteren geistlichen Aufbruch.

Freilich gibt es viele überzeugende Evangelisationsmodelle von ProChrist über Willow Creek bis zum Gemeindeferienfestival Spring. Es gibt Glaubenskurse von Alpha bis Omega, Schulungsmethoden von 2x2 bis zu den Vier Geistlichen Gesetzen. In jeder idea-Ausgabe finden sich mindestens 5 Ratschläge, wie man die Zukunft der Kirchen sichern könnte. Sagen die einen, der erlebnisorientierte Gottesdienst mit Unterhaltung, Theater und Spaß sei das, was Menschen in die Kirchen bringe, so andere: Es ist allein die vollmächtige Auslegung des Wortes ohne jedes Drumherum. Beide Richtungen führen eindrucksvolle Belege an. Die Volkskirchler können lebendige Gemeinden vorweisen wie die Gemeinschaften und

Freikirchler. Und es gibt auch tatsächlich immer wieder Bekehrungen, kleine Aufbrüche, aber nirgendwo das Modell und die Erweckung. Und diejenigen, die alles auf zwölf Jahre einer tausendjährigen deutschen Vergangenheit schieben, seien auf eine Analyse des Kulturforschers Samuel Huntington verwiesen, der jetzt in der „Welt am Sonntag" äußerte: „Die weltweite Zurückwendung zur Religion findet überall statt – nur nicht in Westeuropa."

5. Welche Kirchen keine Zukunft haben

Schweigt Gott vielleicht? Und wenn ja, warum? Es ist merkwürdig, dass immer neue Modelle und Methoden ausprobiert werden, aber diese Frage eigentlich nie gestellt wird – ist man doch schon dabei, das Nächste auszuprobieren. Jahrzehntelang wurde über den Pietismus das Zerrbild verbreitet, er drohe mit dem Jüngsten Gericht, sei zu gesetzlich, rede zu wenig von Vergebung, Liebe und Barmherzigkeit. Falls dies je so gestimmt hat: Seit langem ist man jedenfalls ins andere Extrem gefallen. Der meistgebrauchte Modesatz lautet: „Jesus liebt dich so wie du bist." Und das klingt verdächtig nach: Mach weiter so! Rufen wir noch zur Buße?

Es ging ja beim Verlorenen Sohn nicht um die Renovierung des Schweinestalls, sondern um persönliche Umkehr. Kennen wir noch den Satz aus dem Neuen Testament: „Schrecklich ist es, in die Hände des lebendigen Gottes zu fallen" (Hebräer 10,31)?

Oder Gottes Worte: „Ich bin euren Feiertagen gram, verachte sie und mag sie nicht riechen. Tu weg von mir das Geplärr deiner Lieder" (Amos 5).

Kalkulieren wir ein, dass Gott sich abwenden kann, dass er alles nehmen kann, Erfahrungen der Wüste, des ständigen Misserfolges, des Leides zulassen kann? Dass Kirchen auch untergehen können? Es gibt Christen, die beten wie die Weltmeister, fasten bis zum Umfallen und lassen sich von niemandem in der Heiligung übertreffen, aber sie bleiben krank oder leben weiter in geistlich weithin toten Gemeinden.

Auf jeden Fall zwingt uns die nüchterne Analyse zu schauen, was denn die Gründungsurkunde von Kirche über Kirche sagt. Das Entscheidende: Im gesamten Neuen Testament gehören die Begriffe

Kirche und Christus untrennbar zusammen. Kirche, das meint vom Wortstamm her, die Herausgerufenen aus allen anderen. Sie laufen nicht mehr irgendwelchen Herren dieser Welt hinterher, sondern orientieren sich allein an Christus. Und die, die bei jeder Krisenmeldung schnell mit dem Wort Jesu aus Matthäus 16 kommen: „Die Pforten der Hölle werden Kirche nicht überwältigen", sollten hier immer im Blick haben: Damit ist nicht eine Landes- oder Freikirche gemeint, sondern allein die Schar derer, die sich nur an Jesus Christus hält. Und hier liegt offensichtlich eine der größten Bedrohungen der Kirchen. Sie sind immer wieder in der Gefahr, sich von diesem Zusammenhang zu trennen. Erst jüngst haben je zwei Bischöfe der EKD und der katholischen Kirche, die deutschen Leiter der Juden, der Baha'is, der Buddhisten und der Moslems einen „Brief der Religionen" an die Religionsgemeinschaften in Deutschland veröffentlicht. Von Christus ist da nicht mehr die Rede.

Fest steht: All jene Kirchen haben keine Zukunft mehr, die sich auch nur millimeterweise von der Alleinherrschaft Christi lösten. Vergessen wir nicht: Alle Gemeinden, an die Paulus Briefe in Kleinasien (also die Galater, Epheser und Kolosser) schrieb, sind untergegangen. Das einst blühendste christliche Gebiet – Nordafrika – konnte von den Moslems überrollt werden, weil die Christenheit lau geworden war. Die mittelalterliche Kirche versumpfte. Erst als Luther Kirche und Christus allein wieder zusammenband, kam es zu einer Reformation.

6. Worauf es tatsächlich ankommt

Unser zu Ende gehendes Jahrhundert wurde zu Beginn von Bischof Otto Dibelius als „Jahrhundert der Kirche" bezeichnet. Am Ende nennt es der katholische Theologe Johann Baptist Metz das „Jahrhundert des massenhaften Abschieds von der Kirche". Kirchenhistoriker bezeichnen es als das „Jahrhundert der Märtyrer". Und das muss uns zu denken geben, dass in Europa dort die Kirche an Überzeugungskraft gewonnen hat, wo sie schwer bedrängt war. Als nach 50 Jahren Kommunismus in der Sowjetunion das Ziel, alle Religionen auszuschalten bzw. überflüssig zu machen, nicht erreicht war, ließ die KPdSU Ende der 60er-Jahre eine Untersuchung durchführen, wieso es kommt, dass die Zahl der Christen trotz zahlreicher Ausrottungsmaßnahmen wachse und wachse. Und ein Ergebnis: Sie haben am Sterbebett etwas zu sagen.

Alexander Solschenizyn hat einmal auf die Frage „Warum ist der Kommunismus zusammengebrochen?" geantwortet: „Weil er keine Antwort geben konnte auf die Fragen nach Leid, nach Schuld, nach Tod."

Eine befriedigende Antwort darauf kann kein multireligiöser Glaube geben, kein auf Werte oder Soziales reduziertes Christentum, sondern nur eine Kirche, die sich auf diesen Christus verlässt. Dieser Kirche allein gilt die Verheißung, dass die Pforten der Hölle sie nicht überwinden werden. Dieser Kirche allein gilt die Verheißung, dass Christus bei ihr ist alle Tage, bis an der Welt Ende. Diese Kirche allein hat Zukunft.

Und wie sieht sie am Ende aus? Am Schluss der Offenbarung des Johannes heißt es: „Im neuen Jerusalem, das Gott aus dem Himmel herniederbringt, lebt Christus so unmittelbar mit den Seinen, dass dort kein Tempel (keine Gemeinde) mehr nötig ist."

Die Kirche ist also nicht das Ziel von Gottes Handeln, sondern immer nur ihr Mittel. Und für manche mag es ein Trost sein: Einst wird alle Kirche überflüssig geworden sein.

Und welches Kirchenmitglied wird an dieser Zukunft teilhaben? Christus selbst nennt als Kriterium dafür das Bekenntnis zu ihm: „Wer nun mich bekennt vor den Menschen, zu dem will auch ich mich bekennen vor meinem himmlischen Vater"(Matthäus 10). Streiten wir uns nicht so viel über die Evangelisationsmethoden, evangelisieren wir vielmehr!

So wie Kirche nur als Kirche Jesu Christi bestehen kann, so auch nur der Christ, der Christ ist – also Christus-Anhänger. Und die alles entscheidende Aufgabe aller Kirchen ist von daher, ihren Gliedern dies zu verdeutlichen, sie dazu zu befähigen und zu ermutigen – um der Ewigkeit willen.

Klaus Eickhoff

Vom Geheimnis des Leitens

„Ihr wißt, die als Herrscher gelten, halten ihre Völker nieder, und ihre Mächtigen tun ihnen Gewalt an. Aber so ist es unter euch nicht; sondern wer groß sein will unter euch, der soll euer Diener sein; und wer unter euch der Erste sein will, der soll aller Knecht sein. Denn auch der Menschensohn ist nicht gekommen, daß er sich dienen lasse, sondern daß er diene und sein Leben gebe als Lösegeld für viele" (Markus 10,42-45).

1. Das Urbild: Dienende Leiterschaft

„... nicht gekommen, daß er sich dienen lasse ..." – Sich dienen lassen heißt Macht haben und ausüben. Den Mächtigen sind die Übrigen zu Diensten. Das ist der Lauf der Welt. Er aber, dem alle Macht gegeben ist im Himmel und auf Erden, stellt den Lauf der Welt auf den Kopf. Er ist gekommen, dass er diene. Fasse, wer es fassen kann: Wir haben einen dienenden Gott. – Nun ist die Welt nie mehr, was sie einmal war.

„Dienender Gott", darin liegt eine unüberhörbare Botschaft: Das Wesen derer, die wirklich groß sind, besteht darin, dass sie dienen. Dazu hat uns Jesus das Urbild gegeben. Das streicht all unsere Bilder von Herrschen und Leiten und Größe durch. Urbild – d. h. wie Er zu uns ist, dürfen wir untereinander sein. Aufs Leiten übertragen: Wie Er leitet, so dürfen und sollen und können in seiner Nachfolge die Leiter leiten – als Diener. Dienende Leiterschaft!

Christliche Leitungskultur ist vom Leiten in der Welt wesenhaft unterschieden: Vollmächtig, aber ohne Macht. Machtloses Leiten.

Dienende Leiterschaft – das heißt hier zunächst, dass hierarchische Fesseln aufgelöst werden. Nicht Herrschaft, sondern Dienst und Lebenshingabe bestimmen das Wesen von Leitern im Neuen Bund. Autoritäten wollen hier nichts für sich selbst. Sie wollen alles für ihren Gott: Gott allein die Ehre! Das haben sie in ihre Herzen geschrieben. Darum sind sie frei von Machtgelüsten, frei vom Druck, für sich selbst etwas zu gewinnen. Königliche Freiheit gehört zum Wesen geistlicher Leiterschaft.

Machtloses Leiten kennt kein Von-oben-Herab, kein Ausnutzen einer übergeordneten Stellung, keine Privilegien. Dienende Leiter spielen sich nicht nach vorn, sie halten sich zurück, wollen nicht herrschen. Dienend leiten heißt helfen, zurechtbringen, auch ermahnen – zu einem einzigen Zweck, dass die anderen und ihre Gaben um der Sendung willen erblühen.

Geistliche Leiter stehen unter der Herrschaft des Höchsten. Der aber ist Diener. Und wie er ist, so wollen sie auch sein. Er hat das große Ziel, dass sich alle Menschen auf die Persönlichkeit hin entfalten, die der Schöpfer vorgesehen hat. Auf die Gemeinde bezogen: Er ist darauf aus, dass sich all ihre Glieder mit allen Gaben entwickeln und zur Reife gelangen. Auf einen wirtschaftlichen Betrieb bezogen: Er ist darauf aus, dass die Mitarbeiter, die doch alle Gottes Geschöpfe sind, ebenfalls zur Entfaltung ihrer Gaben kommen, Anerkennung finden, Persönlichkeit werden.

Unter Leiterschaft, wie Er sie versteht, werden Gaben, die vielleicht gefesselt waren, losgebunden, aus den Fesseln gelöst. Dienende Leiterschaft hat immer etwas Lösendes, Erlösendes, Freisetzendes an sich. Dienende Leiterschaft weist auf den Erlöser.

Dienendes Leiten ist der Wille, andere zur Entfaltung zu führen. Das ist die vornehmste Aufgabe der Leitung im Neuen Testament: Sie dient der Entfaltung der anderen Gaben, damit der Leib Jesu erbaut werde zur Ausbreitung des Reiches Gottes auf Erden. Leiter atmen den Geist der Freiheit. Die Geleiteten atmen ihn auch. Charismen werden sich zum Wohle aller entfalten. Eine Gabenfülle wie ein tropischer Garten, in dem alles prächtig gedeiht, so sind die Gemeinden unter dienender Leitung.

Wo das Wesen dienender Leiterschaft spürbar ist, entsteht ein gedeihliches Klima. Was erblühen soll, braucht Wärme, Ermutigung und Zuspruch, Zuwendung und Anerkennung. Wo solches gegeben ist, erkennen wir jesusgemäße Leiterschaft. Die „Jesus-Norm" des Dienens und der Lebenshingabe der Leiter setzt schöpferische Eigeninitiativen frei.

Dass die Glieder verschieden sind und verschieden begabt, macht den Reichtum der Gemeinde aus. Der Reichtum entfaltet sich unter dienender Leitung mehr und mehr. Denn – noch einmal – dazu ist die Gabe der Leitung gegeben: Zur Entfaltung der anderen Gaben. Und die werden eingesetzt in den ewigkeitsträchtigen Auftrag, zu suchen und zu retten, was verloren ist. So sinnvoll ist das alles.

Dienende Leiterschaft! Wir können gar nicht groß genug davon denken. Hier liegt das Geheimnis einer lebendigen Kirche.

2. Das Gegenbild: Mangel an geistlicher Leitung

Ein kurzer kirchengeschichtlicher Rückblick: Der Glaube an Christus hatte sich wie ein Lauffeuer verbreitet. Bald wurden seine Anhänger verfolgt und unterdrückt. Das hat sie in ihrem Erblühen nicht beeinträchtigt, eher im Gegenteil. Sie wuchsen so sehr, dass sie irgendwann zur Staatsreligion erklärt wurden. Aber dann: Unterdrückung nicht von außen, sondern von innen. Wie ein Eiswind kommt es über sie und führt zur Erstarrung der einst blühenden Gemeinde. Es entwickelt sich ein monarchisches Episkopat, der Klerus, dem die Heiligen als die bevormundeten und bald auch unmündigen Christen gegenüberstehen. Unfassbar: Unterdrückung von innen. Der Boden der Geschwisterlichkeit wird verlassen, die beiderseitige Freiheit wird hierarchischem Ungeist geopfert. Damit gleicht sich die Kirche den in der Welt gängigen Verhältnissen wieder an. Durch die konstantinische Wende führt diese Entwicklung zur Staats- und Volkskirche. Die Gemeinden und ihre Glieder werden unmündig gemacht, ihre Gaben unterdrückt.

Wie konnte das geschehen? Ich sehe drei Katastrophen:

Erste Katastrophe: Die Gemeinde wurde ihrer Urgestalt beraubt. Die Christen trafen sich bekanntlich in Hausgemeinden, feierten dort auch ihre Gottesdienste, mitten im Leben. Nun aber mussten es Kirchen und Kathedralen sein. Die Häuser und die Gottesdienste wurden auseinander gerissen. Heute sagen wir: Der Gottesdienst sei die Mitte der Gemeinde. Nein, einst waren die Häuser zusammen mit den Gottesdiensten Mitte der Gemeinde. Die kleine Gruppe, in der das Feuer missionarischer Liebe glühen konnte, wurde aufgelöst. Die Hausgemeinde, die ein miteinander Leben und Lernen ermöglichte, gab es bald nicht mehr.

Zweite Katastrophe: Den Christen wurde die Schrift genommen. Die durfte auf einmal nur noch der Klerus lesen. Der Segensstrom versiegte. Die, von denen die Schrift als von Heiligen sprach, wurden jetzt die „Laien" genannt. Sie, die einst von Freimut und Vollmacht so sehr erfüllt waren, dass sie Kaiser und Könige nicht fürchteten, wurden in Glaubensfragen tief verunsichert. Es entwickelte sich ein geistliches Analphabetentum.

Dritte Katastrophe: Pfarrherren wurden an die Spitze von Gemeinden gesetzt. Sie waren die so genannten „Hirten". Die einst priesterlich mündigen Gemeindeglieder wurden zu „Schafen" degradiert. Die, die mündige Priester sein sollten, wurden systematisch entmündigt. Tief verunsichert in Belangen der Heiligen Schriften, wurden sie von den „Hirten" in geradezu würdeloser Weise zwangsläufig abhängig. Eines kam hier aus dem Anderen. Das Tückische: Es ging alles unbemerkt sehr langsam, über Jahrzehnte, Jahrhunderte vor sich.

Leitung wurde zum Instrument pfarrherrschaftlicher Unterdrückung. Und damit man alles besser in den Griff bekam, wurden Parochien gegründet, eingeteilte Kirchenbezirke. Mehrere Parochien bekamen dann zwangsläufig Oberhirten: Weihbischöfe und Bischöfe. In der evangelischen Kirche heißen sie heute Dekane oder Superintendenten. Die mussten sich wiederum einer Obrigkeit beugen. So ging es weiter: Obrigkeit, Obrigkeit, Obrigkeit. Nun brauchte man natürlich auch ein Kirchenrecht. Ein riesiger Druck von oben nach unten entstand. Das Entfalten der Gaben beim Kirchenvolk wurde mit System verhindert.

Dann kam die Reformation. Sie hat mit Luthers Bibelübersetzung und dem Kleinen Katechismus sowie mit der Wiederentdeckung des Allgemeinen Priestertums aller Gläubigen Wege aus der geistlichen Unmündigkeit zu bahnen versucht. An den hierarchischen Strukturen aber hat die Reformation wenig verändert und damit auch wenig an der Unmündigkeit. Reformation ist damals nur teilweise gelungen.

Alle Macht den Pfarrämtern! Und möglichst alle geistlichen Dienste – den Pfarrämtern! (Adolf Schlatter hat in seiner bemerkenswerten Schrift „Der Dienst der Gemeinde in der älteren Dogmatik" darauf hingewiesen). Gemeindeglieder sind da bestenfalls Statisten. Dabei ist nicht ausgemacht, ob der Pfarrer die geistliche Leitungsgabe überhaupt hat. Vielfach werden Gemeinden von Pfarrern gelei-

tet, denen die Gabe dazu fehlt. Bei uns kann jemand Gemeinde-
pfarrer werden, ohne dass nach irgendeiner Gabe jemals gefragt
worden wäre.

Dienendes Leiten zur Entwicklung mündiger Gemeinde ist bis
heute nicht verwirklicht. Auch ist das Ziel vollmächtiger Gemeindeleitung bis in die Synoden und Oberkirchenräte weitgehend nicht
mehr bekannt: der Aufbau des Leibes Christi zur ewigen Rettung der
Menschen.

Dabei sind die treuen Männer und Frauen in unseren Synoden
und Kirchenleitungen meistens mehr Opfer als Täter. Sie haben sich
in ihr Leitungsamt wählen lassen, ohne darüber aufgeklärt worden zu
sein, was geistliche Leitung eigentlich ist. Wären ihnen die Augen
geöffnet worden, dann hätten manche wohl erkannt, dass ihnen das
Charisma der Leitung eigentlich fehlt. Hätten sie da die Aufgabe
übernommen, zu der sie der Geist gar nicht legitimiert hat?

Dass der Kirche in unseren Breitengraden der Geist fehlt, offenbart
sich am Elend ihrer Leitung. Kirche sollte, auch was die Leitung
betrifft, Avantgarde sein, Vorreiterin der Welt. Die Welt sollte staunend von ihr lernen: Leiten ohne Machtstrukturen! Leitungscharisma
zur Förderung aller anderen Gaben! Dagegen müssen wir sagen:
Nicht wir, aber immer mehr weltliche Betriebe haben dienendes
Leiten zur Förderung der Begabungen längst entdeckt. Die Kinder
dieser Welt sind klüger als die Kinder des Lichts.

Kirche erstarrt in frühmittelalterlichen Leitungsstrukturen. Dienen
statt herrschen? Das Gegenbild ist daraus geworden. Viele empfinden ja auch dumpf, dass irgendetwas nicht stimmt. Aber was das ist,
ist unklar.

3. Das missverstandene Bild: Hirte und Herde

Sehen wir uns die Dinge etwas genauer an: Was ist Gemeindeleitung
im Neuen Testament, und was ist es in der Volkskirche und meistens
auch in den Freikirchen?

Im Neuen Testament wird die Gemeinde immer von einer Gruppe
geleitet. Es sind dies die Ältesten, die als Hirten oder Bischöfe
bezeichnet werden. Den Einzelnen, den Pfarrherrn, den Gemeinde-
hirten, den Pastor gibt es nicht.

Nun haben wir ja auch Älteste (Kirchengemeinderäte). Aber sie sind weit davon entfernt, Hirten zu sein. Dank an alle Kirchengemeinderäte, die mit Verwalten helfen! Aber gemeint war das anders. Die Kirchengeschichte hat die einstigen Hirten zu reinen Verwaltern degradiert.

Der biblische Begriff Hirte ist für das rechte Verständnis der Gemeindeleitung aufschlussreich. Was bedeutet es, wenn das Neue Testament den Begriff „Hirte" auf die Ältesten – Presbyter, Kirchenvorsteher, Kirchengemeinderäte – anwendet? Mit der Anwendung des Hirtenbildes auf die Ältesten wird die Hoheit ihres Dienstes deutlich: Im Alten Testament ist Gott Hirte seines Volkes. Im Neuen Testament ist Jesus der gute Hirte. Wenn das Neue Testament die Ältesten als Hirten bezeichnet, dann möchte es, dass etwas vom Wesen Gottes und vom Wesen des guten Hirten in den Gemeindeleitern wirksam wird. Das Wesen Gottes und des guten Hirten, Jesus Christus, möchte im Dienst des Ältesten Gestalt gewinnen. Welch eine Hoheit des Ältestendienstes!

Nun aber kommt es: „Hirte" beschreibt eine Herzenshaltung, einen Charakter, ein Wesen, auch eine Gabe, jedoch keine Struktur. In der Kirche, der Jesus verbietet, irgend jemanden „Vater" oder „Rabbi" zu nennen (Matthäus 23,8-12) – dass hieße heute etwa „Herr Pfarrer" –, kann es keine Hirten-Schafe-Struktur geben. In Christus sind alle Brüder und Schwestern. In der Kirche Jesu Christi sind alle Könige und Priester. In der Kirche des Allgemeinen Priestertums aller Gläubigen darf der Pfarrer nur Gleicher unter Gleichen sein. Das Hirten-Schafe-Modell ist – als Struktur verstanden – für das Werden von Gemeinde tödlich.

Da sagen mir Gemeinden: Wir haben seit eineinhalb Jahren keinen Pfarrer. Und es ist so seltsam: Das tut der Gemeinde gut. Da fühlen sich viel mehr Leute verantwortlich. Natürlich erwartet die Gemeinde dann doch, dass die Pfarrstelle bald wieder besetzt wird und der bekannte „Normalzustand" wieder hergestellt ist. Was ist der „Normalzustand"? Ein überlasteter Pfarrer und eine zuschauende Gemeinde. Ausnahmen sind eher selten. Die Todsünde der Volkskirche heißt Pfarrerzentriertheit! Hyperaktiver Pfarrer und hyperpassive Gemeinde. Das stellt gemessen am Neuen Testament und am gesunden Hausverstand Entartung dar. Rudolf Bohren sagt einmal, bei uns seien die Gaben eingesargt im Pfarramt. Sind die Gaben der

Gemeindeglieder eingesargt, dann können sie nach außen natürlich nicht wirksam werden. Darum ist unsere Außenwirksamkeit so gering.

Ein Pfarrer, ein Pastor kann sich nicht zerteilen. Er kann sich aber vervielfältigen. Ein Vervielfältigungsprozess aber ist nicht vorgesehen und findet nicht statt.

Kirchen- und Gemeindeleitungen atmen bei uns den Ungeist des frühen Mittelalters. Da ist das Elend entstanden. Die Gemeinde hat ein völlig falsches Bild vom Pfarrer, das es für gottgegeben hält. Das Bild setzt den Pfarrer unter Druck. Er soll alles machen. Er soll die Kinder lehren, die Konfirmanden unterrichten, die Alten besuchen, den Kranken beistehen, Taufgespräche führen und taufen, Traugespräche führen und trauen, Trauernde trösten, Tote beerdigen, Predigten vorbereiten, Gottesdienste halten, Andachten vorbereiten, Andachten halten, Sitzungen vorbereiten, Sitzungen leiten, Beschlüsse herbeiführen, Beschlüsse umsetzen, Kichenbücher führen, Büroarbeit verrichten. Er soll die Gemeindeglieder möglichst alle besuchen. Er soll, er soll, er soll.

Die Gemeinde wird auf Grund ihres Bildes vom Pfarrer zur Peinigerin der Pfarrer und Pfarrerinnen. Deren Unglück besteht darin, dass sie unbewusst nach diesem Bilde leben und nicht mehr nach Gottes Wort. Sie sind die Gefangenen eines missverstandenen Bildes vom Hirten geworden. Das Bild vom Hirten – strukturell verstanden – setzt den Pfarrer unter Druck und entmündigt die Gemeinde. Ihre Gaben werden seit Jahrhunderten unterdrückt und dadurch viel Segen verhindert. Lähmende Pfarrerzentriertheit liegt als Fluch über uns. Das Pfarramt, bzw. das Bild, das wir von ihm haben, ist die Behinderung des Allgemeinen Priestertums schlechthin. Wenn es Segen in unserer Kirchengeschichte gibt – und das gibt es durchaus – dann nicht wegen der unsinnigen Gestalt der Kirche, sondern trotz dieser Gestalt.

Nun kann niemand behaupten, dass im Pfarramt nicht gedient würde. Viele Pfarrer arbeiten mit unbeschreiblichem Fleiß. Einige arbeiten sich kaputt. Das unerkannte Paradoxon: Es ist ein Dienen, das doch ein heimliches Herrschen ist – ein Herrschen, das sich mit der Maske des Dienens tarnt. Die Dienstmaske ist dem wirklichen Dienen so täuschend ähnlich – dienen viele Pfarrer doch bis an den Rand ihrer Kraft!

Dieses „Dienen" ist etwa so, als wenn eine Mutter ihrem Kind sagt: „Du brauchst nie laufen zu lernen. Ich laufe ein Leben lang für dich." Und sie läuft und läuft. Und so liegt das Kind ein Leben lang mit unentwickelten Beinen im Bett. Dieses Dienen der wohlmeinenden Mutter ist ein schreckliches Beherrschen des Kindes. Die Mutter macht sich schwerster Behinderung des Kindes schuldig.

Die evangelischen Gemeinden in volkskirchlicher wie in freikirchlicher Form werden bei uns leider geführt, als seien sie geistliche Behindertenanstalten. Viele, die Gott dazu bestimmt hatte, geistliche Persönlichkeiten zu werden, sind geistlich behindert.

Wo es ausnahmsweise lebendig ist, da hat der Pfarrer auf seine Pfarramtsherrlichkeit bewusst verzichtet, hat Menschen um sich herum mündig gemacht, sie in ihren Gaben erblühen lassen. Das aber gelingt wegen unserer entarteten Grundstruktur selten. Wir leben ja nicht nur in der entarteten Struktur. Die entartete Struktur lebt in uns.

Oberkirchenrat de Boor, ein prophetischer Denker, sagte: „Das Neue Testament kennt nur aktive Gemeindeglieder. Das moderne Gemeindebild einer passiven Masse, um die einzelne ‚Amtsträger' bemüht sind, ist tief unbiblisch und widerspricht dem Wesen einer Gemeinde Jesu." (Werner de Boor, Thessalonicherbriefe, Wuppertal 1969, S. 99). Dieses Gemeindebild muss überwunden werden!

4. Das Leitbild: Mündige Gemeinde

Nach alledem sehe ich nur eine logische Folgerung: Schafft das entartete Pfarramt ab, und ihr werdet in relativ kurzer Zeit lebendige Gemeinden haben!

Wälze ich damit die Schuld am Misslingen von Gemeinde auf die sich redlich mühenden Pfarrer? Nein! Sie sind, wie alle Gemeindeglieder, Opfer eines Systems, das im tiefsten Grunde falsch ist und sich durch die Kirchengeschichte hindurch nicht bewährt hat. Solange das deformierte und deformierende Pfarramt besteht, werden wir vorwiegend vollmachtslose, gelähmte, amputierte Gemeinden haben. Das kann doch – bis auf den alt-bösen Feind – niemand wollen!

Ich plädiere für eine radikale Veränderung des Pfarramtes. Ich kann nur leidenschaftlich bitten: Schafft das entartete Pfarramt ab! Wir haben Besseres an seine Stelle zu setzen. Was ist das Bessere? Macht die Gemeinde mündig! Wie kann das geschehen?

Geistliche Männer und Frauen der Gemeinde bilden mit dem Pfarrer einen presbyterialen Arbeitskreis. Dazu gehören Leute aus dem Kirchengemeinderat und andere. Diese Leute werden vom Pfarrer ausgebildet zu all den Diensten, die er bisher alleine versah. Sie lernen – je nach Charisma – predigen, taufen, unterrichten, beerdigen, trauen, Seelsorge treiben, Bibelstunden halten und manches mehr. Diese Leute leben in Hausgemeinden. Die Mitglieder dort werden ebenfalls ihren Gaben gemäß gelehrt, wie man das alles tut.

Nach einer gewissen Vorbereitungszeit für diese Ausbildung wird es der Gemeinde gesagt: Euer Pfarrer steht nicht mehr allein für die bisher von ihm erwarteten Dienste zur Verfügung. Das alles macht jetzt die beschriebene Gruppe. Plötzlich ist Zeit für nachgehende Seelsorge in Trauerfällen, bei Taufeltern, bei Jungverheirateten und vielem mehr, weil es nicht nur einer tut, sondern weil es viele tun!

„Aber wie sollen die Gemeindeleiter, Mitarbeiter und Hausgemeinden das denn alles lernen?", fragen Sie mich. Dazu braucht man doch ein Theologiestudium. Nein. Amtshandlungen vorzunehmen, lernt man in kürzester Zeit. Dafür gibt es gute Vorlagen, und die meisten Gemeindeglieder verfügen über die Gabe des Lesens. Predigen und Seelsorge, da lernen wir nie aus, wie wir an den Predigten unserer Pfarrer unschwer merken. Wir können aber unter Anleitung Begabter (vielleicht gehört auch der Pfarrer dazu) bald damit beginnen. Bei der „Unterweisung der Heiligen" setzen wir die Pfarrer ein. Endlich können sie tun, wozu Gott sie bestimmt hat.

Ich schrieb: Schafft dieses entartete Pfarramt ab! Ich schrieb nicht: Schafft die Pfarrer ab. Sie sollen nach dem Neuen Testament ihre Aufgabe wahrnehmen, die Gemeinde zurüsten zum Dienst (Epheser 4). Die Prediger sollen predigen und andere lehren, wie man predigt. Pfarrer sind nicht dazu da, Bibelstunden zu halten, sondern Gemeindeglieder zu lehren, wie man Bibelstunden hält. Pfarrer sollen nicht taufen, sondern zeigen, wie man tauft. Sie können sich nicht um alle Taufeltern kümmern, aber sie können andere lehren, wie man sich um Taufeltern kümmert.

Die Amtshandlungen werden also nicht aufhören. Wer sie begehrt, wendet sich – wie immer schon – an die Gemeinde. Diese hat nun nicht mehr den einen, überlasteten Pfarrer. Sie hat ein Team an Gemeindeleitern, Mitarbeitern und Hauskirchen, die zu solchen Diensten geschult und eingesegnet sind. Glücklich die Familie, die z. B. im Trauerfall an solch eine Gemeinde gerät. Sie wird nach der Beerdigung nicht wie bisher in ihrer Trauerarbeit allein gelassen. Wo ist denn die Kirche nach der Beerdigung – besonders in den großen Gemeinden? Da lässt sie die Trauernden schmählich allein.

Jetzt aber hat die Kirche für die Menschen endlich Zeit, weil sie genug Persönlichkeiten hat, deren Charismen für die vielfältigen Dienste entdeckt und entwickelt sind. Wenn die Trauerfamilie es möchte, wird sich nicht nur das Gemeindeglied, das die Beerdigung vorgenommen hat, um sie kümmern, sondern eine ganze Hausgemeinde. Das ist eine erneuerte Kirche, eine nach neutestamentlichem Muster und nicht mehr nach mittelalterlichen, hierarchischen Machtstrukturen.

Natürlich werden sich einige mit Händen und Füßen dagegen wehren, dass die Gemeinde geistlich mündig wird. Jene nämlich, die eine gemeindezerstörende Theologie haben. Welche mündige Gemeinde wird denn bereit sein, einen Theologen dafür hoch zu bezahlen, dass er sie zugrunderichtet? In einer Kirche, in der Bevormundung zum Lebensgefühl geistlich unmündiger Menschen gehört, lässt sich trefflich klerikale Macht ausüben. Da lassen sich auch gut gemeindezerstörende Predigten halten. Tragik der Unmündigkeit: Sie weiß nicht, dass man sie bevormundet. Das aber wird eines Tages überwunden sein.

Bin ich mit alledem zu radikal? Ich habe zwanzig Jahre lang Gemeinden intensiv beim Gemeindeaufbau zu helfen versucht. Ich komme zu keinem anderen Schluss. Solange das Pfarramt, wie es ist, weiter besteht, werden wir gegen das tief eingefleischte Muster der Pfarrerzentriertheit nie ankommen. Wir bekommen es anders nicht aus den Köpfen der Pfarrer und Pfarrerinnen und auch nicht aus den Köpfen der Gemeinde heraus, als dass wir es offiziell auflösen. Das bedeutet nicht Verzicht auf die Pfarrer. Das bedeutet, dass sie endlich das tun werden, wozu sie berufen sind: Die Heiligen zurüsten zum Dienst (Epheser 4,12). In unseren Landeskirchen gibt es inzwischen Lektoren, Prädikanten. Das halt ich für einen Schritt in die richtige Richtung.

Das Überwinden des entarteten Pfarramts hat wahrscheinlich auch Auswirkung auf andere kirchenleitende Ämter. Darf ich Sie einmal fragen: Was ist der Sinn des Amtes eines Dekans bzw. Superintendenten? Es kostet viel Geld und entmündigt – gar nicht böswillig – die Gemeindeleitungen allein durch seine bloße Existenz.

Ähnlich ist es mit dem Amt der Prälaten, Oberkirchenräte und Bischöfe. Diese Ämter kosten ein „Heidengeld" und entmündigen die Gemeindeleitungen allein dadurch, dass es sie gibt. Bitte, denken Sie darüber einmal nach! Ist es nur ein Zufall, dass in den Ländern, die das alles nicht haben, die lebendigsten Gemeinden der Welt zu finden sind?

Die Angesprochenen mögen mir bitte verzeihen! Ich will doch die Integrität all dieser Brüder und Schwestern nicht anzweifeln, aber die Ämter, die sie bekleiden, sind verzichtbar. Sie kosten viel Geld und machen keinen Sinn. Nicht die Menschen meine ich, die diese Ämter bekleiden. Sie sind als unsere Brüder und Schwestern wichtig und werden gebraucht. Einige von denen, die ich kenne, schätze ich als Menschen sehr, aber ihr Amt ist so überflüssig, wie es teuer ist. Nach dem Neuen Testament sind Bischöfe Leute, die auf das Seelenheil der Menschen achten. Unsere Bischofsämter sind dagegen vornehmlich zu höheren Verwaltungsposten entartet. Hier werden z.T. hervorragende Brüder und Schwestern einem hierarchischen mittelalterlichen Bild geopfert. Was soll diese aufgeblähte Apparatur, die unsere Gemeindeleitungen entmündigt? Auf anderen Kontinenten sind die Gemeinden selbstverantwortlich, selbständig und können sich frei entfalten. Trotzdem gibt es eine übergeordnete Synodalstruktur. Diese regiert nicht in die Gemeinden hinein, vertritt sie aber nach außen. Einen Bischof haben sie auch. Aber der hat nur ein kleines Büro mit einer Halbtagssekretärin: Lean Management! Das ist sehr kostengünstig und stünde uns in unseren Zeiten wohl an.

Wozu braucht eine Gemeindeleitung eine Kirchenleitung? Unsere Gemeinden könnten sich sehr schnell selbst leiten und verwalten, wenn man sie nur in die Mündigkeit führte.

Wir stehen staunend und beglückt vor der herrlichen Gemeinde in Willow Creek. Diese Gemeinde wäre niemals so wirksam geworden, wenn die damaligen jungen Gemeindegründer einen Dekan oder Prälaten, einen Oberkirchenrat oder Bischof über sich gehabt hätten. Solche gesegneten Gemeinden könnten sich bei uns nie entwickeln, weil sie durch kirchliche Hierarchie massiv am geistlichen Wachstum behindert würden. Man hätte diese Gemeindegründung sofort als sektiererisch diffamiert. Bestenfalls hätte man sie einem Pfarramt unterstellt und ihre Gaben darin erdrosselt. Das hätte so viel Reibungsverluste verursacht, dass sie bis heute über vierzig Mitglieder nicht hinausgekommen wären.

Wie auf Grund unseres unbiblischen Systems mit Gemeinden umgegangen wird, ist unfassbar. Das Vorsetzen von Pfarrern, die die Gemeinde gar nicht will oder das Ablehnen eines Pfarrers, den sie möchte, das Hineinregieren in die Belange der Ortsgemeinde – dieses System funktioniert ja nur in einem System würdeloser Unterdrückung. Es sind nicht theologische oder historische Gründe, die das Allgemeine Priestertum unter uns nicht zulassen. Es sind Gründe des Macht- und Systemerhalts, sicher mehr unbewusst als bewusst. Dadurch aber wird viel Segen, den Gott uns zugedacht hat, verhindert.

Man wird mir vorwerfen, dass ich geschichtslos sei. Nein, ich habe nur auf Grund prophetischer Stimmen unserer Kirche erkannt, dass wir uns durch die Jahrhunderte hindurch ein Bild vom Pfarrer, von Gemeinde und Kirche gemacht haben, das für die Bildung von mündiger, missionarischer Gemeinde tödlich ist.

Wir müssen uns nicht verpflichtet fühlen, die Fehler der Kirchengeschichte bis zum jüngsten Tag zu wiederholen. Es ist absolut unnötig, die Gemeinde auch in Zukunft zu entmündigen. Es ist unnötig, anvertraute Pfunde weiterhin zu vergraben und den Sendungsauftrag dadurch zu blockieren. Ich fühle mich nicht den Fehlern unserer Kirchengeschichte, aber doch den Reformatoren verpflichtet. Die haben uns mitgegeben, dass die Kirche eine sich stets zu reformierende sei. Oder sind jene mit ihrer Reformation etwa auch geschichtslos gewesen? Wir müssen den nicht vollendeten Teil der Reformation endlich nachholen.

Natürlich müssen auch unsere theologischen Fakultäten in den Reformprozess einbezogen werden. In den Fakultäten werden die Studenten als Gemeindeglieder und Charismenträger nicht wahrgenommen. Sie sind aber doch nicht eine amorphe Masse, über deren charismatische Verschiedenheit hinweggegangen werden dürfte. Die Studenten sind alle verschieden begabt. Es müsste den Fakultäten und Kirchenleitungen vom höchsten Interesse sein, die Charismen der jungen Leute zu erkennen und bewusst zu machen, um darauf im Studium dezidiert eingehen zu können. Ich sehe dergleichen nicht.

Ich möchte auch die Geistlosigkeit zu bedenken geben, mit der heutzutage junge Theologen eine Pfarrstelle bekommen oder nicht. Die Verantwortlichen übergehen schlicht die Charismenlehre des Neuen Testaments. Wer am besten theologischen Wissensstoff wiederkäuen kann, der wird als fürs Pfarramt tüchtig angesehen. Andere fallen erst einmal durch. Die Gabe des Wiederkäuens theologischen Wissens aber suchen wir in den neutestamentlichen Charismenlisten vergeblich. Unsere Kirchenleitungen versündigen sich damit am Geist der Schrift.

Es gibt theologische Arbeiten über die so genannten Ämter und Charismen. Die, die solche Arbeiten vorlegen, müssen sich missachtet vorkommen, weil ihre Entdeckungen für die Kirchenleitungen keinerlei Relevanz haben. Es ist, als seien die prophetischen Denker unserer Kirche auf der einen Seite und die Kirchenverantwortlichen auf der anderen Seite durch Weltenräume voneinander getrennt. Warum treiben wir an den Fakultäten Theologie, forschen, erkennen – und tun dann doch nicht, was wir erkennen? Es ist, als forschen und erkennen wir lediglich zum Schein. Was für eine Kirche ist das, die nicht daran denkt, das Erforschte zu prüfen und – wo es geistlich ist – sich daraufhin zum Guten zu verändern! Ekklesia semper reformanda – ist das bei uns alles leeres Gerede? Luther hat die Trägheit für eine der größten Sünden gehalten. Von dieser Sünde sind wir bei exzessiver Geschäftigkeit in höchstem Maße befallen.

Alles, was ich hier vortrage, haben Größere schon vor mir gesagt. Aber welche Synode, welche Kirchenleitung hat je auf sie gehört? Das ist schon seltsam. Die evangelische Kirche hat ohne Zweifel Propheten hervorgebracht: Luther, Zinzendorf, Adolf Schlatter, Karl Barth, Dietrich Bonhoeffer, Eduard Schweizer, Emil Brunner, Helmut Gollwitzer, Rudolf Bohren, Manfred Seitz, Manfred Josuttis, Fritz und Christian Schwarz. Die Prophetenliste wäre zu erweitern. Was ist das für eine Kirche, die auf ihre Propheten nicht hört!

„Jerusalem, Jerusalem, die du tötest deine Propheten..." Bei uns werden Propheten unblutig „getötet". Sie werden einfach totgeschwiegen. Sie können reden und schreiben – unsere Synoden nehmen sie nicht zur Kenntnis. Das ist volkskirchlicher „Prophetenmord".

Lasst uns darüber nachdenken und sprechen, damit die Kirche ihr Licht wieder zum Leuchten bringt, zum ewigen Heil der Welt.

Mein Vorschlag: Re-evolution, d.h. Rückentwicklung zur Gemeindekirche – bei gleichzeitigem, gleitenden Abbau der Hierarchie. Wir brauchen dringend dienende Leiter, vollmächtige Arbeiter im Reiche Gottes und die missionarische Hauskirche z. B. nach dem Vorschlag Martin Luthers. Dahin gehört der Gottesdienst, mitten ins Leben hinein.

Und wir werden erleben: Das Geheimnis des Leitens nach dem Bilde Jesu wird Gaben erblühen lassen. Aus unmündigen Laien werden wieder Heilige, die sich hineingeben – mit welcher Gabe auch immer – in den Dienst, Menschen zu gewinnen für die Ewigkeit.

Wo der Geist des Herrn ist, da ist Freiheit. Da kommen die Menschen, die Völker. Alle Welt hat doch Sehnsucht nach der Wahrheit und Klarheit des Evangeliums. Was sind die Religionen anderes als der berechtigte Schrei nach Erlösung, nach dem Erlöser. Sie haben doch auch Hunger und Durst nach dem lebendigen Gott. Von Christus her, auf Christus hin sind doch auch sie geschaffen. Denken wir an unser Volk. Wir können ihm das befreiende, rettende Evangelium doch nicht vorenthalten. Dazu aber müssen wir die Gaben befreien, lösen, erlösen aus ihren Unterdrückungen. Das geschieht durch dienende Leiterschaft.

Alles, was den Lauf des Evangeliums zu den Menschen hin behindert, davon wollen wir uns entschlossen verabschieden. Lasst uns doch dem Geheimnis des Leitens wieder auf die Spur kommen! Wir – und die uns umgebende Welt werden den Segen davon haben.

„Ihr seid das Licht der Welt ... Man zündet auch nicht ein Licht an und setzt es unter einen Scheffel, sondern auf einen Leuchter; so leuchtet es allen, die im Hause sind" (Matthäus 6,14-15). Wer Ohren hat zu hören, der höre!

Peter Strauch

Leben entfalten, Leben gestalten

Die Sängerin und Schauspielerin Erika Pluhar veröffentlichte vor Jahren Eintragungen aus ihren Tagebüchern. Darin schrieb sie: „Leben ist wie ein zugeklappter Fächer, auf den eine Landschaft gemalt ist. Glück ist: den Fächer öffnen dürfen und die Landschaft sehen." (Erika Pluhar, Aus Tagebüchern, Rowohlt Taschenbuch, Hamburg 1981)

Damit sind wir mitten im Thema: Wie lässt sich Leben entfalten und gestalten? Die Sehnsucht nach dem „geöffneten Fächer" ist stärker verbreitet als wir denken – auch unter Managern und Führungskräften. Manchmal – in Krisensituationen – bricht sie so gewaltig auf, dass sie uns aus der Bahn zu werfen droht. Dabei geht es um mehr als um Zeitplantechniken und einen gesunden Lebensstil. Die Sehnsucht nach Leben greift tiefer. Es geht um die Grundfragen unserer Existenz: Wer bin ich? Was soll ich? Was kann ich tun, um aus den sieben, acht oder neun Jahrzehnten meines Lebens das Beste zu machen?

Fünf Kennzeichen will ich nennen, die nach meiner Überzeugung zu einer tief greifenden Lebensentfaltung und -gestaltung gehören. Ohne sie existieren wir zwar auch, aber wir leben nicht. Grundlage ist für mich dabei, was die Bibel zum Thema Leben sagt. Dabei zeigt sich eine erstaunliche Übereinstimmung mit dem, was aufmerksame Zeitgenossen ebenfalls für unabdingbar halten – selbst wenn sie keine Christen sind.

Erstes Kennzeichen: Wirkliches Leben kommt ausnahmslos von Gott. Auf natürlicher Basis ist es nicht zu haben.

Das klingt eigentümlich, ist aber außerordentlich wichtig. Kein Mensch kann sich dieses Leben selbst geben. Wir haben es nicht naturgemäß. Schließlich geht es um weit mehr als um die Verschönerung unseres natürlichen Lebens.

Als 1974 der marxistische Liedermacher Wolf Biermann aus der DDR in die Bundesrepublik kam, brachte er ein Lied mit, das mir schon damals unter die Haut ging: „Soll das denn alles gewesen sein, das bisschen Glotze und Kinderschrein? Da muss doch noch Leben ins Leben!"

Besser lässt sich kaum auf den Punkt bringen, um was es hier geht. Auch wenn wir im Deutschen nur einen Begriff für „Leben" haben, ahnen wir, dass die Tatsache, geboren zu sein, zum Leben nicht ausreicht.

Wir Menschen sind auf Transzendenz angelegt. Deshalb kann uns ein nur auf das Diesseits bezogenes Leben niemals ausfüllen. Aufmerksame Zeitgenossen erkennen das. Marion Gräfin Dönhoff beklagt in ihrem Buch „Zivilisiert den Kapitalismus – Grenzen der Freiheit" die Verbannung alles Transzendenten und Metaphysischen aus dem heutigen Leben. In zwölf Thesen fasst sie am Ende ihres Buches zusammen, was sie für dringend notwendig hält. Sie schreibt: „Eine ausschließliche Diesseitigkeit schneidet den Menschen von seinen metaphysischen Quellen ab, denaturiert ihn zur Maschine und liefert ihn ohne Korrektur seinem eigenen Dünkel und Machtstreben aus." (Marion Gräfin Dönhoff, Zivilisiert den Kapitalismus, Deutsche Verlags-Anstalt, Stuttgart 1997)

Zu einer sinnvollen Lebensentfaltung brauchen wir eben bedeutend mehr als eine vernunftgesteuerte, durchorganisierte und sportlich trainierte Existenz. Nein, dies ist kein Seitenhieb auf Vernunft, Organisation und sportliche Betätigung, aber es ist der eindeutige Hinweis darauf, dass aus diesen Quellen allein unser Leben letztlich nicht zufrieden stellend gespeist werden kann.

Der Grund dafür ist in der Herkunft und Bestimmung des Menschen zu suchen. Nach der Aussage der Bibel ist der Mensch eben kein Zufallsprodukt. Er ist das Geschöpf eines liebenden Schöpfers. Mit anderen Worten: Die tiefsten Wurzeln der menschlichen Existenz liegen in der liebevollen Beziehung zwischen Gott und Mensch. Gott hat ihn gewollt und geschaffen. Gott aber ist transzendent und nicht immanent. Er ist nicht eingebunden in seine Schöpfung, sondern existiert außerhalb von ihr. Deshalb kann ein rein diesseitiges Leben den Menschen letztlich nie zufrieden stellen, selbst wenn er versucht, das Beste daraus zu machen. Die Bibel sagt: Gott hat dem Menschen die Ewigkeit ins Herz gelegt (Prediger 3, 11). Hier sitzt der Schlüssel seiner Sehnsucht, und zwar der Sehnsucht jedes Menschen.

Es ist kein Zufall, dass gerade der moderne Mensch dieses Vakuum besonders empfindet. Je mehr er im Leben erreicht hat, desto mehr verliert er seine Illusionen. Matthias Horx nennt in seinem Buch „Megatrends für die späten neunziger Jahre" (Matthias Horx, Megatrends für die späten neunziger Jahre, Econ, Düsseldorf 1995) einige charakteristische Begriffe für unsere Zeit. Dazu gehört auch die Spiritualität. Es mag ja sein, dass die Institution Kirche nicht mehr das Interesse der Leute findet, aber das Religiöse hat damit nicht ausgedient. Im Gegenteil, der moderne Zeitgenosse schafft sich geradezu ein Patchwork aus Religiösem und Magischen (Matthias Horx).

Es ist schon verrückt: Da versuchte eine aufgeklärte rationalistische Theologie in den vergangenen Jahrzehnten alles Metaphysische aus der Bibel zu verbannen, um dem so genannten modernen Menschen den Zugang zur Bibel zu erleichtern. Jungfrauengeburt, Wunder Jesu, seine Auferstehung, Himmelfahrt und Wiederkunft wollte man diesem Menschen nicht mehr zumuten. Der Theologe Rudolf Bultmann schrieb: „Die mythische Eschatologie (Lehre von den letzten Dingen) ist im Grund durch die einfache Tatsache erledigt, daß Christi Parusie (Ankunft) nicht, wie das Neue Testament erwartet, alsbald stattgefunden hat, sondern daß die Weltgeschichte weiterlief – und wie jeder Zurechnungsfähige überzeugt ist – weiterlaufen wird" (R. Bultmann, Neues Testament und Mythologie).

Aber die „Zurechnungsfähigen" geben sich allem Anschein nach nicht mit einer „innerweltlichen" Bibel zufrieden. Während sich rationalistisch ausgerichtete Theologen um den modernen Zeitgenossen mühen, wendet sich gerade dieser Mensch der Esoterik und dem Aberglauben zu. Keine Frage, die Kirchen haben die Sekten, die sie verdienen. Wo Christen die Botschaft der Bibel auf ein innerweltliches Moralsystem verkürzen, bemächtigen sich ihrer die religiösen Sonderlehrer mit ihren spekulativen Sonderlehren. Fazit: Wir sind auf Transzendenz angelegt, deshalb lässt sich die Frage des Lebens nicht befriedigend mit innerweltlichen Lebenstechniken und Verhaltensmaßregeln beantworten.

Aber wie lautet nun die biblische Nachricht vom Leben? Vor ca. 2000 Jahren rief Jesus Christus unüberhörbar während eines großen Festes in Jerusalem: „Wer Durst hat, der komme zu mir und trinke" (Johannes 7, 37)! Er war kein Mensch wie jeder andere, sondern wurde von Gott in diese Welt gesandt, um die Beziehung zwischen Gott und uns Menschen wieder herzustellen. Als Jesus im Jahre 30 an einem Kreuz vor den Toren Jerusalems hingerichtet wurde, scheiterte damit nicht sein Auftrag, sondern er erfüllte sich. Gott versöhnte durch den Tod Christi die Menschen mit sich selbst (2. Korinther 5, 19). Stellvertretend nahm Jesus die Strafe der Menschen auf sich. Zwar wurde er in ein Grab gelegt, aber er blieb nicht dort. Am dritten Tag stand er auf von den Toten. Ich weiß, das alles sprengt unser Denkvermögen, aber ist es damit unwahr? Liegt es nicht geradezu auf der Hand, dass göttliches Handeln unsere Vernunft übersteigt?

Um es persönlich zu sagen: Ich begreife das auch alles nicht, aber ich wäre ein armer Mensch, wollte ich den Wahrheitsgehalt biblischer Aussagen an meinem Denkvermögen messen! Nein, ich bin überzeugt, dass der unsichtbare Jesus Christus mitten unter uns ist. Ich habe mich ihm anvertraut und lebe mit ihm. „Glaube" nennt die Bibel das, und er beginnt mit einer Umkehr zu Jesus. Seitdem weiß ich, dass er mir ein Leben gegeben hat, das selbst dann nicht enden wird, wenn ich sterbe. Auch in dieser Hinsicht verlasse ich mich ganz und gar auf seine Zusage (Johannes 11, 25 und 26). Von Augenblick zu Augenblick lebe ich mit dem unsichtbaren Jesus. Es stimmt: Wer Jesus hat, der hat das Leben. Wer ihn nicht hat, der hat das Leben nicht (1. Johannes 5, 12)!

Zweites Kennzeichen: Leben aus Gott entfaltet und gestaltet sich innerhalb einer ethisch-moralischen Grundstruktur.

Auch bei diesem zweiten Kennzeichen echten Lebens stoßen wir auf einen Bereich, der längst als aktuelles Problem erkannt ist. Noch einmal zitiere ich Gräfin Dönhoff: „Jede Gemeinschaft braucht Spielregeln, nach denen der Einzelne sich richten kann. Unlimitierte Liberalisierung, Freiheit ohne Selbstbeschränkung führt ins Chaos und schließlich zu ihrer Antithese: dem autoritären Zwang. Jede Gesellschaft braucht einen ethischen Minimalkonsens, ohne ihn zerbröselt sie" (Zivilisiert den Kapitalismus).

Die ethische Orientierungslosigkeit unserer Zeit ist kaum zu überbieten. Zweifellos hat es immer Fälle von Betrug und Korruption gegeben, aber heute gehören die Nachrichten darüber zum normalen Tagesgeschehen. Und dabei geht es nicht zuerst um das korrupte Verhalten irgendwelcher Mafiosos, sondern um das, was auch auf den Führungsetagen unserer Gesellschaft passiert. Das neue Buch von Helmut Schmidt trägt den Titel „Auf der Suche nach einer öffentlichen Moral". Genau sie brauchen wir, aber wo wird man fündig? Wer hat einen ethisch-moralischen Maßstab, der nicht der wechselnden Tagesmeinung unterliegt, sondern zeitlos gültig ist?

Gott hat das Leben untrennbar mit diesem Maßstab verknüpft. Wer das nicht begreift, wird die Entfaltung und Gestaltung seines neuen Lebens nicht erfahren. Das ist übrigens der Grund, weshalb es auch unter Christen so viele gelangweilte und enttäuschte Leute gibt. Wer mit Jesus Christus ein neues Leben beginnt, aber die „Straßenverkehrsordnung" seines alten Lebens beibehält, muss sich nicht wundern, dass ihm die ersehnte Lebensentfaltung und -gestaltung nicht gelingt.

Um das zu kapieren, müssen wir uns einen Augenblick auf den Ursprung der Gesetzgebung Gottes konzentrieren. Wer sich ein hochwertiges elektronisches Gerät zulegt, wird gut daran tun, zunächst die beigefügte Gebrauchsanweisung zu studieren. Sie wurde schließlich von den Leuten erstellt, die das Gerät konstruierten. Wenn also einer weiß, wie das Gerät zu behandeln ist, dann sie. Das leuchtet uns allen ein. Beim Menschen ist das nicht anders. Dabei ist er unvergleichlich wertvoller. Gott hat ihn gewollt und geschaffen, und er weiß am besten, was für ihn gut ist. Er weiß es nicht nur, er hat es dem Menschen in der Bibel auch mitgeteilt. Die Zehn Gebote geben komprimiert seinen guten Willen für seine Geschöpfe wieder. Auch im Neuen Testament bilden sie den Raum, in dem Christen ihr Leben zu entfalten und zu gestalten haben.

Hier müssen viele von uns umdenken. Immer wieder treffe ich Menschen, die der Meinung sind, dass die Gebote Gottes das Leben behindern. Für sie passen die Gebote Gottes und die Entfaltung des Lebens nicht zusammen. Aber das Gegenteil ist richtig. Gerade mit seinen Geboten gibt uns Gott den Gestaltungsraum für das neue Leben. Hier können wir uns entfalten, ohne gleichzeitig unser Leben und das Leben anderer zu zerstören. Wer jemals in Jerusalem an der Westmauer des Tempels war und gesehen hat, wie fromme Juden mit der Gesetzesrolle vor Freude buchstäblich durch die Gegend tanzen, dem geht auf, dass Gottes Gebote das Leben nicht erdrückten, sondern befreiten. Schauen Sie in den 119. Psalm. Auch er ist randvoll mit Freude über das Gebot Gottes. Machen Sie sich einen Augenblick lang bewusst, wie eine Welt aussähe, in der die Menschen uneingeschränkt so lebten, wie Gott es in seinen Geboten zum Ausdruck bringt. Ließe sich darin nicht ausgezeichnet leben? Wie aktuell ist es, wenn Gott die Ehe mit seinem sechsten Gebot schützt, so dass Mann und Frau verlässlich miteinander leben können! Auch die Festlegung auf ein Leben ohne Neid, Lüge, Diebstahl und Mord greift tief in unsere alltägliche Lebenspraxis. Verleumderisches Reden, unwahres Verhalten, die feinen Varianten des Neides und des Diebstahls gäbe es nicht. Menschen, die von Jesus Christus neues Leben bekommen haben, beginnen bereits hier und heute, solche Zeichen der neuen Welt Gottes zu setzen. Wenigstens sollten sie das tun, nicht verbissen, sondern mit großer Freude über einen Gott, der uns nicht nur Leben schenkt, sondern uns auch sagt, wie es zu gestalten ist.

Drittes Kennzeichen: Leben aus Gott ist unteilbar. Es verlangt den ganzen Menschen.
Zunehmend zerfällt unser Leben in voneinander unabhängige Bereiche. Das gilt für viele Ebenen des Lebens. Da wir kaum noch in der Lage sind, alles Wissen zu verarbeiten, spezialisieren wir uns weitgehend. Eine Gesamtschau und Verknüpfung von Wissens- und Erfahrungsbereichen gelingt uns damit immer weniger.

Zu diesem allgemeinen Trend kommt verstärkend hinzu, dass viele Menschen ohnehin der Meinung sind, dass beispielsweise Berufliches und Persönliches auseinander gehalten werden müsse. Besonders ausgeprägt ist dies Denken im Blick auf den so genannten religiösen Bereich unseres Lebens. Religion ist Privatsache! Für viele hat dieser Satz nach wie vor seine Gültigkeit.

Allerdings ist das Leben, von dem hier die Rede ist, für diesen Preis nicht zu haben. In einer privaten Nische unseres Lebens verliert es seine gestalterische Kraft und verkommt zur Bedeutungslosigkeit. Eine solche Haltung führt in der Regel zu einem erfahrungslosen und damit gelangweilten Christentum, das leider auch im pietistisch-evangelikalen Bereich stärker verbreitet ist, als wir denken. Der Versuch einer theologischen Begründung, dass es ja schließlich auf den Glauben und nicht auf die Erfahrung ankomme, hilft da wenig, zumal sie in diesem Zusammenhang biblisch ohnehin nicht haltbar ist.

Aber noch etwas muss besonders im Blick auf die pietistisch-evangelikale Frömmigkeit gesagt werden. Der neutestamentliche Begriff

„Welt" wurde hier fast immer veräußerlicht. Unter „weltlich" verstand man vielfach kurze Haare und Röcke, Kneipe und Tanzmusik. Ein Christ hatte hier nichts zu suchen, wenn er nicht „weltlich" sein wollte. Dass Paulus unter „weltlich" vor allem eine Gesinnung versteht, die von der Sünde geprägt ist und nicht nach dem Willen Gottes fragt, blieb dabei weithin außer Acht. Verschärfend kommt hinzu, dass Pietisten und Evangelikale aber ein solch veräußerlichtes „Weltverständnis" anders beantworten als beispielsweise die Hutterer, die ihr Leben daraufhin ganz und gar nach ihrer eigenen Kultur ausrichten. Sie vollziehen die Trennung von Geistlichem und Weltlichem durch eine konsequent getrennte Lebensgestaltung. Viele evangelikale Christen dagegen versuchen das Problem durch ein Leben auf wechselnden Ebenen zu lösen: In der Kirche geht's sonntags fromm zu, von Montag bis Freitag gelten andere Prinzipien. Das hat zur Folge, dass manch frommer Gemeindeleiter als Geschäftsmann nicht wieder zu erkennen ist. Es muss nicht lange begründet werden, dass ein solches Leben nicht gelingen kann.

Vor vielen Jahren bekam ich eine Einladung zu einer Freikirchenkonferenz in England. Sie hatte das Thema: „The Church on Monday", und auf dem Einladeprospekt hatte der Grafiker Menschen in den unterschiedlichsten Berufen und gesellschaftlichen Positionen skizziert. Echtes Leben, das von außen kommt und eine ethisch-moralische Grundstruktur besitzt, wird nur dann seine gestaltende Kraft entfalten, wenn es ganzheitlich verstanden wird. Es setzt die Bereitschaft von Menschen voraus, alle Lebensbereiche Jesus Christus zu unterstellen und von ihm bestimmen zu lassen. Unglaublich, was dann passiert. Dann machen auch Politiker und Geschäftsleute die Erfahrung, dass es keineswegs lebensfremd ist, im Alltag als konsequenter Christ zu leben. Die daraufhin gemachten Erfahrungen der Hilfe Gottes in den unterschiedlichsten Lebenssituationen sind durch nichts zu ersetzen. Hinzu kommt, dass solche Leute zu einem überzeugenden Beispiel für andere werden, auch solchen, die dem christlichen Glauben ansonsten eher skeptisch gegenüberstehen.

Allerdings setzt dieses ungeteilte Leben das Bewusstsein der unbegrenzten Gegenwart und Zuständigkeit Gottes voraus. Es lebt von der Überzeugung, dass uns Gott am Schreibtisch genauso nahe ist wie in der Kirchenbank und uns im Planungsbüro nicht weniger leitet als im Bibelkreis. Führungskräfte, die es wagen, auf dieser Basis zu leben, machen erstaunliche Erfahrungen, wie Gott neues Leben entfaltet und gestaltet.

Viertes Kennzeichen: Leben aus Gott ist echt und deshalb mit einer unechten Lebenshaltung unvereinbar.

Zu den Begriffen, die Horx in seinem Buch „Megatrends" als charakteristisch für unsere Zeit bezeichnet, gehört auch „Ehrlichkeit". Heute gibt es geradezu eine Sehnsucht nach „authentischem" und „echtem" Leben. Das gilt auch für das so genannte Spirituelle. Nach meiner Erfahrung richtet sich die Ablehnung des Christlichen weniger gegen den Glauben an sich, als vielmehr gegen die Institution Kirche, bei der man eine fassadenhafte unechte Frömmigkeit vermutet. Die Suche nach einer tragfähigen und verlässlichen Wahrheit bleibt nach wie vor aktuell. Und wenn es stimmt, dass heute weniger die Wahrheitsfrage als die Wirkungsfrage gestellt wird, so klingt auch darin die Sehnsucht nach Echtheit an. Man möchte eben nicht in der Theorie stecken bleiben. Es geht darum herauszufinden, was wirklich echt ist.

Damit sind wir aber ganz und gar bei den Kriterien des geistlichen Lebens, von denen die Bibel spricht. Auch wenn es uns und unserer Praxis fremd ist, die Bibel verschweigt niemals die Niederlagen und das Versagen derer, die mit Gott unterwegs waren. Die Lüge des Abraham, der Ehebruch des David, die Verleugnung des Petrus und die Streitigkeiten zwischen Paulus und Barnabas werden genauso berichtet wie die geistlichen Stärken dieser Leute im Reich Gottes. Im Gegensatz zur Praxis bei der Zusammenstellung unserer Jubiläumsschriften haben die Spannungen innerhalb der Jerusalemer Gemeinde Eingang ins Neue Testament gefunden. Ehrlichkeit und Echtheit verlangen eben Wahrhaftigkeit in der Darstellung nach innen und außen. „Laß uns doch nicht anders scheinen, als wir's denken, als wir's meinen ...", heißt es in einem Lied von Hermann Heinrich Grafe. Genau das ist gemeint.

Mit anderen Worten: Gottes Leben in uns wird sich nur dann entfalten, wenn wir den Mut haben, auch Pleiten und Pannen offen einzugestehen und sie nicht zu vertuschen. Übrigens: Keiner befürchte, damit seine positive Wirkung nach außen einzubüßen. Meist ist das Gegenteil der Fall. Menschen, die zu ihrer Schuld stehen, sind weit überzeugender als solche, die sie vertuschen oder kleinreden. Tragisch ist die beschämende Geschichte von Bill Clinton und seiner

Praktikantin Monika vor allem dadurch geworden, dass der amerikanische Präsident immer erst dann seine Schuld eingestand, wenn die Beweise unwiderruflich auf dem Tisch lagen und ihm keine weitere Ausrede blieb!

Bill Hybels veröffentlichte vor Jahren ein Buch mit dem Titel: „Who are you when no one's looking" (Wer bist du, wenn dich niemand sieht). Das scheint mir ein wichtiger Satz für eine echte und ehrliche Lebensgestaltung zu sein. Gerade fromme Leute unterliegen schnell der Gefahr eines schauspielerhaften Lebens, da sie sich dem Druck ausgeliefert fühlen, etwas darzustellen, was sie nicht sind. Da Christen ziemlich genau wissen, wie sie zu sein haben, sind sie versucht, persönliche Defizite zu überspielen. Diese „Überspielungen" geschehen aber immer auf Kosten einer echten Lebensentfaltung. Die gestalterische Lebenskraft Gottes geht niemals Koalitionen mit unechten und geheuchelten Lebensformen ein. Sobald wir versuchen, mit solchen Kompromissen zu leben, zieht sich der Geist Gottes zurück, und unser geistliches Leben wird zur Farce. Das Ehepaar Hananias und Saphira musste nicht sterben, weil es einen Teil des Verkaufspreises für sich behalten hatte, sondern weil es eine Opferbereitschaft heuchelte, die es bei ihm nicht gab (nachzulesen in Apostelgeschichte 5).

Fünftes Kennzeichen: Leben aus Gott löst das Kernproblem des Menschen.

Auf der Titelseite der Zeitschrift ideaSpektrum stand unter der Überschrift „Christ und Manager" der folgende Text: „Wenn *Wissen* unser größtes Problem wäre, hätte Gott uns ein *Universalgenie* geschickt. Wenn *Technologie* unser größtes Problem wäre, hätte Gott uns einen *Technik-Wissenschaftler* geschickt. Wenn *Geld* unser größtes Problem wäre, hätte Gott uns einen *Ökonomen* geschickt. Wenn *Unterhaltung* unser größtes Problem wäre, hätte Gott uns einen *Unterhaltungskünstler* geschickt. Aber so, da *Vergebung* unser größtes Bedürfnis ist, schickte er uns einen *Erretter.*"

Keine Frage, hier sitzt das Grundproblem der gesamten Menschheitsgeschichte. Der Apostel Paulus schreibt: „Durch einen einzigen Menschen kam die Sünde in die Welt und durch die Sünde der Tod, und auf diese Weise gelangte der Tod zu allen Menschen, weil alle sündigten …" (Römer 5,12). Wie bei einem großen aus Domino-

steinen zusammengesetzten Bild, bei dem ein Stein fällt und unwei-
gerlich alle anderen nach sich zieht, hat auch die Sünde uns alle in
den Tod gerissen. Mit Tod bezeichnet das Neue Testament unsere
Trennung von Gott. Mit ihr haben wir das Leben verloren. Damit ist
jede Hoffnung gestorben. Von nun an gibt es für uns nicht mehr die
geringste Chance einer sinnvollen Lebensentfaltung und Lebensgestaltung.

Aber das ist nicht das letzte Wort. Gott hat eine Antwort auf unser
Dilemma gefunden, und die heißt: Jesus Christus. Um es mit den
Worten der Bibel zu sagen: „Gott hat Christus, der ohne Sünde war,
an unserer Stelle als Sünder verurteilt, damit wir durch ihn vor Gott
als gerecht bestehen können" (2. Korinther 5,21).

Darin ist jeder Mensch eingeschlossen, auch Sie und ich. Jede
Schuld findet am Kreuz eine Antwort, die nicht Leben nimmt (das
wäre folgerichtig), sondern gibt – vorausgesetzt, dass wir die Liebe
Gottes persönlich in Anspruch nehmen und ihm dafür danken.
Keiner hat das besser beschrieben als Dr. Martin Luther, der das
Grundproblem der Sünde außerordentlich schmerzhaft erlebte. Für
ihn bedeutete die Entdeckung des Evangeliums eine unglaubliche
Befreiung. Er schreibt: „Mir ist es bisher wegen angeborener Bosheit
und Schwachheit unmöglich gewesen, den Forderungen Gottes zu
genügen. Wenn ich nicht glauben darf, daß Gott mir um Christi willen dies täglich beweinte Zurückbleiben vergebe, so ist's aus mit mir.
Ich muß verzweifeln. Aber das laß ich bleiben! Wie Judas an den
Baum mich hängen, das tu' ich nicht. Ich hänge mich an den Hals
oder Fuß Christi wie die Sünderin. Ob ich auch noch schlechter bin
als diese, ich halte meinen Herrn fest. Dann spricht er zum Vater:
‚Dieses Anhängsel muß auch durch. Es hat zwar nichts gehalten und
alle deine Gebote übertreten, Vater, aber er hängt sich an mich. Was
will's! Ich starb auch für ihn. Laß ihn durchschlupfen.' Das soll mein
Glaube sein" (Martin Luther).

Sie sehnen sich nach echtem Leben mit einer sinnvollen und tragfähigen Lebensentfaltung und -gestaltung? Wir finden sie weder in
uns, noch erhalten wir sie über selbsterdachte Konzepte, Techniken
und Strategien. Wirkliches Leben muss von außen kommen. Christus
gibt es uns. Der Glaube an ihn verbindet uns mit der Quelle des
Lebens. Auf diese Weise wird sich Gottes Leben in uns entfalten und
unser Leben gestalten.

Dr. Heinrich Christian Rust

Akzente zukünftiger Gemeindearbeit

Jeder war schon neugierig. Endlich würde man sie sehen, die so viel gelobte Frau des Arbeitskollegen. Wie oft hatte er geschwärmt von ihr: Sie musste schön sein, sehr schön; intelligent und zudem voller Charme und Humor. Zudem wäre sie eine phantastische Hausfrau, eine liebende und vorbildliche Mutter sowie eine erfolgreiche Geschäftsfrau. Endlich würde man sie nun kennen lernen auf dem bevorstehenden Betriebsfest. – Die Tür geht auf. Unser Freund kommt. Und an seiner Seite – da ist sie. Es ist nicht zu fassen, aber wahr: Eine äußerst unattraktive – um nicht zu sagen hässliche – junge Frau betritt den Raum. Den ganzen Abend sitzt sie mehr oder weniger scheu und teilnahmslos in der Gesellschaft, und wenn sie einmal einen Satz wagt, so wirkt dieser zumeist unpassend oder dumm.

Am anderen Morgen können es die Arbeitskollegen kaum abwarten, ihren Freund zur Rede zu stellen. „So ein Aufschneider!", sagen sie. „Wie konntest du uns nur so etwas vormachen, schau deine Frau doch einmal an! Wie kannst du bloß von ihr so schwärmen? Wie kannst du bloß behaupten, sie sei schön und intelligent und erfolgreich?"

Unser Freund schließt die Augen, ist einen kurzen Augenblick still und seufzt verliebt: „Ach, meine Augen müsstet ihr haben! Meine Augen müsstet ihr haben!"

Mit welchen Augen sehen wir die Braut Christi, die Gemeinde Jesu in unserem Land?

Auf dem Kongress hat es an sehr präzisen analytischen Wahrnehmungen, an beißender Kirchenkritik und an wohl wollenden Appellen sicher nicht gefehlt. Diese Veranstaltung wird ja getragen von dem heimlichen Motto: So kann es mit der Kirche nun wirklich nicht weiter gehen. Von Experten aller möglichen Blickrichtungen haben wir uns sagen lassen: Diese Braut ist einfach zu hässlich! Du musst etwas tun, wenn du attraktiv sein willst. Ein neues Make-up, eine neue Kleidung, ein neues Outfit und bitte, mehr Esprit – und dann wird es schon werden! Und so gehen wir denn mit dem Koffer voller guter Anregungen zurück; irgendwie ist die „Alte" doch wieder fit und attraktiv zu kriegen – oder? Allein – die Liebe fehlt. Und damit fehlt das Wesentliche!

Wir müssen uns neu eine tiefe Liebe zur Gemeinde Jesu schenken lassen, sonst versumpfen wir in richtigen, allzurichtigen Analysen, Diagnosen und Prognosen über die Kirche Jesu Christi in unseren Tagen. Da wird uns die Gemeinde Jesu zum Problem, aber nicht mehr zum Freund. Ich selbst kenne diese Gefahr zur Genüge.

Wir brauchen heute nicht zunehmend Menschen, die immer und immer wieder mit neuen und spitzeren Worten sagen können: Die Kirche ist hässlich! Um das festzustellen, gehört heutzutage auch noch nicht einmal Klugheit. Jeder weiß es, dass die „Runzeln und Falten" im Gesicht der Braut Christi, der Kirche, nicht mehr zu übersehen sind. Wir wissen von den enormen Austrittszahlen, von leeren Gotteshäusern, von ungläubigen Mitarbeitern im Dienst der Kirche. Wir wissen von kleinkrämerischer Abgrenzung und Rechthaberei, von Systemfehlern und unchristlichen Denkstrukturen, so genannten Paradigmen. Jeder weiß es, dass die Kirche bedroht ist – bedroht von der „is-lahmischen Gefahr": Alles is' lahm: Die Gottesdienste, die Aktionen, die Projekte. Die ätzenden und zynischen Bemerkungen in den Talkshows, die die Kirche zur Witzfigur der Postmoderne machen … all das ist uns sehr bekannt.

Ich will damit sagen: Es braucht heutzutage noch nicht einmal einer besonderen Pfiffigkeit, um die Schwächen und Nöte der Gemeinde Jesu zu analysieren und darzustellen. Aber wird sich dadurch allein irgendetwas ändern? So brillant alle diese Analysen und Ansätze sind – sie bewegen nichts. Wir brauchen die Augen dessen, der die Gemeinde zur Braut erwählt hat, die Augen Jesu. Genauer gesagt: Wir brauchen diese brennende, ja fast blinde Liebe zu den Menschen, die er in Blick genommen hat. Und dann werden wir sie auch sehen: Die ganze Schönheit dieser Braut, die wir Gemeinde Jesu nennen! Diese Liebe ist der Motor zur Erneuerung und Veränderung. Und das ist gewiss: Eine Veränderung der Kirche ist mehr als notwendig.

Bei allen Reformbewegungen, die wir in den vergangenen Jahren auch in Deutschland hatten, hat sich m.E. kein wirklicher Durchbruch ergeben. Warum nicht? Vielleicht haben wir diese leidenschaftliche Liebe nicht mehr? Da allerdings, wo wir von dieser Liebe Christi neu erfasst werden, bekommen wir auch den Blick für weitere Akzente.

Vier für die Zukunft der Kirche im deutschsprachigen Raum bestimmende Akzente möchte ich hier nennen.

1. Die Kraft des Evangeliums

Die Kirche Jesu Christi gibt es, weil wir davon überzeugt sind, dass das Evangelium, die gute Nachricht von Jesus Christus, eine notwendige und verändernde Kraft hat. Schon der Apostel Paulus wusste, dass das Evangelium nicht nur in leeren und ausdruckslosen Worten besteht, sondern in Kraft. Wo das Evangelium von Jesus Christus proklamiert und verkündigt wird, da entsteht eine höchst energiereiche Szene: Da findet Versöhnung zwischen Gott und Mensch statt; da wird von der Macht der Sünde befreit und aus Mächten der Vernichtung herausgelöst; da geschieht Heilung, Wiederherstellung und Versöhnung. Da werden aus Bedenkenträgern Hoffnungsträger für diese Welt. Eine Kirche, die in die würzige Suppe des Evangeliums immer wieder das Wasser des Zeitgeistes mischt, wird letztlich so Unappetitliches servieren, dass keiner mehr genießen kann.

Im Mittelpunkt all unseres Lebens bleibt die deutliche und klare Verkündigung von Jesus Christus als dem Gekreuzigten und Auferstandenen, dem Wiederkommenden und Richtenden. Es ist das Wort vom Kreuz, das den einzelnen Menschen in seiner Verantwortung vor Gott ernst nimmt. Es geht nicht darum, dass wir immer und immer wieder zu betonen versuchen, wie attraktiv es doch letztlich sei, in dieser Welt als Christ zu leben. Die Kanzel darf nicht allein der Ersatz für so manche verhinderten Therapeuten werden, die davon ausgehen, dass es sich bei der Zuhörerschaft letztlich um arme Opfer handle. Es geht vielmehr um das eine große Opfer Jesu; es geht um den Gott, der gehandelt hat und der eine Antwort vom Menschen erwartet. Es geht um den Gott, der den Menschen in seiner Verantwortung ernst nimmt und ihn vor die Entscheidung zwischen Leben und Tod, Himmel und Hölle stellt. Es geht um die klare Aussage, dass es neben Jesus Christus keine Wege und Schleichwege zum himmlischen Vater gibt und somit geht es um den Anspruch des Evangeliums, den einzigen Weg zum Vater aufzutun. Es geht um das erlösende und erwählende Handeln des dreieinen Gottes. Es geht um den Gott, der sich in der Geschichte offenbart hat und der uns im biblischen Wort vorgestellt wird. Es geht nicht um religiöse Gefühle, es geht nicht darum, dass wir Gott in allem begreifen, nein, es geht darum, dass er, der Lebendige, uns selbst neu ergreift.

Eine Kirche, die der Kraft des Evangeliums, des biblischen Wortes und der Kraft des Heiligen Geistes nicht mehr vertraut, hat keine Zukunft.

Eine Kirche, die sich allerdings in einer derartigen Klarheit zum biblischen Wort stellt, wird zunehmend Widerspruch ernten. Ja, die Kirche der Zukunft wird auch in Deutschland eine Diasporagemeinde sein, und möglicherweise ist die Zeit nicht mehr fern, wo man auch in unseren Reihen zunehmend Menschen treffen wird, die aufgrund ihres Bekenntnisses zu Jesus Christus erhebliche Nachteile in unserer Gesellschaft hinnehmen müssen.

2. Das Wesen der Gemeinde

Die Gemeinde Jesu versteht sich ihrem Wesen nach als von Gott selbst zusammengerufen und zusammengestellt. Ein Mensch wird aber erst dadurch zum Glaubenden, indem er durch Umkehr, Glauben, Taufe und den Empfang des Heiligen Geistes Anteil bekommt an dem, was der Gemeinde gegeben ist, nämlich Leib Christi zu sein. Daraus ergibt sich, dass nur Glaubende zur Gemeinde Jesu gehören. Der Zugang zur Kirche Jesu Christi kann nur aufgrund des persönlichen Glaubens erfolgen. Alle anderen Versuche, Mitglieder für die Kirche zu gewinnen, müssen scheitern.

Eine Kirche, deren Mitglieder nur noch zu einem äußerst geringen Prozentsatz überhaupt ihren Glauben bekennen und auch durch lebendige Teilnahme am Gemeindeleben belegen, hat keine Zukunft. Der evangelische Theologe Emil Brunner betont: „Die Kirche selbst ist schuld an dem Vertrauensschwund, unter dem sie heute leidet. Dieser ist gerade in dem begründet, was die Kirche als solche von der Ekklesia (Gemeinde) des Urchristentums unterscheidet" (Emil Brunner, Die christliche Lehre von der Kirche, vom Glauben und von der Vollendung, Dogmatik III, Zürich 1960, S. 119).

In diesem Zusammenhang kommen wir nicht umhin, einige Gedanken zur so genannten Volkskirche zu sagen. Immer wieder haben Theologen – nicht zuletzt Karl Barth – die Frage aufgeworfen, ob das Zusammengehen von Kirche und Staat seit Konstantin nicht auf einem großen Irrtum beruhe, sowohl auf Seiten des Staates als auch auf Seiten der Kirche. Ebenso ist die damit verbundene Praxis der Säuglingstaufe zu beklagen. Martin Luther selbst stellt in seiner Fastenpostille von 1525 fest, dass allein der Glaube einen Menschen rechtfertigt und dass ohne eigenen Glauben niemand zu taufen sei. Demgemäß scheut er sich nicht, die Praxis der Säuglingstaufe als – so wörtlich – „Firlefanz und Gaukelwerk" zu bezeichnen. Wir alle wissen, dass Luther sich in seiner Tauflehre umstimmen ließ. Dennoch können wir hier heute nicht über die Zukunft von Kirche in unserem Land nachdenken, ohne diesen so viel diskutierten und schmerzenden Punkt anzusprechen.

Wir haben konsequenterweise zu fragen, ob denn die Freikirchen von ihrem Selbstverständnis hier eine Antwort auf die Krise der Volkskirche sein können. Obwohl ich selbst Freikirchler bin, möchte ich auch hier meine Anfragen einbringen.Wohl wird in den meisten Freikirchen die Glaubenstaufe praktiziert und auch das Prinzip der Trennung von Kirche und Staat hat seinen Platz. Allein das Verhältnis zur „übrigen Welt" scheint hier und da gestört zu sein. Ein starker Hang zum Individualismus und zur Verinnerlichung des Glaubens sowie eine deutliche Tendenz zur Verkirchlichung und Verrechtlichung sind nicht zu übersehen. Kommen die Freikirchen nicht aus diesem Denken heraus, werden sie wohl auch kaum eine Alternative zu den bestehenden Großkirchen darstellen.

Eine Gemeinde für morgen wird eine Gemeinde sein müssen, die an der Basis ansetzt, dort, wo Menschen das Evangelium hören, ihren Glauben bekennen, sich zur Gemeinde versammeln und Nachfolge Jesu praktizieren. Sie wird eine Gemeinde sein müssen, die ein Modell für das Zusammenleben von Menschen unterschiedlichster Art verkörpert.

In einer Zeit, in der die Illusion vom christlichen Abendland endgültig zerstört ist, gilt es konsequenter Abschied zu nehmen von einer Art Kirche, die noch auf einem geradezu mittelalterlichen Gesellschaftsverständnis basiert. J. Chr. Hoekendijk fordert bereits 1965 in seinem Werk „Die Zukunft der Kirche und die Kirche der Zukunft": „Wir werden also Abstand nehmen müssen von der Volkskirche und allen Assoziationen, die dieses Wort weckt … Außer in einigen Reservaten werden wir also immer seltener auf eine zur

Konvention gewordene Kirchlichkeit rechnen dürfen. Es liegt auf der Hand, daß jede Denomination dadurch zur Freiwilligkeitskirche wird."

3. Die Funktion der Gemeinde

„Wozu ist Gemeinde da?", diese Frage stellt sich aufgrund der gegenwärtigen Herausforderungen. Ungezählte Christen leben nach dem Grundsatz: Jesus Christus ja – Kirche nein! Sie leben in der Überzeugung, dass die Kirche in ihren Strukturen und Funktionen zu verkrustet und nicht mehr notwendig sei in dieser Welt. Vielmehr komme es auf den Glauben und das Leben jedes einzelnen Menschen an.

Dass die Kirche ihre umfassende Sendung (Missio Dei) in dieser Welt nur sehr mangelhaft wahrnimmt, soll nicht bestritten werden. Vielfach fehlt es an Klarheit und vor allen Dingen auch an Taten. Eine Kirche, die nur für sich selbst da ist, hat aufgehört Gemeinde Jesu zu sein. Dietrich Bonhoeffer prägte das Wort von der „Kirche für andere" – ein Motto, das ja auch gegenwärtig wieder aktuell aufgenommen wird. Aber ist damit schon alles gesagt? Ist Kirche nicht auch Kirche für Gott und Kirche für ihre Mitglieder?

Rick Warren zieht in seinem Buch „Kirche mit Vision" (The Purpose Driven Church) den Vorhang auf und betont die umfassende Sendung und Funktion der Kirche. Diese Grundmuster neutestamentlicher bzw. apostolischer Gemeindelehre dürfen auch bei der Gemeinde der Zukunft nicht übersehen werden. Die deutsche Missionstheologie der 60er Jahre nahm die Grundbegriffe auf: Eine Gemeinde lebt in der Anbetung Gottes (Leiturgia), in der Gemeinschaft der Kinder Gottes (Koinonia), in der Sendung zur Evangelisation (Martyria) und in dem Liebenszeugnis der dienenden Tat (Diakonia). Neuere Missiologen fügen eine fünfte Grundfunktion der Kirche hinzu, indem sie die Lehre und Belehrung, die Weitergabe des Bekenntnisses betonen (Didaskalia).

Gegenwärtig gibt es umfassende Bewegungen, welche die Kirche Jesu „beunruhigen" und an diese Grundfunktionen erinnern. Die Willow-Creek-Bewegung betont zu Recht die umfassende evangelistische Aufgabe der Gemeinde Jesu und ermutigt zu der Aufgabe,

Kirche für andere, für kirchenferne Menschen zu bauen. Andere Bewegungen betonen die Notwendigkeit einer erneuerten Spiritualität oder die gemeindenahe Diakonie. Sicher ist es notwendig, dass die Gemeinde Jesu in unserem Land herausgeführt wird aus einer Selbstgenügsamkeit zurück in den Auftrag Gottes, Salz und Licht in dieser Welt zu sein.

4. Die Gestalt der Kirche

Der britische Theologe John Stott vertritt die These, dass die Kirche in ihrer gegenwärtigen Gestalt möglicherweise das größte Hindernis dafür ist, dass Menschen zum lebendigen Glauben an Christus finden. Hierbei geht es ihm auch um die Gestalt, die Formen kirchlichen Lebens. Immer mehr verantwortliche Christen rufen nach radikalen Reformen, nach Veränderungen, von denen sie sich eine neue Belebung der Kirche erwarten. Ich selbst bin der Auffassung, dass diese Forderung mehr als berechtigt ist. Hier sollen einige Akzente gesetzt werden, in welche Richtung derartige Reformbewegungen gehen:

• Die Kirche der Zukunft ist keine Pastorenkirche mehr, sondern eine Kirche, in der das „allgemeine Priestertum aller Glaubenden" gepflegt und gefördert wird. Die Zahl der hauptamtlichen Mitarbeiter wird rapide zurückgehen.

• Die Kirche der Zukunft wird freikirchliche Strukturen haben und in einer zunehmend säkularisierten Welt nicht mehr als Volkskirche agieren können.

• Die Kirche der Zukunft wird eine missionarische Kirche sein und immer weniger eine Betreuungskirche.

• Die Kirche der Zukunft wird eine Entscheidungskirche und nicht eine Nachwuchskirche sein.

• Die Kirche der Zukunft wird flexible Formen gemeindlichen Zusammenlebens entwickeln und nicht mehr nach einem Modell vorfindbar sein. Es wird unterschiedliche Gemeindeprofile geben, die sich jedoch alle auf die neutestamentlichen Grundfunktionen stützen.

• Die Kirche der Zukunft wird eine Diasporagemeinde sein, in der die Einheit der Christen betont wird. Unterschiedliche Gemeindeprofile und Denominationen werden mehr und mehr zusammenrücken müssen.

• Die Kirche der Zukunft wird sehr viel weniger Institution sein. Sie wird keinen hierarchischen Überbau haben. Es wird zunehmend Gemeinden geben, die sich weder einer Denomination anschließen, noch über einen „eigenen Pastor" oder ein Gemeindehaus verfügen.

Sicher, die Radikalität und das Ausmaß der geforderten oder der ersehnten Reformen der Kirche ist sehr unterschiedlich ausgeprägt. Während eine große Anzahl für moderate Reformen offen ist, mehrt sich die Zahl derer, die von einer neuen notwendigen Reformation der Kirche sprechen. Solche Scheidewege hat es in der Geschichte der Kirche oft gegeben. Manche endeten in Sackgassen. Eines scheint jedoch auch klar zu sein: Ein neues Kleid macht noch keinen neuen Menschen. Neben allem intensiven Bemühen um eine zeitgemäße und zugleich biblisch vertretbare Gestalt der Kirche Jesu in unserer Zeit tritt das Ringen um eine innere Erneuerung und Belebung durch das Wort Gottes und den Geist Gottes. Hier können wir nur in aller Bescheidenheit unsere immer leerer werdenden Hände aufhalten und Gott entgegenstrecken. Es liegt ja eine Verheißung darauf, wenn wir als Mittellose mit leeren Händen vor Gott stehen: Er will uns diese Hände füllen. Ich glaube, dass Gott dieses Land nicht aufgegeben hat. Ich glaube, dass Helmut Thielicke Recht hatte, wenn er sagte: „Solange das Haupt lebt, gibt es Hoffnung für den Leib!"

Und davon bin ich allerdings mehr als überzeugt: Jesus Christus lebt und er wird seine Gemeinde auch in Zukunft bauen. Ob sie dabei meinen, unseren Vorstellungen entspricht, weiß ich nicht. Auch wenn andere sie hässlich finden werden, so will ich doch nicht aufhören, von ihr zu schwärmen.

Dr. Kurt Nagel

Mitwissen, mitdenken, mitentscheiden – Mitarbeiter übernehmen Verantwortung

Der Mitarbeiter eines modernen und konkurrenzfähigen Unternehmens, der auch in Zukunft seinen Beitrag zum Erhalt seines Arbeitsplatzes leisten will, ist als Mitunternehmer oder auch als Unternehmer gefordert; ein Unternehmen besteht heute nur noch aus Unternehmern.

Er muss neben der ohnehin notwendigen fachlichen und menschlichen Kompetenz auch vermehrt unternehmerisches Denken und Handeln einbringen. Damit steigen die Anforderungen, der Handlungsspielraum und die Verantwortung. Für den Arbeitgeber bedeutet dieser neue Typ des Mitarbeiters eine mündige Arbeitskraft, von der er erheblich profitieren kann.

Die Voraussetzungen und Rahmenbedingungen für den neuen Mitarbeiter schafft das Unternehmen, indem es Freiräume zugesteht und Maßnahmen trifft, die die Eigeninitiative und den persönlichen Einsatz fördern. Dazu gehören:

- Statt starrer Befehle von oben werden lediglich die Rahmenbedingungen gesetzt.
- Die Schaffung eines konstruktiven, mit Freiräumen versehenen Umfeldes wird angestrebt.
- Ein aufgeschlossenes Arbeitsklima.
- Größere Verantwortungsbereiche auf allen Ebenen.
- Abbau von bürokratisierten und formalisierten Führungsstrukturen und starren Abläufen.
- Freiraum zur optimalen Nutzung der Ideenpotentiale und zur Entwicklung von Eigeninitiative.

Das Bedürfnis der Mitarbeiter nach Tätigkeiten mit Freiräumen zur Selbstentfaltung muss im Einklang mit den Vorstellungen des Unternehmens in Bezug auf Leistung und Gewinn stehen. Der in vielen Betrieben praktizierten Verschwendung der Ressource Mensch mit seinen Potentialen und geistigen sowie körperlichen Kapazitäten muss Einhalt geboten werden.

Die Therapie-Vorschläge zur Verbesserung (Tabelle)

Die neue Rolle des Mitarbeiters	
Heute	**Morgen**
• Arbeitsplatz-orientiertes Denken	• Übergreifendes, unternehmerisches Denken
• Aufgaben nach Stellenbeschreibung	• Ziele bestimmen die Aufgaben
• Mitarbeiter	• Mitunternehmertum und Verantwortlichkeit bis zur untersten Ebene
• Wenig Rechte	• Erweiterte Rechte
• Reagieren	• Agieren
• Kostenorientierung	• Nutzenorientierung
• Unsere Firma	• Meine Firma
• Fehler vermeiden	• Suche nach Herausforderungen / Chancen
• Was wir denken	• Was unsere Kunden denken
• Bezahlung nach klassischen Entgeltsystemen	• Flexible Entgeltsysteme sind alltäglich

© 1999 ideagrafik

Die wesentlichen Bestimmungsgrößen eines erfolgreichen Mitunternehmertums im Unternehmen finden sich in der folgenden Abbildung. Die zentrale Frage ist dabei: „Wie würde ich handeln, wenn es mein Unternehmen wäre?"

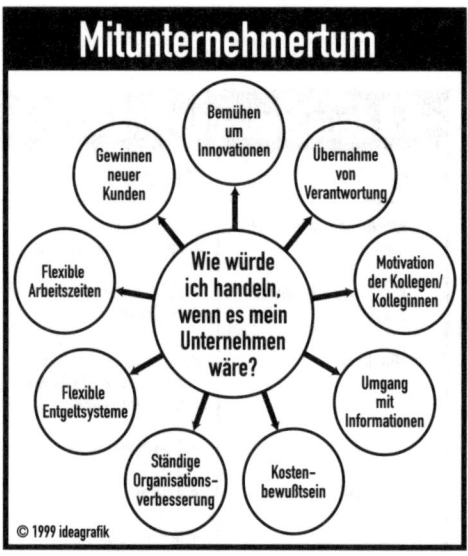

Norman Rentrop

Über-setzen ins 21. Jahrhundert

Der Kongress christlicher Führungskräfte ist eine Veranstaltung, die es vom Programm, von der Hochkarätigkeit und Innovationskraft der Referenten, von der Organisation und den Details her mit allen deutschen Führungskräfte-Kongressen aufnehmen kann. Mit einem entscheidenden Unterschied: Hier treffen sich Führungskräfte nicht unter weltlichen Vorzeichen, sondern im Geiste Jesu Christi. Hier hat *er* Priorität.

Als ich Dr. Jörg Knoblauch, den Spiritus rector dieses Kongresses, fragte: „Welche Schwerpunkte soll ich in meinem Vortrag setzen?", da riet er mir zu sprechen über

1. meinen ganz persönlichen Weg zum Glauben und wie ich das als Vorgesetzter von Hunderten von Mitarbeitern empfinde;
2. was Über-setzen ins 21. Jahrhundert für mich bedeutet;
3. welche Veränderungen unsere Trendforscher sehen angesichts der Frage: „Was ist vom 21. Jahrhundert wirtschaftlich zu erwarten?"

Über meinen Glauben zu sprechen, dazu noch vor so vielen Menschen, ist für mich neu. Ich war zögerlich. Unsere deutsche Erziehung lehrt uns ja: „Glauben ist Privatsache."

Ich habe mir früher allerdings oft gewünscht, von meinen Vorbildern nicht nur zu hören, was für sie Erfolg bedeutet, sondern auch, was für sie ein persönliches Verhältnis zu Jesus Christus bedeutet. Und so will ich über meinen Glauben sprechen.

Mein Weg zum Glauben

An den Ort kann ich mich noch gut erinnern: Es war in Baden-Baden. Vor etwa acht Jahren, wohl 1991, war ich dort zu einer Talkshow im Fernsehen eingeladen. Abends im Hotel öffnete ich die Schublade des Nachttisches, sah eine sogenannte Gideon-Bibel, die dort ausgelegt war, und tat etwas, was ich lange nicht mehr getan hatte: Ich begann in der Bibel zu lesen. Seit meiner Konfirmation hatte ich mit Kirche und Bibellesen nicht mehr viel zu tun. Doch plötzlich entdeckte ich, dass die Bibel mir eine Menge zu sagen hat. Und seitdem lese ich jeden Tag in der Bibel. Dabei frage ich mich immer: Was bedeutet das für mich? Wie kann ich das in meinem Leben anwenden? Was will mir Gott dadurch sagen, dass er mich gerade jetzt zu dieser Bibelstelle führt? Und mehrfach, wenn ich vor dem Einschlafen im Gebet mit Gott eine bestimmte Situation angesprochen hatte, erlebte ich, dass mir am nächsten Morgen eine Bibelstelle Zuversicht gab oder ganz neue Wege aufzeigte.

1993 kam dann Billy Graham als Redner zu der mehrtägigen Veranstaltung ProChrist nach Deutschland. Ich fühlte mich angesprochen und folgte seinem Aufruf, nach vorne zu kommen. Doch danach ging es irgendwie nicht richtig weiter. Ich hatte das Gefühl, mich zwar zu Jesus Christus bekannt zu haben, aber nicht, in ein persönliches Verhältnis zu Gott eingetreten zu sein.

„Bekehrung ist nicht Wiedergeburt", sagt uns Oswald Chambers in „Mein Äußerstes für sein Höchstes" als Tagestext zum 10. Januar. „Wenn ein Mensch wiedergeboren ist, weiß er, was geschehen ist, weil er ein Geschenk des Allmächtigen empfangen hat und nicht infolge seines eigenen Entschlusses."

Gott war das nicht egal. Er schickte mich in meine schwerste Krise. Der Chefredakteur eines Konkurrenzblattes schoss scharf: Er stellte ungeheuerliche Behauptungen auf und machte das so geschickt, dass presserechtlich schwer dagegen anzukommen war. Ich war gerade vor dem Abflug zu einer internationalen Verlegerkonferenz auf Nevis in der Karibik. Meine Gedanken kreisten nur um die Frage: „Fliegen oder nicht, zurückschießen oder nicht?"

Wir hatten herausgefunden: Der Verlagskonzern, bei dem das Konkurrenzblatt erscheint, hatte ausgerechnet in jener Sache, die man uns vorhielt, jede Menge Leichen im Keller. Ich entschied mich fürs Fliegen und gegen ein Zurückschießen. Also nicht Auge um Auge, Zahn um Zahn.

Dann habe ich zum ersten Mal inständig gebetet. Um Beistand. Und es geschah etwas, was ich vorher nie für möglich gehalten hätte: Wenige Wochen später wurde dieser Chefredakteur, der mich und meine Mitarbeiter so übel angeschossen hatte, fristlos seiner Funktion enthoben und entlassen.

Ich habe ihm selbst daraufhin nie die Hand geschüttelt. In Gedanken habe ich ihm aber vergeben und ein paar Mal für ihn gebetet. So habe ich schließlich meinen Frieden mit ihm gemacht.

Damit war das Thema noch nicht vollständig erledigt. Leser des Konkurrenzblattes sprechen mich und meine Mitarbeiter noch bis heute auf das Thema an. Ich nehme es als Fingerzeig, *erstens* selbst das Gebot zu halten: „Du sollst nicht falsch Zeugnis reden wider deinen Nächsten" (5. Mose 20), und mir *zweitens* Matthäus 7,1-5 vor Augen zu halten: „Verurteilt nicht andere, damit Gott nicht euch verurteilt! Denn euer Urteil wird auf euch zurückfallen, und ihr werdet mit demselben Maß gemessen werden, das ihr bei anderen anlegt. Warum kümmerst du dich um den Splitter im Auge deines Bruders oder deiner Schwester und bemerkst nicht den Balken in deinem eigenen? Wie kannst du zu deinem Bruder oder deiner Schwester sagen: Komm her, ich will dir den Splitter aus dem Auge ziehen, wenn du selbst einen ganzen Balken im Auge hast?"

Was bedeutet Über-setzen für mich?

Mein Leben hat eine Menge damit zu tun, Führungskraft zu sein. Der eine oder andere kennt vielleicht ein Unternehmen aus meiner Verlagsgruppe. Zu ihr gehören der VNR Verlag für die Deutsche Wirtschaft AG, der FID Fachverlag für Informationsdienste und der ADI Auftragsdienst der Deutschen Industrie, ebenso Verlage in

Washington, Warschau, Bukarest und anderen Städten. Die Verlagsgruppe gibt 60 Zeitschriften, Informationsdienste und Loseblatt-
Zeitschriften heraus. Zu unseren Kunden gehören vorwiegend selbständige Unternehmer. Thematisch geht es in den Produkten deshalb um Fragen wie Unternehmensgründung und -aufbau, Finanzen,
Marketing, Personalfragen bis hin zur Geldanlage. Viele von Ihnen
werden schon Post von uns bekommen haben – jeder tausendste
Brief in Deutschland kommt von unserem Verlag. 250 festangestellte
Mitarbeiter haben wir in Bonn-Bad Godesberg, 600 sind es weltweit.

Der Verlag entstand aus kleinsten Anfängen. Im Alter von 18
Jahren habe ich in meinem zwölf Quadratmeter großen Zimmer im
Elternhaus angefangen. Im Laufe der Jahre habe ich das Unter-
nehmen zu einer der größten Fachverlagsgruppen aufgebaut.

Irgendwann merkte ich dann, dass wirtschaftlicher Erfolg nicht die
Erfüllung bringt. Manche Menschen meinen ja: „Wenn ich doch nur
das große Los ziehen würde, wenn ich doch nur 1 Million DM im
Lotto gewinnen würde, dann, ja dann wäre alles ganz anders."

Natürlich macht Erfolg Spaß, und man sieht gern, dass Ideen sich
tatsächlich verwirklichen lassen, dass Anstrengung sich lohnt und
von Erfolg gekrönt wird. Wenn alles klappt, gibt das Befriedigung.
Außerdem kommt man zumindest in meinem Beruf weit herum,
lernt interessante Menschen und Plätze überall auf der Welt kennen.

Wirtschaftlicher Erfolg bringt aber auch viel Stress, Neid, eine
Menge Konflikte und viel Einsamkeit mit sich. Inneren Frieden und
Erfüllung bringt wirtschaftlicher Erfolg nicht mit sich. Der kommt nur
durch die persönliche Beziehung zu Gott. Wie oft gibt es Entscheidungen, wie oft gibt es Dinge, die nicht in meiner Hand liegen
und einem den Schlaf rauben könnten! Und dennoch kann ich ruhig
schlafen, weil ich im Gebet Gott alle meine Sorgen anvertrauen kann.
Und da empfinde ich die Jahreslosung als so wohltuend: „Siehe, ich
bin bei euch alle Tage bis an der Welt Ende."

Also gerade auch an den Tagen, an denen es nicht so gut läuft.
Doch bis ich die Dinge so sehen konnte, hat es eine Weile gedauert.

Mein 40. Geburtstag war der schwierigste überhaupt. Die statistische Mitte des Lebens war erreicht. Drei Jahre vorher schon verkauf-
te mir mein Friseur die erste Flasche Haarwuchsmittel. Die Haare werden weniger auf dem Kopf. Der Lack ist ab. Kurz vor meinem 40. Geburtstag packte mich die sprichwörtliche Midlife-Krise. Verschie-

denste Gedanken kreisten monatelang in meinem Kopf: Soll ich kürzer treten? Was ist der Sinn des Lebens? Was muss ich verändern?

Problematisch war jetzt die Einsamkeit des Unternehmers: Mit wem sollte ich diese ganz persönlichen, ganz existenziellen Themen besprechen? Von wem konnte ich erwarten, dass er vom Verständnis und vom Wohlwollen her in der Lage ist, mir ohne „konfligierende Eigeninteressen" zu helfen? Bei wem kann und darf ich meine sonst so mühsam errichteten Schutzwälle um meine Gefühle und um meine Seele einmal herunterfahren? Wem gegenüber darf ich mich verletzlich geben, mich verwundbar machen? Meinen Mitarbeitern? Mit denen, die mich bisher 22 Jahre in der Rolle des Starken, des Ideenreichen, des nie Verzagenden kennen gelernt hatten? Meinen Kollegen, vor denen ich mich viele Jahre bemüht hatte, mir keine vermeintliche Blöße zu geben? Mit anderen in der Gemeinde? Durfte ich dort auf Verständnis hoffen, wenn es einmal nicht um „kirchlich/gemeindlich korrekte" Themen geht?

Bei meiner Frau fand ich viel Verständnis, ebenso bei meinen Eltern und meinen Geschwistern. Wo noch konnte ich die Offenheit und Ehrlichkeit finden, die nötig ist, um das alles zu besprechen?

In dieser Zeit wurde mir Gottes Versprechen wichtig: „Siehe, ich bin bei euch alle Tage."

Gebet, Gespräch und Erfahrungsaustausch habe ich immer als fruchtbare Wege erlebt, die Einsamkeit des Unternehmers zu überwinden. Doch wie sollte ich mich verhalten? Was heißt Über-setzen konkret für mich?

Die Studenten- und Akademikerorganisation Campus für Christus schickte mir das Buch „Halbzeit" von Bob Buford, einem mittelständischen Unternehmer. Seine Botschaft: „Wenn du in der Mitte des Lebens (in der Halbzeit, daher der Name des Buches) innehältst, dann musst du dich entscheiden: Wer oder was steht im Mittelpunkt deines Lebens?"

Bob Buford war aus der Tagesarbeit ausgestiegen und hatte die Geschäftsführung an leitende Mitarbeiter abgegeben. Er brachte dann seine unternehmerische Begabung in das Leadership-Network ein, ein Pendant zur Akademie für christliche Führungkräfte. Seinem Vorbild bin ich inzwischen gefolgt und habe mich auch aus der Tagesarbeit zurückgezogen. Der Verlag ist in eine Aktiengesellschaft umgewandelt, die Geschäftsführung bzw. den Vorstand habe ich an leitende Mitarbeiter übergeben.

Der Kongress Explo 1997 in Basel war für mich ein weiterer Meilenstein. Dort haben Barbara und Ben Jakob erzählt, was für sie die Begegnung Jesu mit Maria und Marta bedeutet, Lukas 10,38-42: „Als Jesus mit seinen Jüngern weiterzog, kam er in ein Dorf. Dort nahm ihn eine Frau namens Marta gastlich auf. Sie hatte eine Schwester mit Namen Maria, die setzte sich zu Füßen des Herrn nieder und hörte ihm zu. Marta dagegen war überbeschäftigt mit der Vorbereitung des Essens. Schließlich trat Marta vor Jesus hin und sagte: Herr, kümmert es dich nicht, daß meine Schwester mich die ganze Arbeit allein tun läßt? Sag ihr doch, daß sie mir helfen soll! Der Herr antwortete ihr: Marta, Marta, du machst dir so viele Sorgen und verlierst dich an vielerlei, aber nur eins ist notwendig. Maria hat die gute Wahl getroffen; sie hat sich für das unverlierbar Gute entschieden, das ihr nicht genommen werden kann."

Die beiden Jakobs erläuterten in ihrem Vortrag, wie sie durch das Gleichnis von Maria und Marta zu dem gekommen sind, was die Schrift „notwendig" nennt.

Für mich war das eine Schlüsselstelle. Zuvor fühlte ich mich stets unter Zugzwang, nach dem Motto eines Fotojournalisten: Wenn ich wach bin, arbeite ich.

Für mich war es ganz wichtig zu erkennen, dass es in Ordnung ist, auch nur mal ruhig dazusitzen und auf Gott zu hören, ja dass dieses „Gott zuhören" sogar von Jesus als die „gute Wahl" bezeichnet wird.

Und noch eins gaben mir die Jakobs aus der Schweiz: Das Büchlein „Lebensmitte als geistige Aufgabe" von Anselm Grün. Wer ideaSpektrum liest, kennt Anselm Grün aus der Bestsellerliste. Was vielleicht nicht so bekannt ist: Er ist Diplom-Kaufmann wie ich und Finanzchef eines Benediktinerklosters.

In seinem Buch beschreibt Grün, wie das Kloster vor einem Phänomen stand: Im Alter zwischen 40 und 50 Jahren entschieden sich eine ganze Reihe von Brüdern, das Kloster zu verlassen und aus dem Orden auszusteigen. Was machten die Benediktiner? Genau dasselbe, was wir in der Wirtschaft auch tun würden: Problem analysieren und Konferenz abhalten. Und die Analyse war für mich spannend. Sie griffen zurück auf die Werke von Hermann Tauler, einem deutschen Mystiker aus dem 14. Jahrhundert und C. G. Jung, den Vater der Psychoanalyse.

Tauler predigte auch über den 40. Geburtstag und sagte: „Nicht abhauen."

Ich übersetzte: Also nicht was ganz anderes machen. Nicht in die Südsee auswandern, nicht gemäss dem Bestseller von Günter Ogger „absahnen und abhauen".

C.G. Jung verstand sich als Psychiater der Erwachsenen, insbesondere für die zweite Lebenshälfte. C.G. Jung ist auch derjenige, der bei aller Wissenschaftlichkeit dann persönlich zu dem Schluss kommt: Es gibt Gott.

In der ersten Lebenshälfte steht das Bewusstsein im Vordergrund. Es geht hauptsächlich ums Schaffen und Machen. In der zweiten Lebenshälfte kommt es darauf an, Unterbewusstsein und Bewusstsein wieder in Übereinstimmung zu bringen.

Deutlich in Erinnerung geblieben ist mir das Fazit Anselm Grüns: Gott rüttelt dich in der Lebensmitte noch einmal wach, damit du Gelegenheit erhältst, näher zu ihm zu kommen. Näher zu Gott, nicht das Leben in Ruhe zu genießen, ist für mich damit gemeint. In diesem Zusammenhang ist mir die Geschichte ganz wichtig geworden, die Jesus in Lukas 12,16-20 so erzählt: „Ein reicher Grundbesitzer hatte eine besonders gute Ernte gehabt. Was soll ich jetzt tun?, überlegte er. Ich weiß gar nicht, wo ich das alles unterbringen soll! Ich hab's, sagte er, ich reiße meine Scheunen ab und baue größere! Dann kann ich das ganze Getreide und alle meine Vorräte dort unterbringen und kann zu mir selbst sagen: Gut gemacht! Jetzt bist du auf viele Jahre versorgt. Gönne dir Ruhe, iß und trink nach Herzenslust und genieße das Leben! Aber Gott sagte zu ihm: Du Narr, noch in dieser Nacht werde ich dein Leben von dir zurückfordern! Wem gehört dann dein Besitz?"

Auf einer anderen Veranstaltung von Campus für Christus lernte ich dann das Konzept der Haushalterschaft (amerikanisch: Stewardship) kennen. Das, was Gott an Gaben mitgegeben hat, der reiche Segen, den Gott uns gibt, ist nicht zum Horten gedacht. Irgendwann werden wir vor unserem Herrn die Frage zu beantworten haben: „Was hast du aus deinen Gaben, die ich dir gab, gemacht?"

Ich erkannte, dass Erfolg, dass Machen nicht alles ist. Gerade für mich als Tatmensch, als Macher bedeutete dies ein Umdenken. Es geht also darum, nicht mich, sondern Gott in den Mittelpunkt zu stellen.

Das ist leicht gesagt, aber nicht immer leicht umzusetzen. Oft falle ich zurück in alte Gewohnheiten. Wenn ich hier über meinen persönlichen Weg im Glauben spreche, dann bin ich dabei kein Experte. Ich fühle mich wie einer, der versucht, im täglichen Leben Glauben in die Praxis umzusetzen.

Über-setzen ins 21. Jahrhundert ist auch unsere Aufgabe als Christen. Es geht darum, immer wieder deutlich zu machen, was Gottes Wort in unserer heutigen konkreten Lebenssituation bedeutet. Die Herrnhuter beschreiben in den diesjährigen Losungen, worauf es beim Übersetzen ankommt: „Beim Übersetzen geht es um mehr als nur um das Übertragen von Versen ... Es ist ein Über-Setzen im eigentlichen Wortsinn, ein Übersetzen mit einer Fähre von einem Flussufer zum anderen, von einer Sprache zu einer anderen, von einer Mentalität zur anderen."

In Zeiten immer schnelleren Wandels gewinnt das Über-setzen an Bedeutung.

Was haben wir vom 21. Jahrhundert wirtschaftlich zu erwarten?

Wir erleben auf der einen Seite eine Zeit mit immer schnellerem Wandel und einer immer größeren Kompliziertheit. Auf der anderen

Seite gibt es eine große Sehnsucht nach Einfachheit und Orientierung. Wir begreifen immer weniger, weil es immer weniger zu greifen gibt.

Dass diese Zeit immer schnelleren Wandels und steigender Komplexität zusammenfällt mit der Jahrtausendwende unseres Kalenders, ist für mich nicht das Entscheidende. Auch die Zeit, in der Martin Luther sein neues Verständnis des Evangeliums entwickelte, war eine Zeit enormen Wandels, verbunden mit schweren sozialen Erschütterungen. Schon damals gab es gravierende wirtschaftliche Veränderungen: Das Aufblühen des Fernhandels, der Übergang von der Naturalwirtschaft zur Geldwirtschaft, der italienische Mönch Lucas Paciolo hatte gerade die doppelte Buchführung erfunden, Oberitalien war das, was heute die USA sind. Wer was werden wollte, lernte dort sein kaufmännisches Handwerk. Jakob Fugger nannte sich selbst Giacomo. Schnellen Reichtum gab es auf der einen Seite, auf der anderen Seite gab es das Abgleiten ganzer Volksschichten in eine niedere Lebenshaltung (vgl. Wolfgang Metzger, Band 4 der Calwer Lutherausgabe).

Für uns ist heute kaum mehr vorstellbar, was Wirtschaften damals bedeutete. Tausende von Jahren war Landwirtschaft die vorherrschende Wirtschaftsform. Dann kam die Industrialisierung, die unsere Gesellschaft 160 Jahre lang prägte. Das heißt, immer mehr Menschen gingen von der Landwirtschaft in die Industrie. Doch kaum hatte ich in der Schule kapiert, wie ein Stahlofen funktioniert und was die klassische Funktion eines Arbeiters ist, da musste ich mich schon umstellen. Das Zeitalter der Dienstleistungsgesellschaft begann. Die Zahl der Arbeiter nahm rapide ab, die der Dienstleister stieg enorm. Kaum haben wir uns an die Dienstleistungsgesellschaft gewöhnt, kommt schon der nächste Wandel, diesmal hin zur Wissensgesellschaft. Wie lange wird es sie geben? Und was kommt danach?

Entsprechend dieser Entwicklung waren die materiell reichsten Männer und Frauen der Welt früher Immobilienbesitzer, dann Industriemagnate und schließlich Dienstleistungskönige. Heute ist das schon nicht mehr der Fall. Heute gehört Bill Gates zu den reichsten Menschen dieser Erde. Sein Produkt ist Software, mit der fast alle PCs laufen. Er ist also ein typischer Vertreter der Wissensgesellschaft. Ebenso wie Warren Buffett – er ist Aktienanleger.

Bis in die 50er-Jahre waren es die Jahrzehnte der Produktion, die 60er waren das Jahrzehnt des Marketing, die 70er das Jahrzehnt der Strategie, die 80er das Jahrzehnt der Qualität, die 90er das Jahrzehnt der Kundenzufriedenheit (und die reicht schon nicht mehr aus, um erfolgreich zu sein). Das nächste Jahrzehnt wir das Jahrzehnt der Echtheit und Innovation. So sieht es Dr. Barrenstein von McKinsey, andere sehen gar das gesamte 21. Jahrhundert als das Jahrhundert der Ethik, der Werte und der Religion.

Die Analysten und Redakteure unserer Publikationen zum Thema Trends werten das aus, was weltweit an Entwicklungen zu erkennen ist. Eine gerade abgeschlossene Studie nennt folgende zehn Trends:

1. *Neue Formen der Arbeit:* Die neue Selbständigkeit, neue Selbstverantwortung. Wir sehen ja, dass zum Beispiel immer mehr Menschen von zu Hause aus arbeiten.
2. *Vom Gastarbeiter zum Weltbürger:* Die Welt wächst zusammen mit einem neuen Bürgerverständnis.
3. *Von der Massenproduktion zur intelligenten Individualisierung.*
4. *Megatrend Virtuelle Geschäfte:* Zur Zeit der Reformation gab es den Übergang von der Realwirtschaft zur Geldwirtschaft. Geld als abstraktes Zahlungsmittel gewann an Verbreitung. Heute erleben wir, dass selbst das Anfassen der Ware, das Zusammenkommen von Käufer und Verkäufer entfällt. Handel und Wirtschaft vollzieht sich mehr und mehr im virtuellen Raum, bei dem Entfernung kaum mehr eine Rolle spielt.

5. *Smart Tech* (Vereinfachungstechnologie): Vom Mikroprozessor zur Nanotechnologie.
6. *Vom Jugendkult zur Wertschätzung des Dritten Alters.*
7. *Weniger Staat, mehr private Initiative in Schule und Universitäten, Aus- und Weiterbildung.*
8. *Von der Elektronik zum Jahrhundert der Biologie.*
9. *Vom „Alles-haben-Wollen" zum Leben in Balance.*
10. *Vom Materialismus zur Spiritualität.*

Wir haben immer noch eine der leistungsfähigsten Volkswirtschaften der Welt. Bei uns gibt es im Vergleich zu vielen anderen Ländern einen sehr guten Ausbildungsstand, ein stabiles Rechts- und Finanzsystem und immer noch einen großen sozialen Konsens. Doch Überregulierung und Überbesteuerung machen unseren Betrieben und den selbständigen Unternehmern zu schaffen. Wir sind das Land mit den meisten Steuervorschriften in der Welt. 60 Prozent der Welt-Steuerliteratur wird bei uns produziert. Schon vor 20 Jahren schimpfte Bundeskanzler Helmut Schmidt, dass es selbst ihm als gelernten Wirtschaftswissenschaftler nicht mehr gelänge, seine Stromrechnung zu lesen. Seitdem sind bei uns noch mehr Vorschriften erlassen worden, kaum etwas wurde wirklich vereinfacht.

Wer ein Haus bauen, eine Stiftung gründen oder sein eigenes Unternehmen aufmachen will, steht oftmals vor einem Hürdenlauf durch die Vorschriften-Landschaft. Wer als Arbeitsloser sich mit dem Putzen von Fenstern selbständig Geld verdienen will, dem bedeuten viele Handwerkskammern, er dürfe das erst nach Absolvierung einer Ausbildung machen. Wer eine Garage nutzen möchte zur Gründung seines Unternehmens, dem sagt die Arbeitsstättenverordnung: Dies ist nur erlaubt, wenn die Garage Fenster hat. Die Bauordnungen verbieten jedoch genau das.

Hinzu kommt bei vielen die Vorstellung, dass der Staat für alles zu sorgen habe und Privatinitiative mit Makel behaftet sei. Kleine, schnelle Einheiten sind aber viel eher in der Lage, die zunehmende Schnelligkeit und Komplexität unserer Welt zu bewältigen als der Koloss Staat oder andere übergroße Organisationen. So fehlt oftmals der Mut zu Neuem und die Bereitschaft, selbständig zu handeln, aus eigener „Verantwortung vor Gott und den Menschen".

Eine der großen Entwicklungen unserer Wirtschaft in den letzten

Jahren war die Konzentration auf die Kernkompetenz. Firmen, die früher versuchten, vom Bügeleisen bis zum Flugzeug alles für jeden zu produzieren, konzentrieren sich heute ganz bewusst auf das, was sie am besten können.

Hier möchte ich Gemeinden und Kirchen Mut machen, sich auf das zu konzentrieren, was sie besser können als andere. Wenn es heißt, das 21. Jahrhundert sei das Jahrhundert der Ethik, dann sehe ich hier *die* große Chance für die Kirche und für alle, die bereit sind, als Christen Führungsaufgaben zu übernehmen.

Was wäre, wenn unsere gesamte Gesellschaft in einer Art Midlife-Krise wäre? Viele Symptome sind da: Ausgebrannt sein, Gedanken an Abhauen, äußere und innere Emigration. Wer von den Jungen will noch Verantwortung tragen? Ich, ich, ich, ruft es vielerorts. Wer will noch dienen? Wer will noch hören: „Frage nicht, was die Gemeinschaft für dich tun kann, sondern was du für die Gemeinschaft tun kannst"? Das Führen durch und aus der Midlife-Krise ist etwas, was wir weder in der Schule noch in der Uni, noch in der Lehre mitbekommen – hier eröffnet sich eine Riesenchance für Kirche.

Ulrich Parzany

Alter Glaube in neuer Zeit

Was kennzeichnet die neue Zeit? Lassen Sie mich das an der Geschichte der Weltausstellungen verdeutlichen:

Als Prinz Albert die erste Weltausstellung 1851 in London eröffne-
te, sprach er davon, dass „unser Glaube" die Menschheit vereinen
und den weltweiten Frieden schaffen würde. Er meinte allerdings
nicht den christlichen Glauben, sondern den Glauben an den
Fortschritt von Wissenschaft und Technik, wie er sich in der Weltausstellung ausdrückte.

Seitdem hat über fast 150 Jahre hin der moderne Mensch auf den
Weltausstellungen seine Fortschritte und sich selbst als Baumeister
der Zukunft gefeiert.

Die Weltausstellung Expo 2000 Hannover hat das Thema „Mensch
– Natur – Technik". Dieses Thema signalisiert eine Besorgnis, wenn
nicht gar ganz offen eine Krise. Wissenschaftlicher und technischer
Fortschritt hat uns zwar unermesslich viel Hilfe und Erleichterung
gebracht – z.B. durch die Medizin und die Kommunikationstechnik.
Allerdings machen uns die unbeabsichtigten negativen Neben-
wirkungen mehr und mehr zu schaffen. Deshalb wird jetzt nach den
Beziehungen zwischen Mensch, Natur und Technik gefragt. Das for-
dert uns Christen heraus, den Klartext der biblischen Botschaft im
Kontext der bedrängenden Fragen zu vermitteln.

Wenn wir das tun, müssen wir uns ein zweites Kennzeichen unserer Zeit vergegenwärtigen. Unsere Zeit wird als die Postmoderne
bezeichnet. Was bedeutet das? Die Moderne war seit der philoso-
phischen Aufklärung dadurch bestimmt, dass man die Wahrheit
nicht mehr als von oben verordnet, allen verbindlich vorgegeben
und als allgemein gültig verstand. Um die Wahrheit wurde gestritten.
Aber dieser Streit geschah unter der Voraussetzung, dass es
grundsätzlich eine allgemeingültige Wahrheit geben müsse. Es lohn-
te sich also, die Wahrheitsfrage zu stellen.

Die Postmoderne kennt diese gemeinsame Voraussetzung nicht
mehr. Die Individualisierung und Pluralisierung unserer Gesellschaft
hat dazu geführt, dass nur noch private und subjektive Wahrheiten

anerkannt werden, die gleich gültig nebeneinander stehen. Wer eine für alle gültige, absolute Wahrheit verkündet, gilt als Fundamentalist und ist sofort verdächtig, dass er seinen intoleranten Standpunkt auch mit Gewalt anderen aufzwingen will.

Wir begegnen also einer widersprüchlichen Situation. Einerseits begegnen wir offenen Menschen, die mit erstaunlicher Ehrlichkeit elementare Fragen stellen, andererseits treffen wir auf ein Klima der Verschlossenheit gegenüber dem absoluten Angebot und Anspruch des Evangeliums von Jesus Christus. Wie begegnen wir dieser Situation?

1. Die Beziehungsfrage ist die Kernfrage

Wohl noch nie gab es ein so starkes, gemeinsames Bewusstsein wie heute, dass Beziehungen das Wesen des Menschen ausmachen. Weil die lebenswichtigen Beziehungen nicht gelingen, gehen die Menschen heute durch schmerzhafte Krisen und erkennen dadurch, wie grundlegend wichtig Beziehungen für das Leben überhaupt sind.

In vier Dimensionen konstituieren Beziehungen unser Leben. In allen vier Dimensionen erleben wir heute dramatische Krisen:

1. Die Identitätskrise (Wer bin ich?) macht darauf aufmerksam, dass der Mensch notwendigerweise eine Beziehung zu sich selbst hat.

2. Die Beziehungen zu den anderen Menschen sind im Zeitalter des Individualismus nicht mehr durch feste Sozialgefüge quasi automatisch vorgegeben. Sie müssen von jedem Einzelnen neu gewonnen und gestaltet werden. Die Sehnsucht nach gelingenden Vertrauens- und Liebesbeziehungen ist so groß wie nie zuvor. Das ist kein Widerspruch zum herrschenden Individualismus, sondern seine Kehrseite.

3. Seit Anfang der 70er-Jahre ist ein breites Bewusstsein für ökologische Probleme gewachsen. Der Raubbau an den natürlichen Ressourcen ist zum Überlebensproblem geworden. Die ökologische Krise löste eine Suche nach alternativen Umgangsformen mit der Natur aus. Wir leben so oder so in Beziehungen zur Natur.

Es besteht heute ein breiter Konsens darüber, dass die Gestaltung dieser drei Beziehungen über das Gelingen des Lebens entscheidet.

Es herrscht auch Übereinstimmung in der Erkenntnis, dass diese Beziehungen in unauflöslicher Wechselbeziehung (Interdependenz) zueinander stehen. Probleme auf einer Beziehungsebene (z.B. der Beziehung zu mir selbst) wirken sich auf die anderen Ebenen positiv oder negativ aus. Kein Wunder, dass der Begriff „ganzheitlich" zum Schlüsselwort geworden ist.

4. Der kritische Punkt im Dialog mit den Zeitgenossen ist die Frage nach der vierten Beziehung, der Gottesbeziehung. Ist sie eine selbständige und die alle anderen Beziehungen tragende Beziehung, oder ist der Gottesglaube nur eine Projektion und Illusion? Wenn das Letztere zutrifft, dann ist die Gottesbeziehung nicht eigenständig, schon gar nicht grundlegend, sondern sie ist ein Teil der Beziehungen, die der Mensch zu sich selbst und zu den anderen Menschen hat.

Die Bibel redet von der ersten bis zur letzten Seite über Beziehungen. Die Erschaffung der Welt konstituiert eine Beziehung zwischen dem Schöpfer und der Schöpfung. Die Erschaffung der Menschen konstituiert die Beziehung des Menschen zu Gott, zur Natur und zum anderen Menschen. Der Sündenfall des Menschen beeinträchtigt die Beziehung zu Gott, zum Mitmenschen und zur Natur. Noahbund, Abrahambund, Sinaibund, Davidbund, der Neue Bund in Jesus Christus, die Auferstehung der Toten, das Weltgericht und die Schöpfung des neuen Himmels und der neuen Erde – alles ist Beziehungsgeschehen.

Der Zentralbegriff der Lösung, die Gott in der Bibel anbietet, heißt deshalb Schalom, Friede, versöhnte Beziehungen. Im Zentrum dieser Beziehungsgeschichte steht der gekreuzigte und auferstandene Jesus Christus als der Mittler zwischen Gott und Menschen, der Versöhner des Kosmos (Kol. 1,20).

Wenn wir also vom zentralen Anliegen der Bibel sprechen, behandeln wir zugleich das brennendste Thema unserer Zeit. Wir sind unmittelbar an den Überlebensfragen, die heute den Menschen so bewusst sind wie kaum einer Generation zuvor.

Wir können also unserer heutigen Welt als Christen keinen größeren Gefallen tun, als ganz treu bei unserer Kernkompetenz, bei der Kernbotschaft von der Versöhnung der Welt durch Jesus Christus zu bleiben bzw. endlich dahin zurückzukehren.

2. Die Bedeutung der Natur für die Gottesfrage

Wenn die Beziehungsprobleme so brennend sind, warum wird die christliche Antwort in unserer Zeit nicht bereitwilliger angenommen? Eine Antwort habe ich schon gegeben: Der Anspruch absoluter Gültigkeit schmeckt den Zeitgenossen nicht. Aber es gibt noch einen anderen Grund.

Die Menschen heute stellen nicht nur Fragen, sondern formulieren auch Antworten. Eine Antwort argumentiert folgendermaßen: Der Mensch treibt in Selbstherrlichkeit Raubbau an der Erde. Er betrachtet die Erde als ein Materiallager, das er selbstverständlich zu seiner Verfügung hat. Das Problem liegt also in der Arroganz des Menschen und in der Geringschätzung der Natur.

Die Lösung wird darin gesucht, dass die Natur aufgewertet wird. Sie wird vergöttlicht. Das geschieht in der Hoffnung, dass die Ehrfurcht vor der Muttergöttin Erde z.b. den Menschen zu einem schonenden Umgang mit der Natur veranlasst. Pantheistische Weltanschauungen und Naturreligionen werden darum bevorzugt.

Aus biblischer Sicht wird damit die eine Form des Götzendienstes – Vergötzung des Menschen – durch eine andere – Vergötzung der Natur – ersetzt. Paulus schreibt: „Da sie sich für Weise hielten, sind sie zu Narren geworden und haben die Herrlichkeit des unvergänglichen Gottes vertauscht mit einem Bild gleich dem eines vergänglichen Menschen und der Vögel und der vierfüßigen und der kriechenden Tiere" ... „Und wie sie es für nichts geachtet haben, Gott zu erkennen, hat sie Gott dahingegeben in verkehrten Sinn, so dass sie tun, was nicht recht ist" (Römer 1,22 f. und 28).

Die Gottesfrage ist also die Schicksalsfrage unserer Zeit. Gott hat sich in Jesus Christus offenbart. Dadurch beantwortet er nicht nur unser suchendes Fragen, sondern er stellt auch unsere eigenmächtigen Antworten in Frage.

Wir kommen mit dieser Botschaft nun in eine Zeit der postmodernen Kundenorientierung. Der Kunde ist König. Er bewertet alles nach dem Nutzen, den es für ihn hat. Auch Gott wird so beurteilt: Was nützt er mir? Wir stellen die Frage, Gott muss die Antwort bieten. Gott muss in den Rahmen passen, den wir mit den Fragen vorgeben. Religion soll trösten und bestätigen. Der selbstherrliche Mensch erträgt keine Kritik.

Religion, die nach der feuerbachschen Projektionstheorie oder der freudschen Illusionstheorie funktioniert, passt sich diesen Erfordernissen stromlinienförmig an und hat deshalb heute einen riesigen Markt. Sie ist aber auch überflüssig, weil sie das Elend der Menschen nicht heilt, sondern nur verschleiert.

Die Botschaft vom sich offenbarenden Gott, dem Schöpfer und Herrn der Welt, ist von Anfang an religionskritisch, gerade weil Gott in seiner Offenbarung auch die Grundfragen des Menschen rettend beantwortet.

Wir befinden uns auf dem Marktplatz der Welt wie Paulus auf dem Marktplatz und der Agora von Athen. Im Supermarkt des Gleich-Gültigen erklingt die Botschaft mit letzter Gültigkeit: Gott ruft alle Menschen durch Jesus zur Umkehr und bietet Glauben an. Die Reaktion war damals wie heute dreifach: Die einen spotten über den Unsinn, die anderen zeigen Interesse und verschieben eine intensivere Beschäftigung mit diesem Angebot unverbindlich auf später, die Dritten glauben an Jesus und folgen ihm nach (Apg. 17). Unsere Zeit stellt aber noch eine weitere drängende Frage:

3. Gibt es begründete Hoffnung auf eine bessere Zukunft?

„Wo Hoffnung rar wird, breitet sich Gewalt aus", hat Erhard Eppler in einem Buch schon Anfang der 70er-Jahre geschrieben. Dreißig Jahre später ist die Hoffnungslosigkeit und damit das Gewaltproblem zu einem gesellschaftlichen Zentralproblem geworden.

Wer erfolgreich sein will, setzt Optimismus dagegen. Die Kraft des positiven Denkens ist zum Rezept für Heilung und Erfolg geworden. Entsprechende Literatur verkauft sich gut. Natürlich kann keiner die großen Probleme, die uns zu schaffen machen, einfach leugnen. Aber man findet, dass der Mensch im Kern gut sei und die Welt deshalb alle positiven Möglichkeiten in sich trage. Man muss nur verstehen, die positiven Kräfte freizusetzen und wirksam zu machen. Die „Ingenieure", die in der Lage sind, die kosmischen Energieströme zu erschließen und zu kanalisieren, sind die gesuchten Lehrer und Heiler unserer Zeit.

Was kann man als Alternative dagegensetzen? Bleibt nur der

Pessimismus nach dem alten Schlager „Die Welt die ist kaputt. Wo bleibt denn da die Müllabfuhr"? Nein. Die Alternative ist die illusionslose Hoffnung, die in der Bibel angeboten wird.

Illusionslos, weil der Schaden des Menschen und der Welt radikal diagnostiziert wird. Die Grundbeziehung zu Gott ist zerstört. Der Schaden ist nicht nur peripher, sondern betrifft den Kern. Der Mensch ist unfähig, dieses Problem selbst zu lösen. Gott allein schafft durch Jesus die Heilung der Grundbeziehung.

Trotz dieser radikalen Kritik am Menschen wird er doch nicht mies gemacht und verachtet. Im Gegenteil: Gott hält in Liebe an seinem rebellischen, verlorenen Geschöpf fest. Der Mensch ist Gott das größte Opfer wert. Damit ist auch der mieseste Menschentyp noch vom Strahlenkranz der suchenden und rettenden Liebe Gottes umgeben. Er bleibt Ebenbild Gottes – wenn auch entstellt. „Gott will, daß allen Menschen geholfen wird und sie zur Erkenntnis der Wahrheit kommen" (1.Timotheus 2,4).

Wir dürfen jeden Menschen und die ganze Welt voll Hoffnung ansehen, weil Gott sie in Gericht und Gnade nicht aufgegeben hat.

Mehr: Gott hat die Versöhnung durch das Sterben und die Auferweckung des Jesus Christus geschaffen. Die Auferweckung Jesu ist der grundsätzliche Durchbruch durch die Todesmauer.

Jesus hat deshalb gesagt: „Himmel und Erde werden vergehen, aber meine Worte werden nicht vergehen" (Matthäus 24,35). Das heißt: Alles, was wir nach seinem Wort tun, trägt den Akzent der Ewigkeit. Mit den Worten von Jesus haben wir in aller Vergänglichkeit den roten Faden, der uns garantiert in Gottes ewige, unzerstörbare Zukunft führt.

Begründet mit der Auferweckung des Jesus Christus kann Paulus deshalb ermutigend schreiben: „Darum seid fest, unerschütterlich und nehmt immer zu in dem Werk des Herrn, weil ihr wisst, dass eure Arbeit nicht vergeblich ist in dem Herrn" (1. Korinther 15,58).

Das ist die Hoffnung, die in die Arme und Beine geht. Sie befähigt zu den nötigen kleinen Schritten auf dem Weg zum großen Ziel, sie hilft, dicke Bretter zu bohren.

Man muss die Welt also nicht schönreden, um Hoffnung haben zu können. Man muss die Hässlichkeiten nicht schönschminken, um sich für die Verbesserung gesellschaftlicher Verhältnisse einzusetzen. Man muss die Hindernisse nicht kleinträumen, um die eigenen Kräfte als ausreichend zu empfinden. Wir dürfen aus der Nüchternheit des Kreuzes und der Dynamik der Auferstehung leben und arbeiten. Und wir dürfen unsere Zeitgenossen einladen, sich dieser Hoffnungs- quelle anzuschließen. Darum sagen wir:

4. Welcome to the Future

Wir gehen auf die Weltausstellung Expo 2000 in Hannover mit dem Pavillon der Hoffnung unter dem Motto „Welcome to the Future" nach der Maßgabe des Petrus: „Seid allezeit bereit zur Verant- wortung vor jedermann, der von euch Rechenschaft fordert über die Hoffnung, die in euch ist" (1. Petrus 3,15). Darum sagen wir: Wel- come to the Future! Willkommen in der Zukunft, die Gott uns eröff- net!

Wir müssen mit der Botschaft von Jesus Christus in die Öffentlich- keit, weil Jesus nicht nur eine subjektive Meinung oder ein privates Maskottchen, sondern der Herr der Welt ist.

Anderseits lässt sich das Evangelium in der Postmoderne glaub- würdig nur über persönliche Beziehungen vermitteln. Das entspricht nicht nur der postmodernen Gesellschaft, das entspricht auch dem Evangelium, das die Liebe Gottes den einzelnen Menschen anbietet. Die Zeiten sind vorbei, in denen der christliche Glaube von Institutionen sozusagen amtlich verordnet werden konnte.

Die Herausforderungen der neuen Zeit treffen uns nicht unvorbe- reitet. Die rettende Botschaft des Evangeliums wurde von Anfang an ganzheitlich kommuniziert – durch den Klartext des Wortes von Jesus Christus im Kontext gelebter Beziehung. Paulus beschreibt seinen Dienst so: „Wir waren bereit, euch nicht allein am Evangelium Gottes teilzugeben, sondern auch an unserem Leben; denn wir hatten euch lieb gewonnen" (1. Thessalonicher 2,8).

Wir haben eine begründete Hoffnung. Wir haben das rettende Angebot für unsere Welt. Darum können wir nicht schweigen. Darum dürfen wir nicht schweigen.

Dr. Peter Barrenstein

McKinsey und die Folgen im Unternehmen Kirche*

Die Evangelisch-Lutherische Kirche in München will für das Leben und den Glauben von Menschen attraktiver und bedeutsamer werden. Sie hat deshalb das Angebot einer kostenlosen pro-bono-Studie der Unternehmensberatung McKinsey gerne angenommen und ihre Bemühungen im „München-Programm" zusammengefasst. Im Rahmen dieses Programms vergewissert sich die Evangelisch-Lutherische Kirche in München ihrer Ziele, überprüft, inwieweit sie diese erreicht und analysiert die Hindernisse, die einer besseren Zielerreichung entgegenstehen.

Was ist das Besondere dieser Zusammenarbeit von Unternehmensberatung und Kirche?

- Sie hat sich an den Zielen und Grundaufgaben der evangelischen Kirche orientiert und ist keine Imagekampagne.
- Durch sie wurden interne Problempunkte ermittelt, die es der Evangelisch-Lutherischen Kirche Münchens schwer machen, ihre gute Botschaft den Menschen in der Großstadt nahezubringen.
- Ihre Ergebnisse zeigen den Handlungsbedarf konkret auf und bringen ihn in einen deutlichen Rahmen, wie er bisher in dieser Ganzheitlichkeit noch nicht vorhanden war.
- In die Vorschläge wurden erfolgreiche Verfahren aus dem Bereich der Wirtschaft einbezogen.

Das Projekt findet im Dekanat München statt. Das Dekanat hat fast 300.000 Mitglieder, die in einer Diasporasituation leben. Dennoch sind die Ergebnisse von großer Bedeutung für die Entwicklung der Evangelisch-Lutherischen Kirche in Bayern und für andere Großstadtregionen der Bundesrepublik. Selbstverständlich muss im Einzelfall sorgfältig geprüft werden, unter welchen Bedingungen Ergebnisse übertragbar sind.

---

* Sinngemäße und gekürzte Fassung des Vortrages.

Die Ausgangslage

Die Evangelisch-Lutherische Kirche in München orientiert ihr Handeln an einem klaren Zielkonsens. Sie hat das gemeinsame Ziel, die Botschaft von der Liebe Gottes den Menschen in der Großstadt nahe zu bringen:

- indem sie die Bibel zeitgerecht auslegt,
- Menschen in ihrer Not hilft,
- Menschen zusammenbringt, die sonst nicht zusammenkommen würden.

Diese Ziele gehören zusammen. Sie legen sich gegenseitig aus. Durch sie wird ein erfülltes Leben in Gottvertrauen und Zuversicht möglich, wie es Jesus gewollt hat.

Gesellschaftliche Veränderungen erschweren die Zielerreichung. In München sind die gesellschaftlichen Veränderungen besonders rasch und besonders stark (vgl. Abbildung 1). Die evangelischen Gläubigen in München sprechen auf diese Einflüsse überdurchschnittlich stark an, weil sie hochmobil sind, viele von ihnen alleine

Abbildung 1

Gesellschaftliche Veränderungen – beispielhaft

Zunehmende Erlebnisorientierung

Misstrauen gegenüber großen Institutionen

Wertepluralität und Informationsüberfluss

Auflösung klassischer Lebensformen (Ehe, Familie)

Zunehmende Konkurrenzangebote anderer Religionen und Weltanschauungen bis hin zu okkulten Phänomenen

Cocooning (Rückzug in die privaten Cliquen Gleichgesinnter)

Weltbild von der rationalen Erklärbarkeit des Seins und von der Machbarkeit aller Dinge

Autonomie der Kinder als Erziehungsziel/Verzicht auf religiöse Inhalte

Ökonomische Polarisierung der Gesellschaft

© 1999 ideagrafik

leben und eine gute Ausbildung besitzen. Im Ergebnis sinkt die Bedeutung der Kirche auch bezogen auf den „Marktanteil pro Kopf" (vgl. Abbildung 2). In München ist es aus diesen Gründen für die Evangelisch-Lutherische Kirche besonders schwer, ihre Ziele zu erreichen.

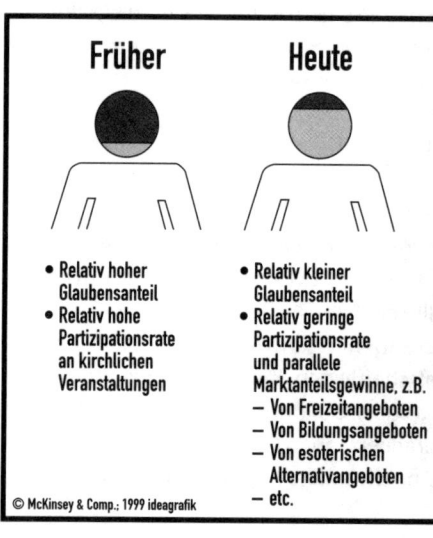

Abbildung 2

Eine systematische Untersuchung ist der erste Schritt auf der Suche nach einem neuen Ansatz. Auf vielen Wegen hat das Dekanat bisher versucht, großstadtspezifische Angebote zu entwickeln. Sie hatten bislang nicht den erhofften Erfolg. Die Entscheidung, das Angebot einer pro-bono-Studie von McKinsey anzunehmen, ist Ausdruck der Suche nach einem umfassenden Neuansatz. Durch die Zusammenarbeit soll die Wirksamkeit der evangelischen Kirche in der Großstadt innerhalb des bestehenden Finanz- und Personalrahmens verbessert werden.

Die Untersuchung wurde exemplarisch in mehreren Gemeinden und einer übergemeindlichen Einrichtung der Erwachsenenbildung durchgeführt. Sie umfasste in den Gemeinden eine repräsentative Befragung der Mitglieder, Erhebungen bei Mitarbeiterinnen und Mitarbeitern und eine detaillierte Leistungserfassung.

Ergebnisse der Untersuchung

Die Hälfte der Mitglieder lebt in kirchengeprägten Glaubensformen. Die Marktforschung, durchgeführt durch das Institut für Psychologie und Sozialforschung in Kiel, hat ergeben, dass sich die Mitglieder fünf

Typen zuordnen lassen. Die eine Hälfte lebt in kirchengeprägten Glaubensformen. Ihre Teilnahme am kirchlichen Leben erstreckt sich vom regelmäßigen Besuch der Sonntagsgottesdienste bis zur Gottesdienstteilnahme an Festtagen und bei besonderen Gelegenheiten. Austritte kommen für sie nicht in Frage:

- 18,7 Prozent gehören zum Typ der „Glaubenden mit fester Kirchenbindung". Kirche ist ihre Heimat.
- 8,6 Prozent gehören zum Typ der „Glaubenden mit kritischer Kirchlichkeit". Sie sind überzeugte Mitglieder mit geringerer Verbundenheit und seltenerem Gottesdienstbesuch.
- 20,5 Prozent gehören zum Typ der „Suchenden mit Kirchendistanz". Ihr Glaube kennt Zweifel und Unsicherheit. Aber sie haben die evangelische Kirche im Blick. Sie wählen ihre Teilnahme am gemeindlichen Leben bewusst aus.

Die andere Hälfte lebt mit selbstdefinierten Glaubensformen und -einstellungen zum großen Teil in „Halb-Distanz", zu einem kleinen Teil ohne innere Bindungen zur Kirche:

- 43,1 Prozent der Münchener Evangelischen gehören zum Typ der „Kirchenfremden mit selbstdefiniertem Glauben". Sie geben nicht mehr die traditionellen Antworten der Kirche auf die Glaubensfrage, obwohl sie ihr verbunden bleiben und ihr Angebot z.T. nutzen.
- 9,1 Prozent gehören zum Typ der „Mitglieder ohne Glauben". Sie sind aus Familientradition noch Mitglied, aber auf dem Weg zum Austritt.

Die Teilnahme an Kasualien und das soziale Engagement sind Stützen der Mitgliedschaft. Ein Großteil der Mitglieder aus allen Glaubenstypen schätzt die Evangelisch-Lutherische Kirche in München als wichtigen Partner in besonderen Lebenslagen. Sie erwarten Begleitung an den Schwellensituationen des Lebens – den sogenannten Kasualien (Taufe, Konfirmation, Hochzeit und Beerdigung) – und sind Mitglieder, weil die Evangelisch-Lutherische Kirche in München versucht, bei sozialen Problemen Abhilfe zu schaffen. In weit geringerem Maße jedoch wird als Grund für die Mitgliedschaft genannt, dass Kirche inneren Halt und Glaubensstärkung vermittelt.

Die bisherigen Angebote sind vielfältig, aber wenig profiliert und selten koordiniert. Die Interessen der Menschen in der Großstadt sind breit gefächert und differenziert. Gemeinden und übergemeindliche Einrichtungen reagieren darauf mit einem vielfältigen Angebot. Es umfasst eine große Palette von Themen. Sie stehen im weiten Horizont von Kirche und Glaube – aber sie stellen diesen Bezug nicht unmittelbar und klar erkennbar her. Die damit erreichte Breite kostet viel Kraft. Das Profil kirchlicher Arbeit wird dadurch undeutlich.

Das Angebot der Gemeinden ist heterogen. Die Ursachen dafür liegen weniger in allgemein nachvollziehbaren Gründen der Gemeindestruktur oder einer reflektierten Prioritätensetzung, sondern vielmehr in gewachsenen Strukturen oder individuellen Interessenlagen der Mitarbeitenden. Zwischen den Gemeinden und mit übergemeindlichen Diensten wird dieses Angebot wenig koordiniert. Die Angebote sind in der Breite den Mitgliedern kaum bekannt.

Mehr als die Hälfte der Arbeitsstunden zur Erstellung des Angebots werden von Ehrenamtlichen geleistet. Ehrenamtliche Mitarbeit auf allen Feldern der Gemeindearbeit enthält ein großes Potential an Begabungen und basisorientierter Mitbeteiligung. In weiten Bereichen ist es unverzichtbar. Mitarbeit in der Gemeinde gibt den Ehrenamtlichen ein hohes Maß an Befriedigung.

Viel Zeit wird für die Entwicklung und Bereitstellung der Angebote verwendet, wenig Zeit für Marketing und Öffentlichkeitsarbeit. So werden die Kommunikationsbarrieren zwischen der Evangelisch-Lutherischen Kirche in München und ihren Mitgliedern nicht abgebaut.

Die Mitgliedschaft ist nicht stabil. Die bisherige Strategie des Breitenangebots hat einen weiteren Rückgang der Verbundenheit nicht verhindern können (vgl. Abbildung 3).

Mitglieder, deren Gottesglaube Zweifel und Unsicherheit kennt, fühlen sich nur zu einem knappen Viertel von der Evangelisch-Lutherischen Kirche in München in ihrem Glauben bestärkt. Die Mitgliederzahlen im Dekanat München sind wegen der vielen Austritte rückläufig. Die Austrittsneigung ist besonders bei jungen Erwachsenen hoch. Deshalb erscheint mittelfristig auch die ökonomische Basis der Evangelisch-Lutherischen Kirche in München gefährdet.

Eine Neuausrichtung entlang des Glaubensthemas ist nötig. Die Evangelisch-Lutherische Kirche in München hat das Ziel der

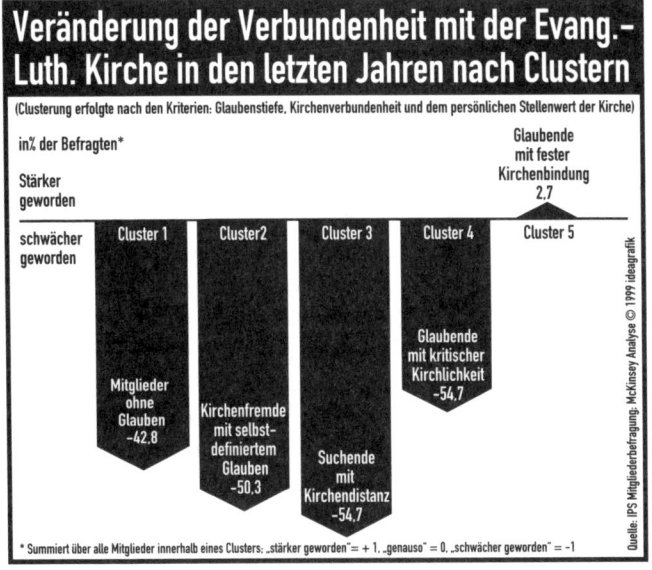

Abbildung 3

Kommunikation des Evangeliums. Bei ihren Mitgliedern soll dadurch Glaube entstehen und wachsen. Glaubensentwicklung ist deshalb ihre Kernaufgabe. Die Analyse hat erhebliche Defizite in der Erreichung dieses Ziels gezeigt.

Eine Neuausrichtung der Evangelisch-Lutherischen Kirche in München mit der Absicht, ihre Fähigkeiten zur Glaubensentwicklung Einzelner zu fördern, ist in hohem Maße zielkonform, stößt aber auf die Frage, wie die Mitglieder darauf reagieren. Glaubensfragen werden in der modernen Gesellschaft nicht offen thematisiert. Lebenssinn, Vertrauen und Verlässlichkeit werden gesucht, die Verbindlichkeiten des christlichen Glaubens schrecken aber zunächst eher ab.

Bei der Entwicklung eines spezifischen Angebots zur Glaubensentwicklung ist also mit Zustimmung ebenso zu rechnen wie mit Widerständen und Ablehnung. Aber die Alternative, ein unspezifisches Breitenangebot zu wählen, hat die aufgezeigten Schwächen und führt letztlich zur Profillosigkeit und Austauschbarkeit. Die hier notwendige Entscheidung wird der Evangelisch-Lutherischen Kirche

München durch die vorliegende Untersuchung nicht abgenommen, aber durch Hinweise erleichtert: Die Mitgliedererwartungen und die Ziele der evangelischen Kirche auf der Suche nach einem deutlicheren Profil können in Übereinstimmung gebracht werden, wenn sich die Neuausrichtung an der Bedeutung des Glaubens orientiert.

Andere Untersuchungen unterstützen dies ebenfalls: Die Erwartungen der Mitglieder „richten sich am stärksten auf die traditionellen kirchlichen Aufgabengebiete wie Verkündigung, Seelsorge und Diakonie. Die evangelische Kirche soll „die christliche Botschaft verkündigen und lebensnah verdeutlichen; Raum für Gebet, für Stille und inneres Zwiegespräch geben; die Gottesdienste so gestalten, dass sich die Menschen dadurch angesprochen fühlen; für Werte eintreten, die für das Zusammenleben wichtig sind. Aber sie soll sich auch der Sorgen der einzelnen Menschen annehmen. Weiterhin wird von der Kirche Engagement erwartet für Alte, Kranke und Behinderte, für Menschen in sozialen Notlagen und im Einsatz gegen Fremdenhass und Ausländerfeindlichkeit" (Fremde Heimat Kirche, Kirchenamt der EKD Hannover 1993, S. 25).

Die Aufgabe ist groß, diese anspruchsvollen, zum Teil unklaren Erwartungen zu entschlüsseln und ihnen zu entsprechen. Sie kann gelöst werden, wenn die Evangelische Kirche in München auf die Lebenslagen und Lebensformen der Menschen in der großstädtischen Gesellschaft sensibel eingeht und eine für die Mitglieder verständliche und relevante Diskussion der religiösen Frage beginnt. Dabei kann die verstärkte Ansprache des persönlichen Glaubensbereichs an die hohe Wertschätzung der Kasualien und die Bejahung des sozialen Engagements anknüpfen. Umgekehrt wird die stärkere persönliche Relevanz der Evangelisch-Lutherischen Kirche diesen Bereichen einen dauerhaften Bezugspunkt geben.

Wenn es der Evangelisch-Lutherischen Kirche in München nicht gelingt, ihre vorhandenen Stärken zielgerichtet und mitgliedergerecht zu entfalten, droht ihr im schlimmsten Fall das Szenario eines negativen Regelkreises, der sich selbst verstärkt (vgl. Abbildung 4).

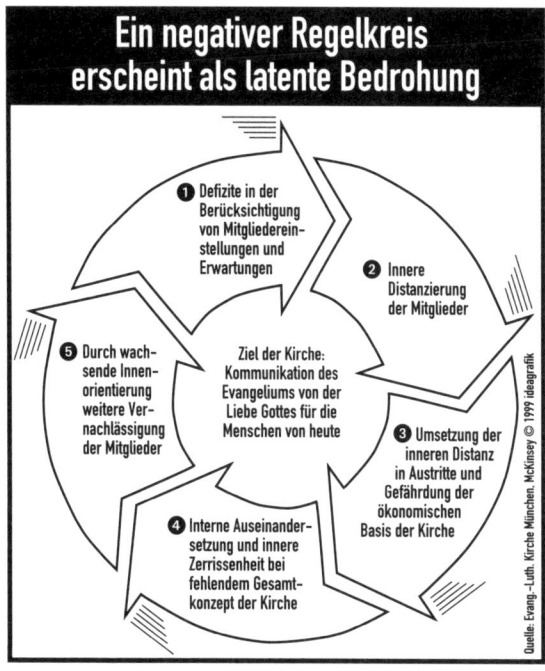

Abbildung 4

Ziele für die weitere gemeinsame Arbeit

Eine Neuausrichtung muss die institutionellen Schwächen der Evangelisch-Lutherischen Kirche in München überwinden:

• Das *Angebot* der Gemeinden bzw. der übergemeindlichen Einrichtungen wird heute weder systematisch geplant noch regelmäßig im Hinblick auf eine zielgruppenorientierte Akzeptanz überprüft. Insbesondere werden die differenzierten Ausgangslagen und die unterschiedlichen Erwartungsprofile der Mitglieder nicht in ausreichendem Maße berücksichtigt. So bleiben Verbesserungsmöglichkeiten unerkannt und Verbesserungsnotwendigkeiten unbearbeitet. Angebote werden lange Zeit weitergeführt, auch wenn das Interesse an ihnen deutlich nachgelassen hat. Überraschend neue, innovative Angebote werden kaum gemacht.

• Die vorhandenen *Strukturen* sind komplex und unübersichtlich, sie hindern Effektivität und Effizienz. Manche Einrichtungen sind regelrecht verstrickt. Ihre ursprüngliche Funktion, Mitglieder und Mitarbeitende an den Entscheidungsprozessen zu beteiligen, wird darüber hinaus nur noch unzureichend erfüllt.

• Unterstützende *Systeme* sind nicht entwickelt. Dadurch stehen beispielsweise aussagekräftige Informationen nicht schnell genug – oder überhaupt nicht – zur Verfügung. Personalförderung und -entwicklung bleibt unsystematisch. Die Eigeninitiative vieler Mitglieder und Mitarbeitet wirkt trotz großer vorhandener Freiräume häufig nicht zielführend – sei es im Sinne der Kommunikation des Evangeliums oder gemessen an einer wirksamen Ansprache Einzelner.

Die Evangelisch-Lutherische Kirche in München hat hohe Chancen, ein bedeutsamer Faktor des großstädtischen Lebens zu werden, wenn ihr die Überwindung ihrer Schwächen gelingt. Die Eckpfeiler der Neuausrichtung lassen sich aus den bisherigen Erkenntnissen der gemeinsamen Projektarbeit klar ableiten (vgl. Abbildung 5):

• Die Evangelisch-Lutherische Kirche in München profiliert ihr *Angebot* neu. Sie orientiert sich dabei an den unterschiedlichen Anforderungen ihrer Mitgliedergruppen. Leitgedanke ist, dass alle Mitglieder in ihren unterschiedlichen Glaubensperspektiven Entwick-

Abbildung 5

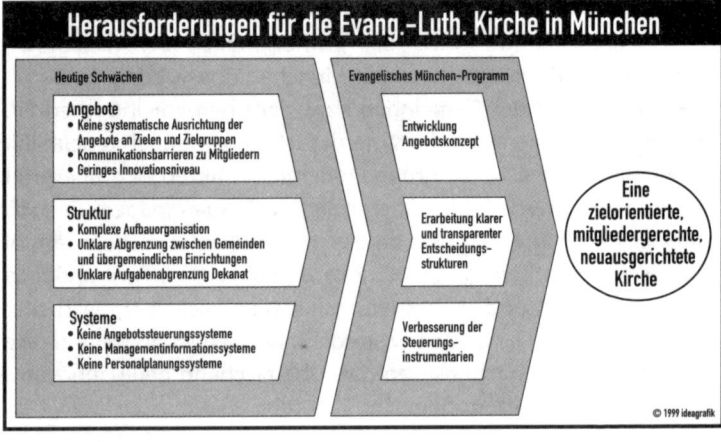

lungschancen und Entwicklungsbedarf haben. Der Glaube wird dabei als Lebensperspektive verstanden, die nicht zu einem Rückzug in eine weltfremde Innerlichkeit führt, sondern die relevanten Fragen von heute beantwortet. Orientierung gibt das Leitbild eines erfüllten Lebens in Glaubensgewissheit, wie es in der Fülle biblischer Gestalten mit ihren persönlichen Glaubenswegen anschaulicher wird. Die Souveränität Jesu, der hinsah und Menschen liebte, leitet sie. So wird es ihr gelingen, für die unterschiedlichen Glaubensprofile spezifische Entwicklungsschritte zu finden.

Die evangelische Kirche leistet damit einen Beitrag zur Sinndeutung und Wertevermittlung und trägt dazu bei, dass Freiheit, Verantwortung und Gottvertrauen im Leben von Einzelnen und der Gesellschaft nicht weniger werden, sondern zunehmen.

• Die *Strukturen* werden den Bedürfnissen der Neuausrichtung angepasst und unterstützen die Ausgestaltung und Durchführung eines mitgliedergerechten Angebots. Ausgehend von lokalen Gemeinden und ergänzt durch sinnvolle übergemeindliche Einrichtungen werden die Strukturen einfacher und effektiver sein. Die Abläufe werden die nach evangelischem Verständnis grundliegenden Mitwirkungsrechte der Gemeindeglieder zur Geltung bringen und handlungs- sowie entscheidungsorientierter ausgerichtet sein.

• Neu zu entwickelnde *Systeme* sichern die Neuausrichtung der Evangelisch-Lutherischen Kirche in München ab. Im Personalbereich geht es um Verfahren, die Personalentwicklung wirkungsvoll zu unterstützen. Angebote müssen besser gesteuert werden können. Hier – wie auch bei den Strukturen – wird sich die kirchliche Organisation an den Erfahrungen und Möglichkeiten auch privatwirtschaftlicher Unternehmen orientieren, ohne die eigenen kirchlichen Zielsetzungen zu vernachlässigen.

Die im München-Programm erarbeiteten Vorschläge werden – langsam – umgesetzt. Barrieren sind die begrenzte Veränderungsbereitschaft und -fähigkeit. Deshalb muss der Startpunkt des Veränderungsprogramms die parallele Verbesserung der Veränderungsfähigkeit und -bereitschaft sein.

Im Ergebnis soll ein sich verstärkender positiver Kreislauf in Bewegung gesetzt werden, für den allerdings ein weiteres wichtiges Element erforderlich ist. Der positive Kreislauf bedarf letztlich zur

Erreichung relevanten „Glaubens" der Hilfe des Heiligen Geistes und entzieht sich dem „irdischen Einfluss" (vgl. Abbildung 6).

Abbildung 6

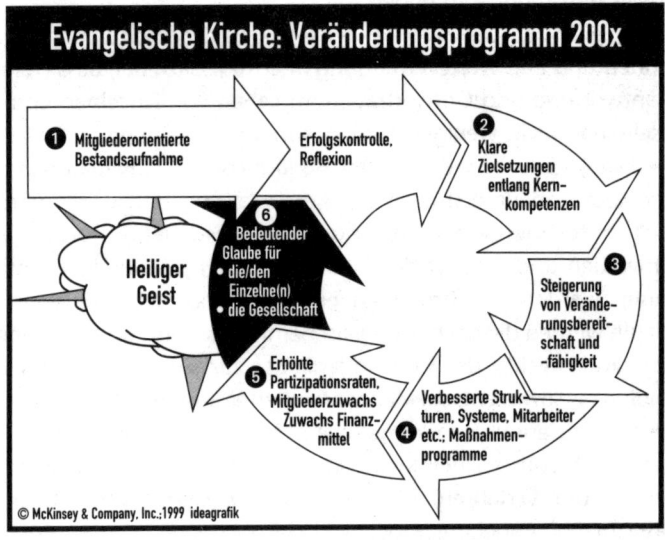

Friedhelm Loh

Wachsen oder weichen

Wohl noch nie haben Menschen so intensiv versucht die Zukunft zu erforschen wie heute.

Wir sind *Suchende* – Suchende mit vielen Fragen, denen heute eine nie dagewesene Vielfalt von Antworten gegeben wird. Der Markt der Antworten ist eine Branche für sich, die einerseits geprägt ist von solider Arbeit und andererseits von vielen Irrlehren und Scharlatanerie.

Meine Gedanken zur Zukunft ordne ich in vier Schwerpunkte: Märkte, Mächte, Menschen und Mission.

1. Märkte

Globalisierung

Einer der bedeutendsten Vertreter der Globalisierungstheorie ist Theodore Levitt, der sich 1983 in einem Aufsatz „The Globalization of Markets" mit der Globalisierungsentwicklung innovativ beschäftigt hat. Er vertritt die sogenannte Konvergenztheorie, nach der sich unterschiedliche Sozialsituationen aufgrund technischer und wirtschaftlicher Entwicklungen immer weiter annähern.

Kritiker behaupten, dass die sozio-ökonomischen und die sozio-kulturellen sowie die politisch-rechtlichen Verhältnisse der verschiedensten Länder diese Annäherung verhindern werden.

Aus meiner Sicht stimmt beides, wobei die These von Theodore Levitt vor allem für die wirtschaftlich starken Nationen der Welt, sprich die „G 8" und weitere Staaten, die eine schnelle Veränderung ihrer wirtschaftlichen Stärke erfahren, eher zutrifft als die These der Kritiker.

Deshalb ist davon auszugehen, dass die Globalisierung mit riesigen Schritten voranschreitet. Wir stehen erst am Anfang einer wirtschaftlichen Verschmelzung internationaler Wirtschaftsunternehmen.

Grundsätzlich ist die Globalisierung eine wirtschaftliche, weltumspannende Entwicklung, die alle geschichtlichen, kulturellen, religiösen und traditionellen Länderentwicklungen in der Regel außer Acht lässt. Vom Shareholder Value getrieben, geht es um Marktanteile, Marktmacht und damit auch um Managementmacht.

Kein Unternehmen, das andere als an die Region gebundene Produkte herstellt, kann es sich in Zukunft leisten, die Globalisierungsentwicklung zu ignorieren. Das gilt für Großunternehmen wie für Mittelständler. Das 3. Jahrtausend wird von dem Rennen nach Einfluss, Kompetenz und Stärke geprägt sein. Vereinfacht und verkürzt gesagt: „Kämpfst du nicht gegen mich im meinem Markt, dann schlage ich dich in deinem!"

Die vielen Strategiediskussionen in den Unternehmen sind deshalb oft nicht von Aufbruchstimmung geprägt, sondern von den Zwängen, denen wir, um wirtschaftlich zu überleben, unterliegen. Global arbeitende Unternehmen zwingen so z.b. ihre Lieferanten zu Vertriebszentren oder Produktionsinvestitionen an ihren weltweiten Standorten. Wer nicht die Kompetenz und Kraft für diese Entwicklung hat, gehört bereits schon heute nicht mehr zu den Mitspielern.

Eine Unternehmensberatung formulierte das sehr einprägsam so: „In fünf Jahren gibt es nur noch zwei Sorten von Unternehmen: Die einen mit hoher Kundenorientierung, die anderen, die pleite sind."

Das gilt auch global. Diese Erkenntnis hat z.b. dazu geführt, dass eines meiner Unternehmen, das Rittal-Werk, als internationaler Marktführer 34 ausländische Tochtergesellschaften unterhält und darüber hinaus mit etwa 60 Auslandsvertretungen erfolgreich zusammenarbeitet.

Ein anderes eindrückliches Beispiel ist der internationale Blumenhandel. Wussten Sie, dass alleine an der größten holländischen Blumenbörse täglich 18 Millionen Blumen umgeschlagen werden? Der überwiegende Teil kommt per Jumbojet und verlässt Holland auf dem gleichen Wege in fast alle Großstädte der Welt, wie z.B. Hongkong, San Francisco usw. Dieses Beispiel zeigt, dass kaum ein Produkt von der Globalisierung ausgeschlossen ist.

In diesem Zusammenhang muss erwähnt werden, dass sich seit 1950 der globale Handel fast vervierfacht hat und die grenzüberschreitenden Investitionen in den letzten 20 Jahren vier Mal so hoch gewesen sind wie die Inlandsinvestitionen. Dies ist erst der Anfang einer Entwicklung, die zu einer nie dagewesenen Entgrenzung führt.

Jede Form von Organisation definiert sich durch Grenzen, eine Volksgemeinschaft z.b. durch Landes- und Sprachgrenzen. Aus diesen Grenzen definierte sich Identität, Nationalität und Verantwortlichkeit. Sie definierten den Lebensraum, die traditionellen Bindungen und die Märkte sowie sie auch die Differenzen unter den Volksgemeinschaften beschrieben.

Diese bisherigen Grenzen, für die viele Menschen mit Hab und Gut, mit ihrem Leben in vielen Kriegen eingestanden haben, verfallen zunehmend, und unser Planet wird zur gemeinsamen natürlichen Grenze.

Sicherlich ist und bleibt diese Hypothese ein Traum für Globalisierungsstrategen, denn man weiß aus der Vergangenheit, dass jede Bewegung eine Gegenbewegung auslöst. An dieser Stelle ist z.b. die Islamisierung der Welt und ihre eventuellen wirtschaftlichen Auswirkungen zu nennen.

Trotzdem wird sich die Entgrenzung fortsetzen und unser Leben entscheidend verändern, selbst wenn es zahlenmäßig ein relativ kleiner Kreis von Menschen ist, der global agiert, während die überwiegende Zahl der Menschen weiterhin national verankert ist. Dem globalen Einfluss mit all seinen Chancen und Risiken werden sich aber letztlich nur wenige Menschen entziehen können. D.h. die Entgrenzung wird durch zunehmende wirtschaftliche Verflechtungen zu einem Verlust der Identität der einzelnen Länder führen und sie zwingen, sich den Spielregeln globaler Akteure anzupassen.

Traditionelle Strukturen im Verhältnis der Staaten untereinander werden sich durch starke wechselseitige Abhängigkeiten ebenfalls verändern. Die Kirchen heutiger Prägung, Gewerkschaften und Parteien werden eine weitaus geringere öffentliche Rolle spielen, als dies heute der Fall ist.

Vorschub für die Globalisierung leistet auch die Harmonisierung des weltweiten Konsumverhaltens, zum Beispiel durch Mode, Technologien der Automobilindustrie oder der Kommunikationsindustrie bis hin zum Big Mäc, der ganze Esskulturen über den Haufen geworfen hat.

Die Märkte sind in Bewegung, wachsen zusammen und verändern sich täglich. Realistisch gesehen gibt es deshalb dauerhaft keine Alternative zu globalem Wachstum.

Als Unternehmer oder Führungskraft muss man eine persönliche Entscheidung hinsichtlich dieser Entwicklung treffen. Einsteigen oder aussteigen, Verantwortung übernehmen oder abgeben, wachsen oder weichen? Eine solche Entscheidung schließt die Frage nach der persönlichen *Mobilität* ein.

Mobilität

Wir flexibilisieren Arbeitszeiten, optimieren die Nutzung von Knowhow durch simultanes Engineering oder nutzen die weltweiten Zeitdifferenzen, um 24 Stunden rund um die Welt ein Projekt zu entwickeln bzw. abzuwickeln. Die Folgen der Entgrenzung gehen aber weit darüber hinaus, denn sie fordern von uns persönliche Mobilität bis hin zur Entwurzelung.

Sicherlich erhöhen Mobilität und Flexibilität die Effizienz vieler Märkte, sie erhöhen aber auch in dramatischer Weise den Wettbewerbsdruck.

Der Management-Berater Peter F. Drucker stellt fest: „Heute definieren nationale Grenzen nicht mehr das Umfeld für das Management."

Das bedeutet nichts anderes, als dass neben der Mobilität von Gütern und Dienstleistungen die Mobilität der Menschen, vor allem der Führungskräfte, unabdingbar wird. Eine Herausforderung, die für viele zur Überforderung wird und sie an die Grenzen ihrer Belastbarkeit führt. Viele Führungskräfte scheitern heute an der Berührungsangst vor fremden Kulturen, einem PC oder aufgrund der Unkenntnis der englischen Sprache.

Ein weiterer Faktor zum Thema Mobilität ist der Wissenstransfer durch die Informationstechnologie. Wissen ist nicht mehr eine Bastion hochentwickelter Kulturen, denn die modernen Informationsinstrumente haben die Kosten für die Informationsbeschaffung rund um den Globus fast auf null gebracht.

Alles Wissen ist an jeder Stelle der Welt erhältlich, und damit entscheiden immer weniger andere Rahmenbedingungen über die Veränderungen in den Wettbewerbsstrukturen. Der Faktor Arbeit geht auf Wanderschaft, denn Maschinen und Anlagen sind mobil, und die Immobilen sind in der Regel nicht so entscheidend.

Das Abschalten der Kernkraftwerke wäre so z.B. – von der Vernichtung eines beachtlichen Volksvermögens einmal abgesehen – gleichbedeutend mit dem gleichzeitigen Verabschieden aus einer Hochtechnologie und dem Abwandern hochqualifizierter Techniker und Anlagenplaner.

Wir schalten etwa 35 Atomkraftwerke sicherster Technologie ab, während über 400 Atomkraftwerke in der Welt weiter Strom erzeugen, groteskerweise u.a. der Reaktor in Tschernobyl, aus dem z.B. die Steckdosen Österreichs versorgt werden. Ähnliche Entwicklungen erlebten wir in der Gentechnologie und dem bisher verhinderten Transrapid.

Hans Klingel, Geschäftsführer der global agierenden, sehr erfolgreichen Maschinenfabrik TRUMPF, behauptet: „Nur wer selbst produziert, bleibt innovativ!"

Recht hat er, aber für viele ist damit die Standortfrage nicht geklärt – im Gegenteil – sie ist zum Diskussionspunkt für viele Produktionsstandorte und Denkzentralen der Unternehmen geworden. Wir müssen zur Kenntnis nehmen, dass immer mehr Standorte auf dieser Welt – aus welchen Gründen auch immer – attraktiver werden. Diese Tatsache fordert von uns Flexibilität im Denken und Handeln sowie Mobilität in der Disposition unseres persönlichen Lebensraumes.

Die notwendige Mobilität und Flexibilität in den wirtschaftlichen Entwicklungen stellen uns ebenfalls vor die Frage: Wachsen oder weichen?

Management

Nur wenige Berufsgruppen unterliegen einem solchen Veränderungsdruck wie das Management. Hierzu vier Punkte:

1. Wissen. Wie bereits festgestellt, ist das Wissen weltweit abrufbar – vor allem das Fachwissen. Die Fähigkeit des Managements besteht zunehmend in der Auswahl des Wissens, denn die Managementmethoden wechseln wie das Wetter, und die Erfinder neuer Managementtheorien gießen oft nur altes Wissen in neue Schläuche.

Deshalb muss der Manager in Zukunft eine Flut von Informationen verarbeiten, und er muss das Vorbild einer lernenden Gesellschaft sein.

Es ist immer mehr die hohe Kunst der Prioritätensetzung und der Selektion sowie der Schaffung von persönlichen Freiräumen, um Wissen zu vertiefen, damit Entscheidungen abgesichert sind.

Ohne das richtige Wissen, verbunden mit visionärem Denken und sozialer Intelligenz, gibt es weder Kompetenz noch Führungsstärke. Führungskräfte brauchen diese Stärken, damit wirtschaftlicher Erfolg möglich ist. Vision beschreibt die Problemlösung, Wissen macht das Produkt und schafft den Nutzen, soziale Intelligenz gewinnt Menschen zu sinnvollem und zielorientiertem Handeln.

2. Führen. Oft sind diese Fähigkeiten nicht in einer Person gegeben, und damit entsteht das Team und die Frage nach der Führung, also Team mit Spitze. Führen heißt für mich in Kürze:

a) Vorleben.

b) Identifikation mit der Aufgabe.

c) Erst Hören, dann Reden.

d) Ziele formulieren und durch Wissen die Sinnfrage des Zieles erklären.

e) Freiräume geben und begeistern.

f) Mut zu Entscheidungen machen.

g) Konsequentes Umsetzen fördern.

3. Kompetenz. So gelebt, ergibt sich Kompetenz. Vorleben, Wissen und Führen – wie eben festgestellt – schaffen Exzellenz und Kompetenz, d.h. persönliche Autorität. Das gilt für Berater, den Pfarrer oder Prediger, den Unternehmer und die Führungskraft, die sich die Mühe macht, sich mit diesen Qualifikationen zu beschäftigen und den Willen besitzt, täglich an sich zu arbeiten.

Wenn – und das ist der „i-Punkt" der Führung – wir als Führungskräfte persönliche Autorität noch mit der Nächstenliebe, die Gott uns schenken will, verbinden, entsteht Kompetenz und Würde – Kompetenz und Würde in einer globalen Welt mit zunehmend multikulturellen Zügen.

4. Leben. Das Leben von Führungskräften wird zweifellos unruhiger – für positiv eingestellte Menschen hoch interessant, um nicht zu sagen dramatisch und begeisternd. Das heißt nicht, dass jede Aufgabe und jede Veränderung zur Begeisterung führt. Alles, auch diese veränderten Situationen in einem neuen Jahrtausend, hat positive und negative Seiten.

Das deutsche Magazin Wirtschaftswoche kommentiert diese Entwicklung mit dem Satz: „Auf deutsche Durchschnittsmanager kommen harte Zeiten zu. Der Job wird unsicherer, die Muttersprache entwertet, die Bindung an die Heimat aufgehoben … Nach einer Erhebung scheitern fast 30 Prozent aller Auslandsentsendungen – ein Großteil wegen zerbrochener Familien, erhöhtem Alkohol- und Tablettenkonsum und psychosomatischen Krankheiten." Ist somit Globalisierung ein Leidensweg, von dem man besser Abstand nimmt? Auch hier stehen wir vor der gleichen Frage: Wachsen oder weichen?

Das Leben verantwortungsbewusst gestalten, Spieler sein oder Zuschauer in einer sich verändernden Welt, die ihren neuen Weg sucht?

Auf diese Frage des persönlichen Lebens kann nur eine persönliche Antwort gegeben werden. Die Frage nach der „Berufung" – dem Auftrag – tritt für eine christliche Führungskraft in den Vordergrund.

Fest steht, dass diese sich verändernde Welt mutige, zielorientierte Führungskräfte braucht, die Chancendenker sind, ein Stückchen Abenteuerlust lieben, hohe Risikobereitschaft leben und nicht gewillt sind, dem Rennen zuzuschauen und darüber am Stammtisch zu diskutieren, wie man alles besser machen kann, sondern selbst Rennfahrer werden, um das Rennen mitzubestimmen, d.h. Verantwortung zu übernehmen.

Ein Rennwagen mag schnell fahren, aber entscheidend ist, wer ihn mit welcher innerlichen Haltung, mit welcher Kompetenz und mit welcher Einstellung lenkt. Unabhängig vom Standort steht fest, dass wir nicht nur eine globale Wirtschaftsstruktur haben werden, sondern auch ein globales Management. Die Managementsprache wird englisch sein, und das Beziehungsgeflecht der Manager wird in immer weniger Fällen geprägt sein von Sympathie und Achtung, sondern von der persönlichen Kompetenz und dem daraus resultierenden Erfolg. Deshalb sind christliche Führungskräfte mehr denn je gefragt, damit die Werte Gottes in dieser Welt nicht verlorengehen, sondern zeugnishaft gelebt werden.

2. Mächte

Die Globalisierung verändert auch die Machtverhältnisse. Das heißt
a) die Politik verliert an Macht,

b) die Wirtschaft gewinnt an Macht.

Die gegenseitigen Verflechtungen der Wirtschaftsstrukturen zwingen die Politik zur Anpassung ihrer Ziele. Die Maßstäbe für politisches Handeln entstehen im Wettbewerb der Nationen untereinander bzw. der Wirtschaftszusammenschlüsse, die sich im regionalen Bezug entwickeln.

Die Wirtschafts- und Währungsunion Europas bestätigt dies und ist ein bisher einmaliges Beispiel in der Neuzeit und gleichzeitig ein Modellfall, der zeigt, wo die Reise hingeht. Die Regionen, die in ihrem Wettbewerbspotential am stärksten sind, haben die „pole position" und zwingen andere Regionen zum Handeln.

Letztlich führt diese Entwicklung zu einer Nivellierung z.B. auch der sozialpolitischen Strukturen. Für uns als hoch stehende, sozial orientierte Gesellschaft birgt die Nivellierung wahrscheinlich die Gefahr einer Verschlechterung. Wollen wir ihr entgehen, müssen unsere Leistungen exorbitant besser sein als die Leistungen anderer Regionen.

Zur Zeit befinden wir uns im Zeitalter der internationalen Arbeitsteilung, aber aus meiner Sicht geht dieses Stadium im neuen Jahrtausend mehr und mehr zu Ende. Wer Motoren baut, will auch Autos produzieren, und wer Mobiltelefone produziert, will auch Satelliten in den Weltraum schießen. Regionale Wirtschaftspolitik wird somit zur technologischen Machtpolitik, an der sich alle Politiker weltweit beteiligen und orientieren müssen.

Die Wirtschaftspolitik der Zukunft ist somit ein Ergebnis der Wettbewerbspolitik und damit ein Ergebnis der Handlungsweise globalen Managements. Diese Entwicklung am Anfang des 21. Jahrhunderts ist aus meiner Sicht das größte Risiko, denn sie kann zu einer Krise der Demokratien führen. Für viele Menschen sind die Prozesse der Globalisierung nicht mehr nachvollziehbar, und sie werden sich gegen diese Entwicklungen wehren.

Dies liegt auch daran, daß Parlamente und Regierungen in ihrer Handlungsfähigkeit zunehmend eingeschränkt sind, was wiederum logischerweise zur Folge hat, dass diejenigen enttäuscht werden, die ihre Erwartungen an die Politik stellen. Es ist kaum vorstellbar, dass wir in der Geschwindigkeit der Globalisierung internationale Regelwerke installieren können, die die Macht der internationalen Wirtschaftsstrukturen in ein globales, politisches Konzept einbinden.

Der ehemalige Wirtschaftsminister von Hessen, Ulrich Steger, beschrieb die Entwicklung: „Mit der zunehmenden Liberalisierung und der weltweiten Informationsverfügbarkeit sowie der Aufspaltung der unternehmerischen Wertschöpfungskette auf weltweit verteilte Aktivitäten wird die Wirtschaft, d.h. die Unternehmen, zum zentralen Akteur."

Aufgrund dieser Erkenntnisse stellt sich spätestens hier die Frage nach dem Stellenwert des Menschen als Geschöpf Gottes in Seiner Schöpfung.

3. Menschen

Vorausschicken möchte ich drei Gedanken, von denen ich zutiefst überzeugt bin:

a) Gottes Schöpfung beinhaltet den Wachstumsgedanken, d.h. den verantwortungsbewussten Umgang mit den Ressourcen der Natur, die Gott zum Wohle des Menschen geschaffen hat.

b) Gott hat den Menschen bewusst als denkende Schöpfung erschaffen und ihn mit einer geistigen Kraft ausgestattet, die ihn in die Lage versetzt, den eigenen Lebensraum zu gestalten.

c) Gott hat den Menschen mit Willenskraft und dem Wunsch ausgestattet, Neues zu erdenken, auszuprobieren und umzusetzen.

Keiner anderen Kreatur seiner Schöpfung hat Gott gesagt: „Machet euch die Erde untertan."

Der Mensch – Sie und ich – stehen in der Verantwortung, die Gaben, die Gott uns gegeben hat, in unserem Leben einzusetzen. Tun wir das nicht, entsprechen wir nicht dem Schöpferwillen, sondern gehören in die Rubrik „vergeudete Ressourcen". An dieser Stelle trennen sich dann auch die Wege zwischen den Menschen, die an den Schöpfer Himmels und der Erde und den Retter Jesus Christus, seinen Sohn, glauben und denen, die sich anderen Lebensinhalten bzw. Lebenszielen verpflichtet sehen.

Um nicht missverstanden zu werden, stelle ich fest, dass an Gott glaubende Menschen nicht grundsätzlich erfolgreichere Manager oder Unternehmer sind. Was sie unterscheidet, ist der Grund ihres Handelns – ihre Motivation.

Wir Christen können nicht – weil wir Christen sind – die betriebswirtschaftlichen Zusammenhänge außer Kraft setzen und nach anderen Prinzipien erfolgreich sein, und wir können auch nicht die sich entwickelnden globalen Strukturen aus den Angeln heben. Wir Christen sind aufgefordert, in einer sich dramatisch verändernden Welt „Salz und Licht" zu sein und die Veränderung im Rahmen der uns gegebenen Möglichkeiten und Gaben für die Menschen positiv zu beeinflussen.

Was heißt das in einer Zeit, in der immer mehr Menschen in ihrem Denken und Handeln von Unsicherheit und Angst geprägt sind? Jesus selbst – der Sohn Gottes, der es ja wissen muss, weil er nicht die Masken, sondern das Herz der Menschen sieht – sagt: „In der Welt habt ihr Angst …"

Diese Aussage ist nicht an Titel und Ehrenzeichen gebunden, nicht an Arm und Reich, nicht an Jung und Alt, nicht an Funktionen, an Führungskräfte oder Arbeiter, an Zukunftsforscher oder Umweltpolitiker – alle gesellschaftlichen Schichten sind betroffen, und die Mehrheit erstarrt oder verharrt in dieser Angst. Es ist nur ein kleiner Teil, der warnend und qualifiziert den Zeigefinger hebt; wie es nur ein kleiner Teil ist, der mit leuchtenden Augen, Mut und Optimismus diese Entwicklungen positiv begleitet.

Die Angst der Suchenden, der zunehmend orientierungslosen Menschheit ist überall permanent erlebbar und vorhanden.

Besonders betroffen ist auch der Kreis von Menschen, der letztlich Initiator vieler der beschriebenen Entwicklungen ist. Man sollte meinen, dass diese „Erfolgstypen" durch die Möglichkeiten der „Selbstverwirklichung" nur so vor Glück sprühen. Weit gefehlt! Gerade dieser Personenkreis gehört mit zu den Gefährdetsten im Bezug auf Suchtkrankheiten, Beziehungskonflikte und Selbstmorde. Wenn sich der Lebenssinn fast ausschließlich über Macht, beruflichen Erfolg und materiellen Bezug definiert, bleibt die Seele leer.

Der Leistungsdruck, das Aufrechterhalten und Polieren der Fassade, das permanente Sichern der Position und die Angst zu versagen zerreißt die Menschen. Wir Menschen sind zunehmend Suchende – suchend nach einem sinnerfüllten, zielorientierten Leben. Wir suchen eine Botschaft, die Orientierung und Halt gibt bei der rasanten Fahrt der Veränderungen. Wir suchen eine Bezugsperson, die über unserer Zerrissenheit, der häufigen Ratlosigkeit und Fehlbarkeit steht.

4. Mission

Der Duden übersetzt dieses Wort mit „Sendung", „Bestimmung", „Auftrag", „Botschaft". Jesus bleibt nicht bei der Aussage: „In der Welt habt ihr Angst", sondern er fügt eine wichtige Zusage hinzu: „… aber seid getrost, ich habe die Welt überwunden."

Das ist die Botschaft, die auch für das neue Jahrtausend gilt, für Menschen wie Sie und mich, für Führungskräfte, Meinungsbildner, Macher, Chancendenker, Mutige, aber auch für Pessimisten, Ängstliche, Unsichere und Zögernde.

Das gilt für Sünder, d.h. für uns und alle Menschen, die wir fehlbar sind. Das gilt für Erfolgreiche, die letztlich leer sind, für Menschen, die geplagt werden von dem Erfolgsdruck des shareholder values, das gilt für die, die aufgrund der Veränderungen resignieren oder revoltieren. Es gilt für Sie und mich.

Das wissend, kommt Zuversicht auf, vor allem dann, wenn wir auf die Jahreslosung des Jahres 1999 hören. Jesus sagt uns: „Ich bin bei euch alle Tage bis an der Welt Ende."

Spätestens jetzt wissen wir, dass wir diesen Entwicklungen nicht hilflos ausgesetzt sind, jetzt wird Mission zur Sendung, zum Auftrag an Sie und mich hinein in ein neues Jahrtausend, einer Zukunft, die in Gottes Hand liegt.

Diese Botschaft gibt uns Führungskräften Kraft, schenkt offene Augen für Chancen und deren Umsetzung zum Wohle der Menschen. Ich behaupte, dass wir Christen allen Grund dazu haben, mutig und optimistisch in die Zukunft zu gehen. Wer sollte es denn sonst?

Glaube wird so lebbar, zeugnishaft und für andere erlebbar. Ich darf das in meiner Begrenztheit und Sündhaftigkeit und als Unternehmer aus Erfahrung bezeugen und jedem Mut machen, im Rahmen seiner Gaben und Möglichkeiten im Vertrauen auf Gott mutige Entscheidungen für die Zukunft zu treffen.

Die Entwicklungen beim Übergang in ein neues Jahrtausend zeichnen sich immer deutlicher ab und fordern uns als christliche Führungskräfte auf, im Rahmen der Globalisierung grenzüberschreitend, Zeugnis abzulegen von der Kraft Gottes in unserem Leben, die geprägt ist von einer optimistischen Grundhaltung und von der Übernahme der Verantwortung für andere Menschen.

Ein Ausspruch – dessen Urheber ich nicht kenne – hat mich persönlich sehr stark angesprochen. Er lautet:

„Gehe nicht nur glatte Straßen,
gehe Wege, die noch niemand ging,
damit du Spuren hinterlässt
und nicht nur Staub."

Das 21. Jahrhundert braucht bei allen wirtschaftlichen und politischen Veränderungen Menschen wie Sie, damit Spuren der Hoffnung – der ewigen Hoffnung – für die Menschheit sichtbar werden, damit Spuren der Orientierung für Orientierungslose hineingetreten werden in diese Welt und ihre – den Menschen aus dem Ruder gelaufenen – Entwicklungen.

Das von mir herausgegebene Jahresmotto innerhalb meiner Unternehmensgruppe lautet: Mit Begeisterung in ein neues Jahrtausend! Es ist geprägt von dem Willen, unter der Führung Gottes Verantwortung zu übernehmen, weiter zu wachsen, denn ohne Wachstum ist keine soziale Sicherheit für die Menschen darstellbar. Gott schenkt uns sein Vertrauen, indem er sagt: „Ich sende euch!"

Wachsen oder weichen? Ich wünsche Ihnen und mir, dass wir durch unser Handeln deutliche Spuren und Orientierungspunkte hinterlassen, denn die Mission – der Auftrag, den Jesus uns als Führungskräfte gibt – gilt auch für die Herausforderungen eines neuen Jahrtausends.

LEITEN UND GEISTLICHES LEBEN

Johannes Czwalina

Worüber Leiter stürzen und wie sie wieder heil werden

Worüber Leiter stürzen

Ich möchte nicht die ganze Palette der Gründe aufzählen, durch die Leiter stürzen können. Das haben schon andere getan. Die Gründe sind unerschöpflich. Alle einzelnen Ursachen haben letztlich aber immer die gleiche Wurzel: Es fängt mit der Bejahung eines Mangels an. Das Wort Gottes sagt, dass wir in Christus keinen Mangel haben. Wenn wir das allzeit vor Augen hätten, würden wir stets sicher sein vor dem Sturz.

Der Psalmist schreibt: „Der Herr ist mein Hirte, mir wird nichts mangeln."

Dieser Psalm 23 war einer der ganz hellen Momente des Schreibers. Wenn wir uns rund um die Uhr dieser Tatsache bewusst wären, würde es keine gestürzten Leiter geben. Im Übrigen waren die Psalmisten sturzgefährdete Menschen so wie wir. Redewendungen wie „Ich aber wäre fast geglitten, mein Fuß wäre beinahe gestrauchelt" (Psalm 73), finden wir viel öfter in den Psalmen. Die Psalmisten waren nicht besser, aber sie waren meist ehrlicher als wir.

In Gott haben wir keinen Mangel! Genau da setzt also das Werk dessen an, der diese Tatsache nicht ertragen kann. Seine Absicht liegt auf der Hand. Das Bejahen eines Mangels ist der erste Schritt heraus aus der Sicherheit. Angreifbar werden wir immer erst dann, wenn wir Mangel bejahen. Jakobus schreibt, dass die Folge von Bejahung des Mangels die Gier ist und die Folge von Gier der Tod. Unser Tod ist die letzte Absicht des Gegenspielers Gottes. Unsere kleinen und großen Abstürze sind nur die Vorschau.

Und wenn wir im Alltag mit Machtkämpfen konfrontiert sind, Streitereien, Intrigen, Kämpfen, Verwundeten und Gestürzten, dann letztlich, weil Menschen falschen Bedürfnissen auf den Leim gehen. Der erste Sturz dieser Art geschah bekanntlich im Paradies, wo ein

Mangel bejaht wurde, nachdem dieser erfolgreich suggeriert wurde. Alle uns bekannten Abstürze sind in ihrem Charakter immer abzuleiten von dem einen Sturz, der sich im Paradies vollzog.

Stürzen kann nur der Mensch, der auf etwas steht, wovon er herunterfallen kann, wenn er mehr aus sich macht, als er in Wirklichkeit ist. Wer nicht oben ist, kann nicht stürzen.

So konnte Matthias Claudius sagen: „Ein Christ wird leben, wenn er gleich stürbe, er stirbt nimmermehr, denn er verliert durch den Tod nur das, was er nicht hatte, und das, was er hat, behält er in Ewigkeit!"

Das sind absturzsichere Einstellungen!

Macht und Manipulation

Bei jedem Sturz spielen also Macht und Manipulation eine Rolle. Die meisten Gestürzten im christlichen Bereich sind in irgendeiner Form Verlierer von Machtkämpfen. Eine der statistisch häufigsten Ursachen für den Sturz von Leitern sind vorausgegangene Machtkämpfe. Ich möchte zunächst über die Leiter schreiben, die infolge von Machtkämpfen gestürzt sind. Später wende ich mich den Leitern zu, die infolge von moralischen oder allgemeinen Verfehlungen gestürzt sind.

Macht ist im weltlichen wie im geistlichen Bereich immer etwas, was sich verschleiert, weil der Machtgierige alles tut, um sein Machtmotiv zu verstecken. Das klappt im christlichen Bereich besonders gut. Wie das im weltlichen Bereich funktioniert, darüber habe ich in meinem Buch: „Karriere ohne Sinn geschrieben?" geschrieben (Johannes Czwalina: Karriere ohne Sinn?, Verlag Frankfurter Allgemeine Zeitung und Verlag Dr. Resch, Gräfelfing 1997, S. 76). Im christlichen Bereich findet die Verschleierung durch geistliche und theologische Argumente und Beurteilungen statt. Man wird kaum offen sagen: „Der macht sich hier zu breit." Man sagt vielleicht: „Seine Stellung zu irgendeiner geistlichen Grundlage unserer Gemeinde macht uns zu schaffen."

Es gibt immer Zeiten, wo man sich plötzlich nicht mehr ertragen kann, keiner weil ganz genau wieso. Dann sucht man immer nach Ursachen und Schuldigen. Man sucht Begründungen für sich selbst und für die anderen. Man findet immer etwas. Plötzlich sind die gegenseitigen Sünden da, wie die Sünde im Paradies. Kein Mensch hat eine Ahnung, woher sie kommen. Sie sind plötzlich da. Es gibt oft keine richtigen Ursachen. Die Gründe liegen tiefer als in den Dingen, die wir sehen. Aber sobald die Schwierigkeiten da sind, sucht man sofort nach Sündenböcken. Adam suchte und beschuldigte Eva. Eva suchte und beschuldigte die Schlange, und der Schuldige selbst verliert sich im Nebel. Wir finden ihn nicht.

Wir sind in Machtkämpfen ständig auf der Suche nach Sündenböcken. Die Eltern, die Vergangenheit, der Lehrer, die Gemeindeleitung, die Wirtschaft, das Wetter, die Dämonen und vor allen Dingen der Mensch neben mir oder vor mir. Und dann schickt man die Sündenböcke in die Wüste. Dort gehören sie hin. Und wenn sie dort sind, spricht man nicht mehr mit ihnen, man spricht nur noch über sie. Mir sind manche Sündenböcke bekannt, die an dieser erlittenen Schmach fast zerbrechen. Während dieses Kongresses kam ein Opfer eines Machtkampfes zu mir und sagte: „Das Schlimmste war für uns nach dem verlorenen Machtkampf die totale Isolation, die totale Interesselosigkeit, mit der uns Christen in den Jahren danach wie eine heiße Kartoffel fallen gelassen haben. Dabei sagt Christus: ‚Vergesst eure Sündenböcke, die helfen euch nicht weiter. Ich bin das Lamm Gottes, das die Sünde der Welt hinwegträgt. Ich bin schuld. Ich nehme die Verantwortung auf mich. Ich bin der Schuldenbock.'"

Die Verlierer von Machtkämpfen gelten als die Gefallenen, die Gewinner von Machtkämpfen – auch im christlichen Bereich – gelten als die Nichtgefallenen, bis es sie selbst irgendwann „erwischt".

Was Niccolo Macchiavelli (1469–1527) sagte, gilt bis heute: „Ein Fürst braucht nur zu siegen und seine Herrschaft zu behaupten, so werden die Mittel dazu stets als ehrenvoll gelten und von jedem gepriesen sein." Was lernen wir aus dieser Erkenntnis? Für den säkularen Bereich gilt: Der Sieger des Machtkampfes ist zunächst einmal immer der Gute und Gerechte, der Verlierer der Böse und Ungerechte.

Wer die eigentlich „Gefallenen" oder die eigentlichen „Nicht-Gefallenen" sind, das kann aber letztlich in keinem Fall der zeitlich nächstfolgende „Herrscher" beurteilen, denn der ist ja nicht objektiv. Im besten Fall (wenn überhaupt) ist erst der danach folgende

Herrscher zu einem gerechten Urteil in der Lage. Mein Großvater wurde von den Nazis verfolgt: Alle glaubten den Herrschenden, dass er ein schlechter Mensch sei. Danach wurde er von den Kommunisten verfolgt: Alle glaubten den Herrschenden, dass er ein schlechter Mensch sei. Nach seiner Pensionierung wurde er in einem Buch durch seine ehemaligen Schüler geehrt, die in der Zwischenzeit aus der Versenkung wieder hervor kamen. Alle glaubten dann, dass er ein guter Mensch sei.

Wir sollten darum alle sehr vorsichtig sein, wenn wir von „gefallenen" Leitern sprechen. Besonders diejenigen sollten vorsichtig mit diesem Wort umgehen, die an einem Machtkampf selbst beteiligt waren. Die Urteile über die Weimarer Republik entsprachen in den dreißiger Jahren wohl am wenigsten den geschichtlichen Tatsachen, genauso verhielt es sich mit den Deutungen aus der ehemaligen DDR über den „faschistischen Bruderstaat" im Westen.

Machtinteressen spielen fast überall eine Rolle, gerade in Kreisen, wo man über Macht am wenigsten spricht. Sollte man nicht treffender unterscheiden zwischen den „bereits" und den „noch nicht" Gefallenen oder zwischen den Gefallenen, bei denen Schande offenbar geworden ist und zwischen denen, die ihre Schande noch verstecken konnten? Oder sollte man unterscheiden zwischen denen, die sich selbst als gefallen bezeichnen aber es vielleicht gar nicht sind, und denen, die sich selbst als standfest bezeichnen aber eigentlich sich selbst etwas vormachen? Wer von uns hat das Recht zu sagen, dass er steht? Wir kennen doch das Bibelwort, dass der Stehende zusehen sollte, dass er nicht fällt, und ebenfalls, dass derjenige, der den Splitter im Auge seines Bruders sieht, den eigenen Balken nicht übersehen sollte.

Noch anspruchsvoller wird die Fragestellung, wenn wir uns vor Augen halten, wie Jesus meistens mit denen umgegangen ist, die sich in ihrer Frömmigkeit mit den Gefallenen besserfühlend verglichen haben. Ich erinnere an die Geschichte von den Gebeten zweier Männer im Tempel: „Gott, ich danke Dir, dass ich nicht so bin wie dieser da", betete der eine. Oder ich erinnere an die Geschichte, wo sie zu Jesus eine frisch „gestürzte" Frau zerrten, die beim Ehebruch erwischt worden war und Jesus dann erwiderte: „Wer ohne Sünde ist, der werfe den ersten Stein!"

Oder ich denke an die Geschichte im Hause des Pharisäers Simon, wo Jesus zwar am Ende der Konversation dem Simon bestätigt, dass er tatsächlich besser gelebt hat als die Sünderin, aber dann die ganze Beurteilung umdreht und anhand eines Bildes erklärt, dass der vermeintliche Vorteil in Gottes Augen gar kein Vorteil ist, sondern sogar ein Nachteil. Jesus erklärt dies dem Simon anhand einer Geschichte aus der Finanzwelt (Lukas 7, 36-50). Zwei Menschen schulden einem Geldverleiher unterschiedliche Summen. Beiden soll die Summe erlassen werden. Wer wird den Mann, der die Schulden erlässt, am meisten lieben? Simon antwortet selbst: „Ich glaube, der am meisten geschenkt bekommen hat."

Der Nachteil wird hier sogar zum Vorteil. Und der Vorteil von Simon wird zum Nachteil.

Wenn wir Gott verstehen in seinem Handeln, dann wird unsere Schuld unser Vorteil. Die Schuld wird zum Schlüssel der Hingabe. Keiner von beiden kann bezahlen. Beide können nur leben, wenn ihnen die Schulden entlassen sind. Aber derjenige, der gefallen ist, wird dieses Geschenk viel besser begreifen!

Wenn wir das alles bedenken, können wir überhaupt noch so klar die Unterscheidung fällen zwischen Gefallenen und Nicht-Gefallenen? Können wir überhaupt uns noch so siegessicher fragen, was es braucht, dass die Gestürzten wieder heil werden? Müssen wir uns nicht alle grundsätzlich fragen, zu welcher Seite wir gehören oder gehören wollen? Geht es nicht um unser aller Heilwerden? Und sind nicht vielleicht Brüder und Schwestern rund um uns gefallen, weil wir unsere Pflicht vernachlässigt haben. Sind wir ihnen nicht die Liebe schuldig geblieben, die sie gebraucht hätten, um vor dem Fall bewahrt zu bleiben? Sind wir nicht vor Gottes Augen erst recht gefallen, gerade deswegen, weil wir uns als die „Nicht-Gefallenen" bezeichnen, weil wir überheblich sind? Liegt in dieser Haltung nicht unser eigentlicher Fall, wo es in der Bibel doch heißt: „Es gibt da keinen Gerechten, auch nicht einen"?

Wenn Sie in Ihrem Leben nur Niederlagen hatten, wenn Sie öfter gestürzt sind, wenn andere auf Ihnen herumgetrampelt sind und sie dennoch gelernt haben zu lieben, dann war Ihr Leben in Gottes Augen kein Misserfolg, sondern ein Erfolg. Und wenn Sie eine christliche Traumkarriere gemacht und große Werke gegründet haben, aber in den Jahren Ihres Lebens Ihre Liebe erkaltet ist, dann war Ihr Leben in Gottes Augen kein Erfolg, auch wenn Sie hundert Mal sagen können, dass Sie nicht gefallen sind, und ich beneide Sie um diese Ihre Selbsteinschätzung nicht.

Und wie sie wieder heil werden

Ich kenne einige Männer und Frauen, die nahezu zerbrochen waren, weil man sie nach einem vermeintlichen Sturz verleumdet hat, ohne ihnen irgendeine faire Möglichkeit einzuräumen, sich zu äußern. Neben der Ablehnung erleben „Gefallene" auch, dass sich gute Freunde distanzieren. Von einem Unternehmensberater habe ich folgende Erfahrung gehört. Wenn beispielsweise ein Vorstand in seinem Unternehmen in Ungnade fällt, kann er sich in den seltensten Fällen auf seine Freunde verlassen. Bekunden am Anfang noch 80 Prozent seiner bisherigen Freunde die Solidarität (aber nur dann, wenn man sie unter vier Augen trifft), so bekennen sich von den selben Leuten nur noch dreißig Prozent zu ihrem Freund, wenn sie im Kreis anderer Anwesender ihm gegenüberstehen. Geht es dann darum, ohne dass es eigene Vorteile bringt zu dem Freund zu stehen, sind es nur noch drei Prozent, die zu ihm halten. Wenn es sogar Nachteile bringt für die eigene Karriere, sind es nur noch ein Prozent. Das alte Sprichwort stimmt augenscheinlich: „Freunde in der Not, tausend auf ein Lot."

Im christlichen Bereich sieht das nicht wesentlich anders aus. Die unerträgliche Resignation und Enttäuschung verleitet dann manchen sogenannten gefallenen Leiter erst, sich echt fallen zu lassen, weil er aufgegeben hat und sich sagt: „Weil ich vergeblich auf Gerechtigkeit gewartet habe, lasse ich mich jetzt fallen, es hat ja doch alles keinen Zweck mehr."

Christa Meves schreibt: „Gruppenjagd hat auch biologische Wurzeln.

Voraussetzung ist das Vorhandensein einer herausragenden Person. Häufig werden die Bosheiten unterstellt, derer man sich selbst routiniert befleißigt. In dem Augenblick, indem die Verdächtigung ins Licht der Öffentlichkeit eingetreten ist, fallen die bisherigen Anhänger wie ein lautlos versinkendes Begleitschiff vom bisher Umschwärmten ab. Außer den Konformisten ist plötzlich auch der Kreis derjenigen, die ihn so gut kennen, dass sie ein echtes Urteil über die Qualität des Diffamierten haben müssten, ebenfalls wie vom Boden verschluckt.

Tief schmerzlich werden dann die Verleumdungen der „Petrusse" empfunden, die man buchstäblich aus dem Wasser gezogen hat, also derjenigen Menschen, die dem nun Entehrten ihr Leben und ihren Aufstieg verdanken. Diese begeben sich dann keineswegs mit ans Schandmal, sondern sie treiben sich verleumderisch in den dunklen Hinterhöfen der Schinderknechte herum.

Immer ist das so und derjenige, der ins Schussfeld einer Hetzjagd gerät, sollte gar nichts anderes erwarten. Der Angeklagte mag ein Heer von Menschen gehabt haben, die ihm zujubelten. Angesichts seiner Besudelung mit Vorwürfen steht er abrupt verlassen da; denn dem Ansehen der Karriere der einst Verbündeten wäre Freundestreue dieser Art abträglich. Sogar der allerinnerste Kreis hält nur, wenn er sehr stabil ist. Bereits die Sippe zeigt Schadenfreude, Besserwisserei, kopfschüttelndes Mitächten in unverblümt taktloser Form.

Die Reaktionen des Angegriffenen werden als dumm und unsinnig bezeichnet. Bleibt er stumm, so weiß man, dass dies ein Schuldbekenntnis ist. Gibt er zu, dass irgend etwas ihm selbst im Nachhinein bedauerlich erscheine, so schlägt man wegen seines undiplomatischen törichten Handelns die Hände über dem Kopf zusammen. Jeder weiß, wie er es anders und richtiger gemacht hätte. Wie selten ist entscheidender Trost: Die Versicherung in Treue, im Wissen um den Wert, die Hochleistung, den eigentlichen Rang des Geschmähten; wie selten ist der echte Beistand in der Not gekränkter Zerschlagenheit. Im allgemeinen ist genug Zeit vorhanden, die von ihrer Würde beraubte Person hinreichend lange entblößt ins Rampenlicht zu stellen, bis Justitia auf den Plan tritt, um Recht zu sprechen. Aber auch hier ist es heutzutage meist immer noch so, wie es in der Gestalt des Pilatus exemplarisch aufgezeichnet ist: Die Gerechtigkeit, die Wahrheitsfindung von einem weltlichen Gericht zu erwarten, ist anscheinend überzeitlich eine allzu hohe Hoffnung mit wenig Realität: Statt „Wahrheit und nichts als Wahrheit" herauszufinden, erweist sich auch das Hohe Gericht als anfällig einer Ausstoßung fordernden Mehrheit. „Was ist Wahrheit", fragte der feige Pilatus. Wie berechtigt ist es, das heute zu fragen bei so vielen politischen Gerichtsurteilen unseres Welttheaters, die richten und hinrichten, weil ihnen das „kreuzige, kreuzige" der öffentlichen und der öffentlich christlichen Meinung im Nacken sitzt?"

Der Schlüssel zu jeder Wiederherstellung ist immer die

„Vergebung". Dieses Wort ist aber leider gerade durch das Christentum selbst seiner tiefen, seiner „revolutionären" Bedeutung beraubt worden. Es wurde zu einem nichtssagenden Begriff, abgegriffen wie ein alter Geldschein.

Ohne wirklich substantielle Vergebung und Verzeihung kann es niemals Heilung und Wiederherstellung geben, und Zeit verstreichen lassen ist auch nicht das Richtige. Zeit heilt keine Wunden. Das sollten wir als Seelsorger wissen, zumal wir es mit einem Gott zu tun haben, der nicht unter dem Diktat einer abtickenden Uhr steht, sondern erhaben ist über unsere Zeitbegriffe, also unsere Vergangenheit in diesem Moment genauso klar vor Augen hat wie unsere Zukunft.

In der Theorie bejahen viele das mit der Vergebung. In der Praxis sind aber viele gar nicht sonderlich engagiert. Denn Vergebung hat ja Konsequenzen. Der ungeliebte Gefallene wäre ja plötzlich wieder da. Seit seinem Weggang konnte man sich doch endlich ungestört profilieren. Im Gegenteil, der „Fall" kam eigentlich ganz gelegen. Man hat sich vielleicht sowieso nicht gut vertragen. Außerdem sind zwei Leiter zu viel. „Ich habe lang genug auf diese Position gewartet. Dieses Feld räume ich jetzt nicht mehr freiwillig."

Wie gelegen können einem da im Gespräch mit anderen Brüdern und Schwestern Argumente kommen, die den Gefallenen weiter belasten. Wie bereitwillig wird in der Umgebung dann genickt, wenn man sich wohldosiert im Kreise frommer Menschen über die charakterlichen Fehlleistungen des Gefallenen ausspricht, während der Betroffene ohne verbundene Wunden verzweifelt in der Wüste sitzt.

Es besteht also beim näheren Hinsehen meistens im Grunde gar nicht der ernsthafte Wunsch, dass der Gefallene wieder voll rehabilitiert wird, weil es in vieler Hinsicht ohne ihn bequemer ist und man davon bewahrt wird, bei einer Rückkehr des Gefallenen sich selbst wieder unangenehmen Fragen aussetzen zu müssen. Sein Platz ist ja auch längst vom Nachrückenden besetzt.

Meist wird nach dem Motto gehandelt: „Wir haben vergeben, aber wir gehen jetzt getrennte Wege! Vergebung ja, selbstverständlich, aber sehen möchte ich ihn nicht mehr."

In genau dieser Haltung sehe ich die Ursache dafür, warum es mit der Wiederherstellung nicht weitergeht, warum soviel Unerledigtes auf dem Weg hinter uns zurückgelassen wird, warum es mit der ersehnten Erweckung nicht so recht klappen will.

Was bedeutet Gnade?

Das althochdeutsche Wort „ganada" bedeutet „Wohlwollen", „Gunst", „liebevoll herabneigen". Vom lateinischen „gratia" ist unser Fremdwort „gratis" abgeleitet. Im Griechischen gibt es die Worte „aphesi" („wegsenden", „entlassen", „loslassen") und „aphiemi" („Ich lasse los").

„Aphiemi" bedeutet einfach ausgedrückt etwa Folgendes: Ich entdecke einen Straftäter und lasse ihn bewusst laufen, ohne zu versuchen, ihn zu bestrafen. Wenn wir in diesem Sinne verzeihen, verzichten wir auf Strafverfolgung.

Ich kenne Menschen, die bewahren zeitlebens für andere belastende Briefe, Urkunden und Protokolle auf, damit sie ihre Ansprüche jederzeit belegen können. Diese Menschen haben in dem Sinne dieses griechischen Wortes von „wegsenden", „loslassen", „in die Freiheit entlassen" nicht verziehen.

Es gibt außerdem ein griechisches Wort, das noch wesentlich weiter geht: „charis." In der Theologie wird damit die absolut ungeschuldete Huld Gottes gegenüber dem Menschen bezeichnet, ein freies Geschenk gegenüber dem Menschen. Das Wort „charizomai" bedeutet: Ich verzeihe, indem ich demjenigen, der an mir schuldig geworden ist, Gnade gewähre. Ich verzichte auf Bestrafung. Es bedeutet aber nicht nur Verzicht auf Strafe, sondern beinhaltet auch die Bereitschaft eines Liebesaktes der Wiederherstellung. Es ist die zweite Meile, es ist das eigene Betroffensein! Wenn der Mann verurteilt ist, ist es für den, der dieses „charizomai" lebt, nicht zu Ende mit der Geschichte. Er fragt sich z.B.: Warum hat dieser Mann getrunken? Hatte er häusliche Schwierigkeiten, Überforderungen im Beruf oder Depressionen, Minderwertigkeitsgefühle oder Mangel an Liebe? Wenn es dem Mann gut gegangen wäre, dann hätte er sich nicht betrunken, dann hätte er nicht diesen Seitensprung gemacht oder ähnliches. Dieses „charizomai" fragt auch nach der Not, die hinter dem Fehlverhalten steckt und will aktiv dieser Not begegnen. Allein diese Haltung entspricht dem neutestamentlichen Qualitätsstandard gegenüber dem Gestürzten!

Das Leiden an der Trennung und Isolation ist das Schmerzlichste für den gestürzten Leiter.

Ich habe mir in den vergangenen Jahren oft Gedanken darüber

gemacht, warum das Christentum gegenüber dem, was man aus frühen Quellen liest, so stark an diesem einzigartigen Qualitätsmerkmal eingebüßt hat, nämlich der Kraft eines kompromisslosen Verzeihens, und ich bin immer mehr zur Erkenntnis gekommen, dass es genau daran liegt, dass die Kernaussage des Evangeliums zum Thema Verzeihen, die Basis für Freude, im Laufe seiner Geschichte zu einer Worthülse wurde: Die „Gnade" in ihrer Bedingungslosigkeit im Sinne von „aphiemi" und „charizomai" steht nicht mehr unangefochten und souverän da. Es fehlt an der kompromisslosen Bereitschaft zu verzeihen, wie Jesus es uns vorgelebt hat.

Das war die Aussage des Evangeliums, und ich bin überzeugt, wenn Verantwortliche meinen, die Botschaft einer kompromisslosen Gnade zu einer Sonderrichtung herunterstufen zu können und es mit dem Verzeihen nicht ganz so ernst nehmen zu müssen, dann irren sie sich.

Letztlich lässt nur das ganz andere Verhalten gegenüber gefallenen Menschen andere aufhorchen und fragen: „Woher haben sie die Kraft für diese souveräne Haltung des Verzeihens?" Die Verflachungen, Entschuldigungen und Begründungen klingen alle gut und fordern doch keine Substanz von uns, kosten nichts! Paulus ermahnt uns, dass wir die Qualität des Gnaden- und Verzeihungsaktes Gottes uns Menschen gegenüber zum Vorbild für unsere zwischenmenschlichen Beziehungen nehmen sollen.

Die Aussage des Evangeliums lautet doch: Wir Menschen, die wir nicht an der Schuld, sondern an der Folge unserer Schuld, nämlich der Trennung und Isolation von Gott leiden, haben eine große Hoffnung: Durch einseitige und unverdiente Verzeihung von seiten Gottes, der die Schuld auf seinen Sohn legt, wird nicht nur die Schuld aufgelöst, sondern eben die für uns so schmerzliche Folge: Die Trennung von Gott. Vergebung bleibt so lange für uns Menschen unverständlich, abstrakt und langweilig, so lange das, was wir durch unsere Schuld bewirkt haben, bleibt: Nämlich die Trennung, die Isolation! Die neue Nachricht lautet plötzlich: Wir bleiben nicht mehr getrennt, sondern wir dürfen wieder Gemeinschaft haben. Wir sind gerechtfertigt, als hätten wir nie etwas Schlechtes getan. Gott hat uns nicht nur verziehen, sondern wir dürfen durch den Glauben eine neue unbelastete Beziehung mit ihm erleben. Es geht noch weiter.

Wir dürfen zu diesem fremden Gott jetzt „Vater" sagen. In dieser Botschaft, die von Gottes Seite her das „aphiemi" und das „charizomai" einschließt, lag damals das Neue (vgl. Römer 8).

Nun hätte ja Gott sagen können: „Ihr Menschen habt mich so geärgert, und darum verzeihe ich euch zwar, aber ich will nichts mehr mit euch zu tun haben."

Das wäre zwar aus unserer Perspektive völlig begreifbar, weil wir es ja so unoriginell unter uns täglich handhaben; aber es wäre doch absolut nichts darin, was einen positiv „vom Hocker hauen" könnte. Denn gerade die Wiederherstellung der Beziehung, sichtbar und hörbar und fühlbar für alle, das ist doch der eigentliche Höhepunkt der ganzen Geschichte! Verzeihung heißt: Bereitschaft zur Wiederherstellung der Gemeinschaft.

In der Praxis kennt man heute aber das Verzeihen höchstens in der Bedeutung von „aphiemi", nicht aber von „charizomai". Wir können uns in der christlichen Praxis mittlerweile schon glücklich preisen, wenn es bis zu „aphiemi" reicht. Menschen fühlen sich ausgestoßen. Menschen leiden bei Auseinandersetzungen doch letztlich an den Folgen der Konflikte. Die Folgen sind Trennung, Isolation. Die Menschen leiden an der aus dieser Haltung resultierenden Einsamkeit. Wer als Christ den Gestürzten gegenüber nicht eine Haltung des „charizomai" anstrebt, der hat das Wichtigste unterschlagen, ist nur den halben Weg gegangen, der wenig bis gar nichts kostet. Das ist das christliche Alltagsdilemma, und es wird mit vielen frommen Begründungen salonfähig gemacht! „Verziehen habe ich ihm, aber ich will mit diesem Menschen nichts zu tun haben. Wir gehen getrennte Wege!" Die christliche Botschaft dagegen lautet: „Christus trug die Ablehnung, damit wir seine Annahme bekommen", und im Vaterunser heißt es deswegen: „Vergib uns unsere Schuld, wie auch wir vergeben dem, der an uns schuldig geworden ist."

Die letzten Worte Jesu am Kreuz „Mein Gott, warum hast du mich verlassen?" haben auch die Bedeutung „Warum hast du mich abgelehnt?"

Diese Ablehnung des Vaters ist das, was er für uns in diesen Stunden am Kreuz ertragen hat. Er trug die Ablehnung, die wir tragen müssten, und hat unsere Annahme dadurch erreicht. Wir aber trennen uns von dem, der an uns schuldig geworden ist, auch wenn durch echte Vergebung auch die Folge der Schuld – nämlich die

Trennung – aufgelöst werden müsste. Wir bestrafen die, die uns Unrecht getan haben, indem wir sie ignorieren.

Die Qualität des vertikalen Aktes des Verzeihens von Gottes Seite her soll unser Vorbild werden für die Qualität unseres Begnadigungsgebarens und unseres Verzeihens auf der horizontalen Ebene unserem gefallenen Bruder gegenüber.

Für uns sollte gelten: Das Verzeihen entfaltet erst dann seinen ihm eigenen Wohlgeruch, wenn der Verzeihende die innere Bereitschaft hat, nicht nur die Schuldenkonten aufzulösen, sondern darüber hinaus dem gegenüber Gutes zu tun, der ihm Unrecht getan hat – unabhängig davon, ob der Gestürzte nun wieder in sein Amt eingesetzt wird oder nicht. Das ist der göttliche Maßstab! Ich bin mir dessen bewusst, dass das alles in der täglichen Praxis nicht gerade einfach ist. Aber ist es im Leben nicht immer so: Das Wertvolle kostet etwas?

Ich kenne einige sogenannte Gefallene, deren Herz zerbrochen ist, weil sie die theoretisch empfangene Gnade nicht anfassen können, weil sie kein Trost erreichte, den sie hätten schmecken können, den sie hätten berühren können, der wie Heilsalbe auf ihren Wunden hätte wirken können.

Wenn Sie sich trotzdem gegenüber den Gefallenen mit dem Verzeihen sehr schwer tun: Denken Sie daran: Auch in Ihrem Leben hat es Menschen gegeben, die an Sie geglaubt haben, wo Sie es nicht verdient hatten, die Sie ermutigt hatten, wo Sie versagt hatten.

Wir gewinnen unseren Lebensmut, unsere Sicherheit und unser Glück aus Beziehungen, in denen wir uns als Person bedingungslos und umfassend angenommen wissen. Was Sie heute sind, das sind Sie auch, weil sich Menschen, an denen Sie vielleicht versagt haben, trotzdem nicht gegen Sie entschieden haben.

Denken Sie auch daran, dass Sie Unrecht auch selbst ausgeteilt haben. Keiner geht durchs Leben, ohne dass durch ihn nicht auch andere verletzt werden. Auch Sie haben andere Menschen verletzt, auch Sie haben Ihre blinden Flecken. Möchten Sie denn wirklich unter einem Vorgesetzten arbeiten – so einem wie Sie selbst sind? Vielleicht kämpfen andere darum, Ihnen zu verzeihen und schaffen es nicht.

Menschen, die schwer verzeihen können, können oft auch schwer um Verzeihung bitten. Wer darum besser lernen will zu verzeihen, der lerne selbst, andere um Verzeihung zu bitten. Um Verzeihung bitten zu können ist nicht ein Zeichen der Schwäche, sondern das einer starken Persönlichkeit. Es ist doch ein Bestandteil unseres täglichen Lebens, dass wir permanent aneinander versagen. Das kleine Wort „Verzeihung" kann ganz schnell einen großen Stimmungsumschwung schaffen.

Wenn wir uns darin üben wollen, anderen zu verzeihen, müssen wir auch lernen, uns selbst zu verzeihen. Viele wollen und können sich selbst ihr eigenes Versagen nicht vergeben.

Um zur Verzeihungsfähigkeit für eigene Fehler zu gelangen, kommen wir nicht umhin, uns zuvor ehrlich mit der eigenen Vergangenheit auseinander zu setzen. Dazu gehört es, um die Fähigkeit zu ringen, über die eigenen verlorenen Jahre und das eigene Versagen Trauer tragen und vielleicht auch weinen zu können.

Wenn Sie als sogenannter „nicht gefallener Leiter" wissen möchten, welches Verhalten auf keinen Fall falsch ist:

1. Der Verwundete braucht gerade jetzt wie nie zuvor Ihre Anteilnahme, Ihr spürbares inneres Engagement, egal, ob es Ihnen Spaß macht oder nicht. Über die Verwundeten wird viel gesprochen, aber es werden ihnen nicht die Wunden verbunden. Auch im christlichen Bereich gilt: Man beißt und wird gebissen, aber es gibt wenig Plätze, wo einem kompetent die Wunden verbunden werden. Jemand sagte einmal: „Die christliche Armee ist die einzige Armee auf dieser Welt, die ihre eigenen Verwundeten tötet."

2. Klares Unrecht und eindeutige Verfehlungen wie Betrug, offene Unzucht etc. dürfen nicht übersehen werden. Denn das in die Leiter gesetzte Vertrauen ist erschüttert worden, und manche sind dadurch in eine Verunsicherung geführt worden, die die Gemeindeleitung zu verantworten hat. Sowohl harte Bestrafung, z.B. unvorbereitete Entlassung, wie auch Vertuschung und Bagatellisierung sind falsche Wege. Wahrhaftigkeit in Demut sollte die Haltung der Gemeindeleitung repräsentieren. In seinem öffentlichen Verhalten sollte sich der „nicht gefallene Leiter" in dieser Zeit besonders in Demut und Nahbarkeit präsentieren.

3. In der Bibel wird an vielen Stellen deutlich ausgedrückt, dass gefallene Leiter (ich meine hier nicht die vielen, die Opfer von Machtkämpfen sind) wieder rehabilitiert werden können oder sollen,

wenn gewisse Voraussetzungen erfüllt sind. Wir kennen den Fall von David, von Mose, von Petrus. Es steht außer Frage, dass die Rehabilitation gefallener Leiter in der Bibel vorgesehen ist.

4. Ein alter Gottesmann sagte mir einmal: „Wir sind als Christen eine geschlossene Schlachtreihe, und durch Christus haben wir gegenüber der feindlichen Schlachtreihe einen entscheidenden Vorteil. Wir können zwar getroffen werden. Nach einem Treffer sind wir Christen aber im Prinzip in der Lage, durch die Inanspruchnahme des Erlösungswerkes Christi sofort wieder aufzustehen. Das Problem bei der christlichen Schlachtreihe gegenüber der feindlichen besteht aber darin, dass man oft zu lange nach einem Treffer in Selbstverzagtheit und Anklagen liegen bleibt, obwohl das nicht nötig wäre. Erst dadurch entsteht der eigentliche Schaden – weil eine nicht mehr geschlossene Reihe die Tür öffnet für weitere noch größere Angriffe."

5. Wir müssen unterscheiden, ob es sich um einmalige Verfehlungen handelt oder um charakterliche Schwächen und Fehlentwicklungen. Solche schleichen sich mit der Zeit unmerklich ein. Handelt es sich um charakterliche Fehlentwicklungen, sollte eine Begleitung sichergestellt werden, die Zeugnis für einen echten und anhaltenden Gesinnungswandel geben kann. Das Wort Charakter bezeichnet entgegen seiner ursprünglichen Wortbedeutung („Eingekritzte", „Unveränderbare") einen Weg, einen Prozess, der sich in kleinen Schritten und täglichen Entscheidungen vollzieht.

6. Soll der Gefallene überhaupt – und wenn ja, wann – wieder in sein Amt eingesetzt werden? Unsere Motivation sollte auf jeden Fall sichtbar das Ziel verfolgen, dass der Leiter aufgerichtet ist. Von diesem für andere spürbaren Wunsch sollte die Begleitung dem Gefallenen gegenüber getragen sein. Das heißt aber nicht zwangsläufig, dass er sofort oder überhaupt wieder eingesetzt werden kann. Die Betroffenen müssen Sicherheit bekommen, dass die Wiederherstellung „kompetent" und glaubwürdig voran geht, dass Früchte echter Umkehr sichtbar werden, dass die Betroffenheit des Gefallenen nachvollziehbar ist, dass Vertuschungsmanöver ausbleiben, dass spürbare Versöhnungsbereitschaft da ist, dass eine Entsagung falscher Verhaltensweisen erkennbar ist. Bleiben diese genannten Punkte aus, sollte von einer Wiedereingliederung in ein leitendes Amt abgesehen werden.

7. Als sogenannter „nicht gefallener Leiter" können Sie alles rich-

tig machen, wenn Sie in Demut, echter Barmherzigkeit und wahrer Betroffenheit die Phase der Klärung durchgehen. Sie können viel zerstören, wenn Sie mit Ereifern und Rechthaberei und Gruppenbildung Ihre Sache vorantreiben. „Wer stehe, sehe zu, dass er nicht falle!"

8. Hüten Sie sich nicht nur in dieser Zeit vor den fünf verhängnisvollen „V": Vorurteil, Verdächtigung, Verdrehung, Verleumdung, Verurteilung! Gerade auch geistliche Leiter sind oft sehr gut in der Lage, die fünf „V" in eine kanaanäische Sprache einzupacken, ganz nach dem Motto: „Je liebenswürdiger und frömmer, desto gemeiner."

9. Erst der Leiter, der sein eigenes Gefallensein erkennt und darüber zutiefst erschrocken ist, ist der Leiter, der gefallene Leiter in der rechten Weise aufrichten kann. Franz von Assisi sagte, dass er nunmehr gerne zu den Aussätzigen gehe, wozu er vorher nicht in der Lage war. In der Betrachtung der Aussätzigen wurde er seines eigenen Aussatzes gewahr und bemerkte, dass in seinem eigenen Aussatz und nicht an seinen heilen Stellen Jesus auf ihn wartete, um ihn zu verwöhnen mit seiner eigenen ihm grenzenlosen Liebe. Seit dieser Erkenntnis könne er es kaum erwarten, ein nächstes Mal zu den Aussätzigen zu gehen. Vergessen wir nicht: Nichtgefallene oder noch nicht gefallene Leiter erkennen immer in dem Gestürzten ein Stück sich selbst. Diesen Anblick können viele nicht ertragen. Würden sie sich aber dazu entschließen, würden sie bemerken, dass Christus sie genau in dem Bereich verwöhnen will, den sie gerade abschieben und verdrängen wollen: Nämlich im Anblick ihres gefallenen Bruders! Dort liegt ein Stück des eigenen Problems.

Wenn Sie als „gefallener Leiter" wissen möchten, welches Verhalten auf keinen Fall falsch ist:

1. Lassen Sie nicht aus Resignation das los, was Sie vorher als richtig erkannten. Menschen, die degradiert wurden, müssen mit Resignation kämpfen. Ich kenne solche, die erst nach der Verleumdung oder Verletzung angefangen haben, sich selbst moralisch loszulassen, so dass sie beispielsweise morgens nicht mehr aus dem Bett kamen oder – weil sie den Druck der Ablehnung nicht mehr aushielten – zu trinken begannen. Psalm 73 gibt ein Zeugnis davon, wie leicht man Werte bei Resignation und Verzweiflung loslassen kann.

2. Suchen Sie sich jemanden, der Sie mag und dem Sie erlauben, kritisch in Ihr Leben hineinzusprechen. Haben Sie die Größe, ihn nach Ihren blinden Flecken zu fragen.

3. Arbeiten Sie an Ihrem „inneren Haus", ganz unabhängig davon, ob Sie dafür Anerkennung oder Rehabilitation erfahren oder ob Menschen noch böser über Sie herfallen und Sie beispielsweise der Heuchelei bezichtigen.

4. Arbeiten Sie an Ihrem Charakter! Wenn Sie eine klare Verfehlung begangen haben, haben Sie das Vertrauen verletzt, das in Ihr Amt und Ihre Person gesetzt wurde. Damit sind Sie schuldig geworden. Tun Sie alles, um dieses Vertrauen zurückzugewinnen. Zeigen Sie sich in einer Haltung echter Buße gegenüber den von Ihnen so verletzten Gemeindegliedern. Schlechte Gewohnheiten, die zu schlechten Taten führten, sind meistens nicht von heute auf morgen eingetreten. Sie haben die Verantwortung, für andere nachvollziehbar an Ihrem Charakter zu arbeiten und dabei ehrlich mit sich selbst umzugehen.

Schlussbemerkungen

In der Bibel gibt es eine Geschichte von einem gefallenen und einem nicht gefallenen Bruder (1. Mose 32,10-13): Bei näherem Hinsehen sind aber beide Brüder gefallen. Es sind die Brüder Esau und Jakob. Der Gefallene, der Betrüger Jakob, wollte die Beziehung mit seinem nicht gefallenen Bruder Esau wieder herstellen, der hinter ihm her war, um ihm nach dem Leben zu trachten. Aber Esau, der Nichtgefallene, hatte daran kein Interesse und trachtete ihm weiter nach dem Leben.

Jakob konnte mit all seinen Kraftanstrengungen nichts ausrichten. Erst als Jakobs eigene Kraft vollkommen gebrochen war und er als ein Hinkender mit gebrochener Hüfte durchs Leben ging, da wird er fähig, den Weg der Heilung einer Beziehung anzutreten:

- Er erinnert sich an alle Verheißungen. Auch wir müssen uns an alle Verheißungen erinnern!
- Er demütigt sich. Auch wir müssen uns demütigen!

- Er erinnert sich an Gottes bisherige Taten. Auch wir sollen uns an all die Taten Gottes in unserem Leben erinnern!
- Er bittet um Errettung. Auch wir müssen Gott ernsthaft um die Heilung bitten!

Während Jakob am Anfang seinem stolzen und nicht gefallenen Bruder Frauen und Kinder vorausschickt, um ihn zu besänftigen, während er danach Herden und Rinder vorausschickt, stellt er zum Schluss nichts mehr vor sein Leben, keine Sicherheit, keine Geschenke. Er kommt als ein Hinkender, wehrlos, nichts mehr in der Hand zu seiner Verteidigung.

So ging der Gefallene dem nicht Gefallenen entgegen, und so umarmten sich die beiden Brüder und versöhnten sich. Und so müssen wir es tun, wenn wir Wiederherstellung wollen: Als Gefallene und noch nicht Gefallene müssen wir – ohne Sicherheiten vor uns herzubewegen, die aus unserer eigenen Kraft kommen – in die Richtung unseres Bruders, unserer Schwester gehen. 1. Mose 33,4: „Esau aber lief ihm entgegen und herzte ihn und fiel ihm um den Hals und küsste ihn, und sie weinten."

Der Hinkende hat die Kraft Gottes!

WER LEITET MICH?

Helmut Martin Großkopf

Entwicklung eines persönlichen Arbeitskonzeptes – Selbst-, Zeit- und Zielmanagement

1. Einleitung

Immer engere Termine, zahlreiche, oft konkurrierende Prioritäten oder endlose Besprechungen sind heute nur einige Ursachen von Zeitdruck und Stress – und das bei immer höheren Qualitäts-ansprüchen von Kunden und Vorgesetzten. Wir bewegen uns längst in einem Zeitalter des „High-Speed"-Management. Die Schnellen überholen die Langsamen – auch wenn der Tag nicht mehr Stunden hat als früher. Deshalb ist es sinnvoll, seine persönlichen Arbeitstechniken zu verbessern.

Gewinnen Sie mehr Zeit für das Wesentliche

Wir alle stehen jeden Tag vor dem gleichen Problem: Es ist so viel zu tun, aber wir haben zu wenig Zeit dafür. Zeitmanagement-Techniken helfen uns, damit besser zurechtzukommen. Der Engpass liegt nicht in unseren vielfältigen Aktivitäten, sondern in der Zeitknappheit. Wir müssen täglich klare Entscheidungen treffen und die „richtigen" Prioritäten setzen, um zu klären, was wir erledigen und was nicht.

Zeit ist ein wesentlicher Erfolgsfaktor. Leben mit Zeitgewinn bedeutet auch sinnvolle, zielbewusste Lebensgestaltung. Lernen Sie deshalb auch, sich über die Arbeit hinaus Zeit zu schaffen – für ande-re elementare Lebensbereiche wie Familie, Freunde und Gesundheit.

Agieren statt reagieren

Durch optimales Zeitmanagement wird das Arbeiten effektiver. Denn Zeitmanagement ist Selbstmanagement. Lassen Sie sich Ihre Zeit nicht länger stehlen!

Zeitmanagement bedeutet Selbstmanagement

Die Zeit lässt sich nicht anpassen, aber wir Menschen können uns selbst in den Griff bekommen. Dazu müssen wir unsere Gewohnheiten im Umgang mit der Zeit überprüfen. Gewohnheiten sind der Schlüssel für erfolgreiches Zeitmanagement. Bevor Sie Ihre Gewohnheiten verändern können, müssen Sie diese erst erkennen.

Gute wie schlechte Gewohnheiten stellen erlerntes Verhalten dar – und beides ist veränderbar. Der erste Schritt besteht darin, eine positive Einstellung zu entwickeln. Denn meistens handeln wir entsprechend und unseren eigenen Überzeugungen.

2. Die Einstellung „Ich kann es!" entwickeln

Selbstdisziplin zahlt sich aus
Die meisten Menschen haben erkannt, dass ein großer Unterschied darin besteht, ob man nur weiß, was zu tun ist, oder ob man es tatsächlich tut. Die Brücke zwischen dem einen und dem anderen heißt Selbstdisziplin. Aber irgendwie schaffen wir es oft nicht, sie zu überqueren. Sie trennt jene, die erfolgreich sind, von denen, die nur davon träumen, es zu sein.

Selbstdisziplin ist der Schlüssel zur persönlichen Freiheit. Sie entlässt uns aus dem Gefängnis unserer Gewohnheiten und ermöglicht uns, jenen Teil unseres Umfeldes auszufüllen, den wir tatsächlich beeinflussen können.

Wo finden wir nun diesen goldenen Schlüssel zur Selbstdisziplin? Viele erfolgreiche Persönlichkeiten haben ihn jahrhundertelang gesucht. Wir wissen heute, dass er von innen heraus kommt. Jeder trägt diesen Schlüssel in sich. Ein Weg ihn zu finden ist eine größere Offenheit gegenüber Kritik.

Wie kann ich auf Kritik konstruktiv reagieren?
Kritik an meiner Leistung lähmt mich, ärgert und blockiert mich. Ich gebe doch schon mein Bestes. Wie kann ich Verständnis für den Kritisierenden entwickeln? Wie kann ich mein Segel so setzen, dass auch Gegenwind mich dem gewünschten Ziel näher bringt? Lösungsansätze könnten sein:

- Ermutigung: „Seitdem ich begriffen habe, dass 99 Prozent aller Menschen nichts gegen mich haben, bin ich viel mutiger geworden, für meine Ziele und Handlungen einzustehen."
- Sondierung: Prüfen Sie sich, warum Sie vielleicht negativ reagieren, wenn jemand eine Ihrer Leistungen kritisiert. Fragen Sie sich: Habe ich die Einstellung, das gemeinsame Projekt einen Schritt weiter zu bringen?
- Verständnis: Der Kritisierende meint meistens nicht in erster Linie Sie als Person. Es geht ihm um den Fortgang des Projekts, das möglicherweise durch eine Fehlleistung verzögert wurde.
- Mitdenken erwünscht: Versuchen Sie mitzudenken, welche Vorleistungen erbracht wurden, bis Sie Ihren Anteil am Projekt leisten, und wie Sie es dem leichter machen können, der nach

Ihnen an der Aufgabe weiterarbeitet. Umsicht und Weitsicht machen Sie zum Mitarbeiter, dem man gerne mehr anvertraut.

* Fragen Sie sich: Warum wurde kritisiert? Versuchen Sie, sich in das Denken und die Erwartungen der kritisierenden Person hineinzuversetzen und gehen Sie auf diese Bedürfnisse ein!
* Vermeiden Sie Konfrontation. Fragen Sie vielmehr den Kritiker: Was kann ich bereits vorbereitend tun, um den Erwartungen besser gerecht zu werden? Wenn Sie hierzu Hilfe brauchen, sollte sie erbeten werden.

Und ganz praktisch:

* Wie gut nehme ich Kritik auf, um dadurch effektiver zu werden?
* Sehe ich Kritik eher als sachlich begründet oder als persönlichen Angriff?
* Welche innere Einstellung muss ich kultivieren, damit ich es lerne, Negatives positiv zu nutzen?
* Bei welchem bevorstehenden Projekt oder bei welcher bevorstehenden Begegnung will ich diese neue Haltung bewusst durchhalten?

3. Ziele – wie formuliere ich sie klar und messbar?

Zwei Ansätze

Sie können Ihre Zeit auf zweierlei Weise in den Griff bekommen. Entweder konzentrieren Sie sich auf die Ergebnisse, die Sie erreichen wollen, oder Sie konzentrieren sich auf Ihre Aktivitäten.

Selbstverständlich gibt es einen Zusammenhang zwischen Zielen und Aktivitäten. Wenn Sie die richtigen Aktivitäten „tun", werden Sie Ihr Ziel auch erreichen.

Meistens konzentrieren wir uns jedoch auf Aktivitäten, ohne dabei an unsere Ziele zu denken. Dies liegt zum einen an unklaren Zielformulierungen und zum anderen an unserem erlernten Verhalten. Menschen, die sich vorwiegend auf ihre Ziele konzentrieren, haben ihre Zeit meist besser im Griff und erreichen auch mehr.

Havard Studie

Eine Harvard-University-Studie über den Werdegang von Studienabgängern über einen Zeitraum von 10 Jahren zeigt folgende Resultate:

3%
hatten klare Zielsetzungen für ihre Karriere und hatten diese schriftlich festgelegt – verdienten im Schnitt 10 x Dollar

14%
hatten klare Zielsetzungen für ihre Karriere, aber nicht schriftlich festgelegt – verdienten im Schnitt 3 x Dollar

83%
hatten keine Zielsetzung für ihre Karriere – verdienten im Schnitt x Dollar

© 1999 ideagrafik

Unser Alltagsverhalten wird eher von Routineaufgaben und Projekten bestimmt. Die meisten Menschen beschäftigen sich mit kurzfristigen Dingen, indem sie immer auflisten, was in den kommenden Wochen erledigt werden muss. Stellen Sie jedoch sicher, dass Ihre kurzfristigen Aktivitäten auf Ihre längerfristigen Ziele ausgerichtet sind.

Ergebnisse als Gewohnheit

Machen Sie es sich zu einer regelrechten Gewohnheit, sich auf Ergebnisse zu konzentrieren. Ziele zu setzen und das ständige Streben, diese auch zu erreichen, muss Teil der Lebensphilosophie werden:

• Führen Sie nie ein Telefongespräch, halten Sie nie eine Besprechung ab, oder besuchen Sie nie eine Person, ohne vorher darüber nachzudenken, was Sie dabei erreichen möchten.

• Fragen Sie sich immer wieder, ob das, was Sie gerade tun, Sie Ihren Zielen ein Stück näher bringen wird.

Wenn Sie die angestrebten Ergebnisse aus den Augen verlieren, laufen Sie Gefahr, in blinden Aktionismus zu verfallen und sich im Tagesgeschäft mit ineffektiven Tätigkeiten zu verzetteln.

Um ergebnisorientiertes Handeln zu entwickeln, sollten Sie immer daran denken, was Sie in jedem Moment, aber auch heute oder in diesem Jahr, erreichen möchten. Gehen Sie jeden Tag die Liste Ihrer langfristigen Ziele durch, und sortieren Sie vor diesem Hintergrund die vielen Nebensächlichkeiten aus, die Ihnen dauernd begegnen.

Ziele – wie formuliere ich sie klar und messbar?

Realisierbarkeit und Messbarkeit von Zielen

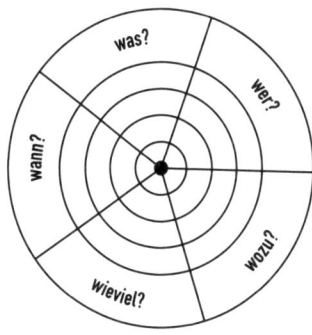

• *Was* ist mein ganz konkretes Ziel? Welchen neuen Zustand will ich erreichen? Welche neuen Ordnungen will ich schaffen? Welche neuen Abläufe will ich etablieren?

• *Wer* muss was in Gang setzen, damit das neue Ziel erreicht wird? Wer trägt die Hauptverantwortung? Kraftfeldanalyse: Wer ist für mein Ziel und wird mich nach Kräften unterstützen? Wer ist gegen mein Ziel und wird nach Kräften versuchen, meine Bemühungen scheitern zu lassen?

• *Wozu?* „Wer Leistung fordert, muss Sinn bieten" (Peter Drucker). Ich muss selbst von dem Sinn, dem praktischen Nutzen meines Ziels fest überzeugt sein, um es überzeugend vertreten zu können.

• *Wie viel …*

Zeit darf dieses Ziel kosten? Jeder von uns muss schließlich mehrere Ziele verfolgen.

Geld darf dieses Ziel kosten? Jeder von uns hat begrenzte Ressourcen.

Energie darf mich dieses Ziel kosten? Ich scheitere, wenn ich nur Ziele verfolge, die Energie verbrauchen. Ich brauche auch Ziele, die Energie freisetzen.

Beziehungen darf mich dieses Ziel kosten? Manchmal sind Beziehungen wichtiger als die Erreichung eines bestimmten Ziels.

• *Wann* sollen diese Ziele erreicht sein? Wann setze ich – deutlich und visuell terminiert – die Maßnahmen zur Zielerreichung um?

Ziele motivieren

Die kalifornische Küste war nebelverhangen an jenem Morgen des 4. Juli 1952. 34 Kilometer westlich, auf der Insel Catalina, watete eine 34-jährige Frau ins Wasser und schickte sich an, in Richtung Kalifornien zu schwimmen. Sie war entschlossen, diese Strecke als erste Frau zu bewältigen. Ihr Name war Florence Chadwick. Sie hatte bereits als erste Frau den Ärmelkanal in beiden Richtungen durchschwommen.

Das Wasser war eiskalt, der Nebel war so dicht, dass sie kaum die Begleitboote ausmachen konnte. Millionen Menschen schauten über die nationalen Fernsehsender zu. Mehrmals mussten Haie mit Gewehren vertrieben werden, um die einsame Gestalt zu schützen. Die Müdigkeit war nie ihr großes Problem bei diesen Schwimmleistungen gewesen – es war die eisige Kälte, die ihr zu schaffen machte.

Über fünfzehn Stunden später bat sie, steif vor Kälte, aus dem Wasser geholt zu werden. Sie konnte nicht mehr. Ihre Mutter und ihr Trainer, die im Boot neben ihr herfuhren, sagten ihr, dass die Küste schon ganz nah sein. Sie drängten sie, nicht aufzugeben, aber als sie zur kalifornischen Küste hinüberschaute, sah sie nichts als den dichten Nebel und bat darum, sofort aus dem Wasser geholt zu werden.

Stunden später, als ihr Körper sich erwärmt hatte, kam der Schock über ihren Misserfolg. Nur eine halbe Meile vor der kalifornischen Küste war sie aus dem Wasser gezogen worden! Ein Reporter fragte sie: „Miss Chadwick, was hat Sie davon abgehalten, diese letzte halbe Meile zu schwimmen?"

„Es war der Nebel", antwortete sie. „Wenn ich das Land hätte sehen können, hätte ich es geschafft. Wenn man da draußen schwimmt und sein Ziel nicht sehen kann …"

Sieben Stufen zum Erfolg

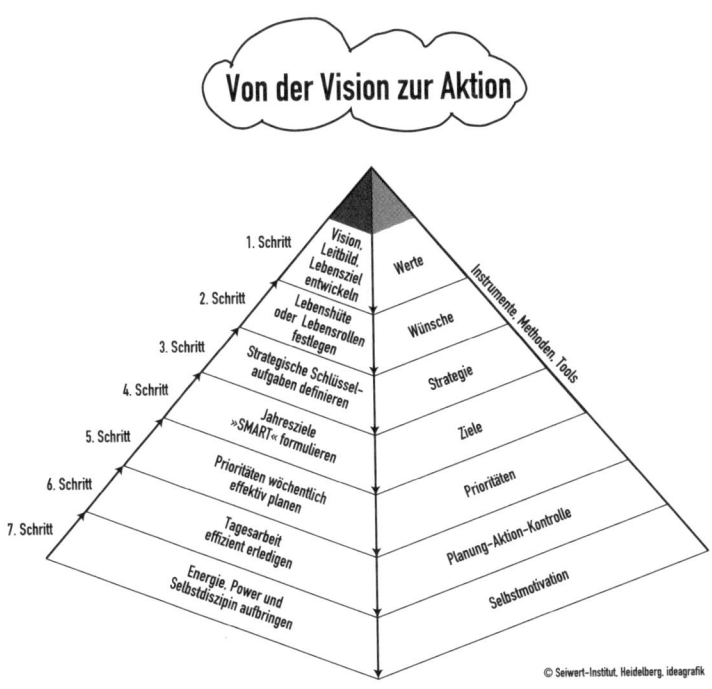

Wer mehr Zeitsouveränität erlangen möchte, dem empfehlen wir das siebenstufige Erfolgsprogramm für effektives Selbstmanagement von tempus, Prof. Seiwert.

- Im *ersten* Schritt entwickeln Sie Ihre Lebensvision, Ihr berufliches und persönliches Leitbild und formulieren in einem ersten Entwurf Ihr(e) Lebensziel(e).
- Im *zweiten* Schritt definieren Sie die Lebenshüte oder -rollen, mit denen Sie täglich durchs Leben gehen. Diese Instrumente helfen Ihnen, Ihre langfristige Vision im Alltag konkret zu fixieren und mit Leben und Inhalt zu füllen.
- Im *dritten* Schritt befassen Sie sich mit Ihrer persönlichen Strategie, damit Sie sich auf Ihre erfolgversprechendsten Aktivitäten konzentrieren. Hierzu formulieren Sie Schlüsselaufgaben (Assignments), die Sie am schnellsten weiterbringen.
- Im *vierten* Schritt formulieren Sie konkrete Ziele für Ihre berufliche und persönliche Zukunft. Sie können und sollten dies für die nächsten drei bis fünf Jahre tun, aber auf jeden Fall für die nächsten zwölf Monate als Jahreszielplan auf Basis des Zeit-Balance-Modells und der Lebenshüte.
- Im *fünften* Schritt beginnen Sie mit Ihrer wöchentlichen Prioritätenplanung. Während bei der Tagesarbeit vornehmlich externer Termindruck im Hinblick auf die Erledigung von dringenden Aktivitäten im Vordergrund steht, fokussiert Sie die Wochenplanung auf die Wichtigkeit von beruflichen und persönlichen Zielen.
- Im *sechsten* Schritt geht es um die tägliche Konsequenz bei der Umsetzung und Selbstmotivation. Denn der Tag ist die Zeiteinheit, in der wir leben. Wer den Tag nicht im Griff hat, bekommt auch sein Leben nicht in den Griff.
- Im *siebten* Schritt sollen nun Energie und Selbstdisziplin aufgebracht werden. Sie bilden die Basis und Motivation für Ihren täglichen Erfolg.

Praxisbezogene Zusammenfassung

- Behalten Sie Ihre Ziele nicht nur im Kopf, sondern schreiben Sie diese auf, am besten in ein Zeitplanbuch. Arbeiten Sie daran, eine ausgewogene Zeiteinteilung und Balance für alle Lebensbereiche zu erreichen.
- Prüfen Sie neue Projekte kritisch. Stellen Sie sicher, dass diese Sie Ihren Zielen auch näherbringen. Setzen Sie realistische Termine, und schätzen Sie die benötigte Zeit. Beginnen Sie rechtzeitig, damit Sie nicht in letzter Minute in Hetze kommen.

• Packen Sie jeden Tag zumindest ein wichtiges Ziel an. Hören Sie nicht auf, bevor dieses Tagesziel erreicht ist. So entwickeln Sie in kurzer Zeit die Gewohnheit, Ziele nicht nur zu setzen, sondern auch zu erreichen.

4. Eindeutige, richtige Prioritäten setzen

Eigentlich ist es ganz einfach, Prioritäten zu setzen, wenn Sie ein klares Ziel haben. Höchste Priorität haben diejenigen Aktivitäten, die getan werden müssen, um dieses Ziel zu erreichen. Viele arbeiten jedoch oft an Aufgaben, die sie lieber mögen oder interessanter finden. Sie tun das, obwohl sie wissen, dass sie im Hinblick auf ihre Ziele wichtigere Dinge in Angriff nehmen sollten.

Wichtig oder dringend?

Prioritäten beziehen sich auf wichtige Dinge. Um bessere Ergebnisse zu erreichen, müssen Sie mehr Zeit mit den wichtigen Aufgaben verbringen.

Die wichtigen Dinge müssen nur selten heute oder diese Woche erledigt werden, während dringende Aufgaben unsere volle Aufmerksamkeit beanspruchen und jeden Tag erneut Druck auf uns ausüben. Leider verfallen die meisten Menschen immer noch in die alte Gewohnheit, mehr auf die Dringlichkeit als auf die Wichtigkeit einer Aufgabe zu reagieren, und manche halten alles, was sie tun, für wichtig. Doch ist das Dringende selten wichtig und das Wichtige selten dringend:

• Wichtige Aktivitäten leisten einen nennenswerten Beitrag zu unseren Zielen. Sie haben einen hohen Stellenwert. Je direkter ihr Bezug zur Zielerreichung, desto wichtiger die Aktivität. Ihr Einfluss wirkt daher auch langfristig.

• Dringende Aktivitäten haben dagegen in der Regel nur kurzfristige Konsequenzen. Sie müssen jetzt erledigt werden und dulden keinen Aufschub. Sie können auf unsere Ziele bezogen sein – aber häufig sind sie es nicht. Dringende Aufgaben üben jedoch einen stärkeren Zeitdruck aus als wichtige Dinge.

Wir leben in einer ständigen Spannung zwischen Wichtigkeit und Dringlichkeit. Jede Aktivität, die Sie unternehmen, lässt sich nach diesen beiden Kriterien einstufen. Im Allgemeinen lassen sich vier Kategorien unterscheiden:

1. Problem oder Krise – wichtig und dringend;
2. Arbeit, die zu tun ist, – wichtig, aber nicht dringend;
3. nebensächliche Arbeit – dringend, aber nicht wichtig;
4. Zeitverschwendung – weder wichtig noch dringend.

Eines der Schlüsselprinzipien für erfolgreiches Zeitmanagement liegt darin, „Mehr Zeit für das Wesentliche" zu haben (vgl. das gleichnamige Buch von L.J. Seiwert, Landsberg 1994) und nicht den Tag mit Unwichtigem zu beginnen.

Die Herausforderung für Sie liegt jeden Tag darin zu entscheiden, was die wichtigsten Dinge sind, sich darauf zu konzentrieren und alles andere zunächst zu unterlassen.

Das Pareto-Prinzip

Wenn Sie Ihre Aktivitäten anfangen neu zu gewichten, um Ihre Zeit gewinnbringender zu nutzen, hilft das Pareto-Prinzip. Vilfredo Pareto (1848–1923) entdeckte, dass in einem System die kritischen Elemente meistens in der Minderheit sind. Im Laufe der Jahre wurde dieser Ansatz weiterentwickelt und als Pareto-Prinzip oder 80:20-Regel bekannt: 80 Prozent der Wertschöpfung ergibt sich aus 20 Prozent des Einsatzes, und die verbleibenden 20 Prozent des Wertes kommen von den restlichen 80 Prozent des Einsatzes.

Die 80:20-Regel lässt sich mit den Begriffen wichtig und dringend in Verbindung bringen: Wichtige Aufgaben, die aber nicht dringend sind, gehören zu den 20 Prozent aller Aktivitäten, die 80 Prozent Ihrer Erfolge verursachen.

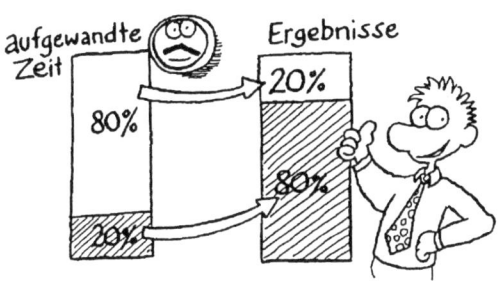

Praxisbezogene Zusammenfassung
- Machen Sie sich bewusst, daß Sie in diesem Leben nie Zeit genug für alles haben werden – aber täglich neu entscheiden können, was für Sie wirklich wichtig ist.
- Starten Sie morgens mit den wichtigsten Aktivitäten. Die meisten Menschen beginnen statt dessen erst mit den schnell zu erledigenden, leichten oder angenehmen Aktivitäten.
- Nur weil eine Aufgabe dringend ist, ist sie nicht unbedingt wichtig. Wichtig sind diejenigen Aktivitäten, die Ihnen helfen, Ihre Ziele zu erreichen. Lassen Sie nie die dringlichen Aufgaben Oberhand über die wichtigen gewinnen.

5. Tagesabläufe und Termine in den Griff bekommen

Viele Menschen verwenden die Begriffe „Zeitplaner" und „Terminkalender" synonym, obwohl es einen gravierenden Unterschied gibt:
- Bei der Planung geht es um die Entscheidung, was getan werden soll.
- Terminierung beinhaltet, wann etwas erledigt sein muss. Es geht um den Zeitpunkt und die benötigte Zeitdauer, in der geplante Aktivitäten auch tatsächlich durchzuführen sind.

Viele meinen, dass Planung und damit Terminierung einfach nicht möglich sind. „Erstens läuft es anders, zweitens als man denkt."

Tatsache ist jedoch, dass mindestens die Hälfte der Dinge, die Sie terminieren, auch so eintreten, wie Sie es geplant haben – Übung macht den „Zeitmeister". Die entscheidende Grundregel lautet:

Keine Planung ohne Termin!
Während Planung meist nur Absicht bleibt, ist Terminierung die verbindliche Zusage. Dinge, die nicht terminiert sind, finden auch meistens nie statt. Wenn Sie möchten, dass etwas tatsächlich geschieht, dann planen Sie es in Ihrem Terminkalender, Zeitplanbuch oder elektronischen Organizer als „Termin mit sich selbst" fest ein. Dies ist das Geheimnis, um Ziele zu erreichen.

Flexibel bleiben
Der größte Fehler bei der Umsetzung liegt darin, jede Arbeitsstunde zu verplanen. Das kann an einem normalen Bürotag natürlich nicht funktionieren. Jeder hat die Erfahrung gemacht, dass im Laufe eines Tages Unterbrechungen eintreten, aber nur wenige planen sie ein. Bei der Planung Ihres Arbeitstages müssen Sie also Zeiträume oder Puffer für Unerwartetes und Unterbrechungen einbauen. Denken Sie daran, dass Unterbrechungen, etwa durch Kollegen oder Kunden, ein Teil Ihrer Arbeit und deshalb auch wichtig sind.

Effektive Tages- und Wochenplanung – mit der ALPEN-Methode
- *A*ktivitäten auflisten (To-do-Liste)
- *L*änge der jeweils benötigten Zeit auflisten
- *P*ufferzonen einbauen (60:40-Regel)
- *E*ntscheiden (Welche Priorität für welche Aufgabe? Was kann delegiert werden?)
- *N*achkontrolle (Erfolgskontrolle, Analye)

19 Vorteile der Tages- und Wochenplanung mit dem Zeitplanbuch
1. Bessere Einstimmung auf den nächsten Arbeitstag
2. Planung des bevorstehenden Tages
3. Überblick und Klarheit über die Tagesanforderungen
4. Ordnung Ihres Tagesablaufes
5. Ausschaltung von Vergesslichkeit
6. Reduzierung von Verzettelung

7. Erreichung der Tagesziele
8. Unterscheidung zwischen wichtigen und weniger wichtigen Vorgängen
9. Entscheidung über Prioritätensetzung und Delegation
10. Rationalisierung durch Aufgabenbündelung
11. Abbau und Handhabung von Störungen und Unterbrechungen
12. Selbstdisziplin in der Aufgabenerledigung
13. Abbau von Stress und Nervenverschleiß
14. Gelassenheit bei unvorhergesehenen Ereignissen
15. Verbesserung der Selbstkontrolle
16. Positives Erfolgserlebnis am Tagesende
17. Erhöhung von Zufriedenheit und Motivation
18. Steigerung der persönlichen Leistungsfähigkeit
19. Vor allem: Zeitgewinn durch methodisches Arbeiten

Praxisbezogene Zusammenfassung

• Es nutzt nichts, Dinge zu planen, aber nicht zu terminieren. Etwas wird nur dann geschehen, wenn Sie den Zeitpunkt dafür schriftlich festgelegt haben. Terminieren Sie unbedingt die wichtigsten Aktivitäten für jeden Tag.

• Fangen Sie rechtzeitig an. Die meisten Menschen planen zu optimistisch – oder zu unrealistisch. Sie berücksichtigen nicht genügend Pufferzeit und beginnen häufig erst „auf den letzten Drücker". Folglich geraten sie in Hektik, Zeitdruck und Stress – was bei besserer Planung vermeidbar gewesen wäre.

• Setzen Sie für alle Aktivitäten ein Zeitlimit. Versuchen Sie, innerhalb der vorgegebenen Zeit fertig zu werden.

Quellen:
time-mastery Profil, DISG-Training, Renchingen. Arbeitsheft Effektive Arbeitstechnik, tempus., Giengen.

Claudia und Eberhard Mühlan

Der Leiter, die Leiterin – zwischen Familie, beruflichen Aufgaben und geistlicher Berufung

Dieses Thema ist herausfordernd und sehr persönlich. Meine Frau und ich sind jetzt fast dreißig Jahre verheiratet – aber stets haben wir in der Zerreißprobe gestanden, wie Beruf, Engagement als Christ, der Ehepartner und unsere vielen Kinder (sieben leibliche und sechs angenommene) unter einen Hut zu bringen sind.

Ich, Eberhard, gehöre zu dem Menschentyp, der sehr gern arbeitet. Wenn ich sehe, dass ich ein Ziel erreichen kann und es vorangeht, bin ich glücklich. Da bei mir als Leiter des christlichen Werkes „Neues Leben für Familien" Beruf und geistliche Berufung zusammenfallen, weiß man eigentlich nie, wann Feierabend ist. Das hat dazu geführt, dass ich vor etwa zehn Jahren von einem schweren Herzinfarkt überrascht wurde und ein komplettes Jahr berufsunfähig war. In dieser Zeit fing ich an zu sortieren: „Was ist wirklich wichtig? Wie können Prioritäten richtig gesetzt werden?"

Im Nachdenken darüber habe ich viel dazugelernt, aber Patentantworten haben wir nicht. Dazu birgt das Leben zu viele Überraschungen. Wir haben festgestellt, dass man wohl sein ganzes Leben lang darum ringt, nichts und niemanden zu kurz kommen zu lassen.

Nachdem Eberhard wieder langsam auf die Beine kam, habe ich, Claudia, begonnen, vermehrt mit ihm zu reisen und Vorträge zu halten. Zunächst einmal, um auf ihn aufzupassen, da ich wirklich Angst hatte, dass er es bei seiner Arbeitsfreude wieder übertreiben würde. Aber der Hauptgrund war, dass meine aktive Mutterphase langsam auslief und ich mehr Freiräume für Neues bekam. Jetzt stehen wir zusammen in der Leitung: Das bedeutet sehr viele Sitzungen, sehr viel unterwegs sein zu Seminaren und zu Hause ein Büro mit viel Post und Seelsorge am Telefon. Jetzt stecken wir beide in der Spannung, Berufung und Familie unter einen Hut zu bekommen.

Ehe und Familie – ein Auslaufmodell?

Zunächst ein kleiner Exkurs. Andere Referenten haben bereits aus ihrer Sicht einen Ausblick in das 3. Jahrtausend gegeben – Wie werden Ehen und Familien in den nächsten Jahren abschneiden?

Dazu eine kleine statistische Gegenüberstellung: Während im Jahr 1950 die jährliche Scheidungsrate bei zehn Prozent lag, beträgt sie jetzt seit etwa dreißig Jahren konstant um die 34 Prozent (seit der Kulturrevolution der 68er-Studentengeneration). Laut den aktuellen Angaben des statistischen Bundesamtes haben die Ehescheidungen im Vergleich zum Vorjahr um sieben Prozent zugenommen und ist die Zahl der minderjährigen Scheidungskinder um knapp zehn Prozent gewachsen. Einige Soziologen prophezeien, dass aufgrund dieser Daten die momentane Scheidungswelle sich zu einer Scheidungslawine entwickeln wird. Denn Kinder, die in beziehungsgestörten Familien aufwachsen oder gar die Scheidung der Eltern miterleben, tun sich als Erwachsene schwer, dauerhafte Beziehungen einzugehen und aufrechtzuerhalten – das Fehlen guter Vorbilder, die seelischen Verletzungen und traumatischen Erfahrungen fordern ihren Tribut.

Trotzdem gibt es Grund zur Hoffnung. Wenn wir die zahlreichen Umfragen unter jungen Leuten studieren, stoßen wir auf ein Phänomen, das wir fast nicht einordnen können. Trotz der hohen Scheidungszahlen sagen über 80 Prozent: „Ich wünsche mir eine dauerhafte, partnerschaftliche Beziehung, und ich wünsche mir auch Kinder."

Die Sehnsucht nach Geborgenheit und Beziehungen ist in unserer Gesellschaft nach wie vor überwältigend – die jungen Leute wissen nur nicht, wie sie es verwirklichen können. In der Unternehmersprache gesprochen: Für unsere Firma „Neues Leben für Familien" gibt es nach wie vor einen großen Markt. Die Nachfrage ist da, wir müssen nur sehen, dass wir das Produkt gut einpacken und verkaufen, ohne die biblische Wahrheit zu verwässern.

Wie setzt man Prioritäten richtig?

Wir möchten zu unserer Kernfrage zurückkommen: Wie schafft es ein vielbeschäftiger Mensch, dass seine Familie nicht auf der Strecke bleibt? Viele von uns, die wie wir in pietistisch evangelikalen Kreisen aufgewachsen sind, kennen folgende Prioritätenliste:
Zuerst kommt
- die Beziehung zu Gott, dann
- der Ehepartner,
- die Kinder,
- der Beruf,
- die Gemeinde.

Jetzt könnte ein Pfarrer sofort einwenden: „Nein, nein, Eberhard, also das mit der Gemeinde an letzter Stelle, das gefällt mir nicht. Die sollte doch lieber gleich nach der Beziehung zu Gott kommen."

Oder, wenn man es nicht so radikal sieht, zumindest vor dem Beruf.

Für uns war diese hierarchische Gliederung noch nie besonders zufriedenstellend. Deshalb möchten wir eine andere Gliederung vorstellen:

Der Alltag kreist doch im Allgemeinen um Berufsleben, Kinder, Haushalt, gesellschaftliche Verpflichtungen, dem Hobby, Gemeindeaktivitäten und Freunde. Die Schwerpunkte bei Mann und Frau können sich unterscheiden – jeder hat seine eigenen Herausforderungen. Die Kunst besteht darin, jedem Bereich die Beachtung und Zeit zu schenken, die gerade benötigt werden. Es ist eine Illusion zu meinen, man müsse allen Bereichen stets die gleiche Beachtung und Zeit schenken. Da kommt man sich schnell vor wie der Hamster im Laufrad: Alles dreht sich, und man weiß nicht mehr, wie man jedem gerecht werden soll. Man hat den Eindruck, die Kinder kämen zu kurz, der Ehepartner würde mehr erwarten, der Chef sei nicht zufrieden, die Freunde meinten, man hätte nichts mehr für sie übrig, und der Gemeindepastor beäuge einen ohnehin immer kritischer ... Schließlich fühlt man sich ganz aus dem Gleichgewicht. Das sind die ersten Schritte zum Ausbrennen, zum viel gefürchteten Burn-Out. Man weiß einfach nicht mehr, wie man noch zurechtkommen soll. In der Klemme habe ich, Eberhard, vor zehn Jahren gesteckt.

Reflektieren Sie doch einmal einen Moment, wo bei den eben genannten Verantwortungsbereichen für Sie zur Zeit die größten Herausforderungen liegen. Wir werden uns da sehr unterscheiden: Bei dem einen kommen zur Zeit die Kinder zu kurz, bei dem anderen vielleicht die Freunde. Jemand anders muss jetzt unbedingt mehr in die Ehebeziehung investieren, ein anderer eine herausfordernde Berufsphase durchstehen. Kritisch wird es stets dann, wenn sich Probleme gleichzeitig in mehreren Bereichen ballen.

Der richtige Dreh- und Angelpunkt

„Wie komme ich jetzt nur zur Ruhe?" „Welche Entscheidung ist die richtige?" „Wie kann ich nur die Nerven behalten und die passenden Worte finden?"

Nur gut, wenn wir dann in unserer Beziehung zu Gott Ruhe finden, Kräfte sammeln und auf seine Ratschläge hören können. Wenn die persönliche Glaubensbeziehung zu Gott im Mittelpunkt steht und sich alle Lebensbereiche darum drehen, kann man lernen, jedem Bereich zur rechten Zeit die Aufmerksamkeit zu schenken, die ihm zusteht – und das auch noch mit göttlicher Weisheit und Agape-Liebe, die nur aus einer engen Lebensbeziehung zu Gott-Vater kommen können.

„Beziehung zu Gott" kann recht unterschiedlich aussehen. Für den einen bedeutet es vielleicht, morgens kurz zu beten, das Losungswort zu lesen, es auf den Küchenschrank zu legen und dann den Tagesgeschäften nachzugehen, bis man sich mit einem Nachtgebet wieder bei Gott meldet. Für uns bedeutet Beziehung zu Gott, ihn mit in den Alltag hineinzunehmen, möglichst den ganzen Tag mit Gott im Gespräch zu bleiben. Wann immer nur möglich, bemühen wir uns, den Tag mit gemeinsamem Gebet und Anbetung zu beginnen und während des Tages Jesus nicht zu vergessen, sondern stets vor Augen zu halten. Wenn wir z.B. im Auto unterwegs sind, dann lassen wir im Radio nicht irgendeinen Sender laufen, sondern legen eine Lobpreiskassette ein. Dabei malen wir uns Jesus vor Augen und besprechen mit ihm ganz locker den Tag, alles, was so anliegt. Man kann es auch beten nennen. Dabei bemühen wir uns, die anliegenden Verantwortungsbereiche zu sortieren. Der Bibelvers aus Römer 5,5 unterstreicht das eben Gesagte: „Gottes Liebe ist ausgegossen in unsere Herzen durch den Heiligen Geist, der uns gegeben worden ist."

Wie oft fehlt uns doch die Liebe – im Umgang mit den Kindern, dem Ehepartner, den Arbeitskollegen … Und hier steht die Verheißung, dass wir etwas von seiner Liebe geschenkt bekommen. In der Beziehung zu Gott liegt das Geheimnis! Diese Beziehung muss der Angelpunkt werden, um den sich alle anderen Lebensbereiche drehen.

Eine weitere Bibelstelle korrespondiert damit: „Da ist keine Verdammnis für die, die in Christus Jesus sind" (Römer 8,1).

Oft wird man ja von Menschen kritisiert, fühlt sich verurteilt oder herabgesetzt. Wenn man dann dieses Wort auf sich wirken lässt, kann man die Schulter wieder zurücknehmen und sagen: „Danke, Herr, dass du bei mir bist."

Ich muss nicht ständig mit Minderwertigkeitsgefühlen oder einem schlechten Gewissen herumlaufen. Ich kann meine Schuld zu Jesus bringen, Vergebung erfahren und dann in dem Bewusstsein leben, dass „keine Verdammnis für die besteht, die in Christus Jesus leben".

Wenn es darum geht, die richtigen Prioritäten zu setzen und gute Entscheidungen zu treffen, ist es ganz wichtig, sensibel für das Reden Gottes zu sein. In der Heiligen Schrift haben wir die Verheißung, dass Gott einen Lebensplan für uns hat und uns auf diesem Weg leiten möchte. Psalm 32,8 ist für uns existentiell wichtig geworden. Darin wird uns zugesprochen: „Ich werde dich unterweisen und dich leiten auf dem Weg, den du gehen sollst. Meine Augen auf dich richtend, will ich dich begleiten."

Diese Verse haben uns die Augen dafür geöffnet, dass es nicht egal ist, was wir mit unserem Leben anfangen, sondern dass Gott einen Weg für uns hat und uns mit seinen väterlichen Augen leiten will. Das kann einen wirklich sehr froh machen. Gott spricht auf vielfältige Weise zu uns, zum Beispiel durch sein Wort, die Bibel. Die meisten

Lebensentscheidungen können wir schwarz auf weiß vom Wort Gottes ableiten. Dazu ist es wichtig, die Bibel regelmäßig zu studieren und die Werte der Heiligen Schrift zu unseren eigenen zu machen. Gott redet auch durch unseren erneuerten Sinn. Dadurch, dass wir uns mit dem Wesen Gottes und seinem Wort befassen, bekommen wir Weisheit. Er leitet uns durch den Heiligen Geist, er spricht zu uns durch andere Menschen.

Das alles sind verschiedene Wege, aus der Beziehung zu Gott heraus hören zu können, was dran ist für unsere Verantwortung im Beruf, der Gemeinde, in der Gesellschaft und für die Familie. Wir haben im Laufe der Jahre gelernt, klarer auf diese Warnungen und Weisungen Gottes zu achten, so in der Art: „Eberhard, du übertreibst es mit deinem Dienst. Jetzt sind aber mal wieder deine Kinder dran. Nimm dir mehr Zeit für deine Familie."

Gott spricht so etwas einfach ins Herz hinein.

Ein gutes Eheteam kann viel bewegen!

Welcher Platz fällt in dem neuen Prioritäten-Modell dem Ehepartner zu?

Wie im überkommenen Modell kommt nach der Beziehung zu Gott die Beziehung zum Ehepartner, aber unser Modell stellt den Teamgedanken stärker heraus. Im Schöpfungsbericht der Bibel lesen wir: Gott schuf die Menschen und sagte zu beiden: „Macht euch die Erde untertan."

Weiter lesen wir: „Es ist nicht gut, dass der Mensch allein sei", er braucht ein Gegenüber, eine Ergänzung, ein Korrektiv.

Wenn Sie verheiratet sind, dann sind Sie einen Bund eingegangen, „ein Fleisch" geworden, wie die Bibel sagt – ein Team, das sich die Erde untertan machen soll. Sie können und dürfen Ihr Leben nicht mehr als zwei „Einzelkämpfer" führen, sondern müssen die Dynamik und die Kraft eines guten Eheteams entdecken.

Wird nicht einfach zu viel Energie mit Grabenkämpfen in der eigenen Ehebeziehung verpulvert? Gott hat Mann und Frau sehr unterschiedlich geschaffen – aber nicht, damit wir uns ständig gegenseitig auf die Nerven gehen und gegeneinander kämpfen, sondern dass wir uns in unserer Unterschiedlichkeit ergänzen und stärken. Das ist natürlich ein intensiver Lernprozess, in den man sich bewusst hineinbegeben muss. Wir können Sie nur ermutigen: Entdecken Sie Ihren Partner neu und lernen Sie, seine Schwächen mit Ihren Stärken zu kompensieren!

Wir beide sind als Ehepartner sehr unterschiedlich: nicht nur als Mann und Frau, sondern auch von unserer Persönlichkeitsstruktur, unserem Temperament, im Kommunikationsstil, in der Art, wie wir entspannen und unsere Freizeit gestalten wollen. Hätten wir uns nicht unter fachkundiger Anleitung aufgemacht, einander besser kennen zu lernen, nicht nur die Schwächen zu sehen, sondern auch die Stärken unserer Unterschiedlichkeit zu akzeptieren, hätten wir nicht immer wieder Vergebung, Versöhnung und Neuanfang praktiziert, wir wären ein schlechtes Team geworden und würden jetzt nicht das zusammen leisten, was wir mit Gottes Hilfe tun können.

Diese Beziehungsarbeit schafft man oftmals nicht allein; man braucht Anregungen und Hilfe von anderen. Gerade das ist das Anliegen unserer Familienarbeit: Ermutigung und Tipps mitzugeben, damit der Familienalltag gelingen kann und wir als Ehepaar ein gutes Team werden können. Viele besuchen Kurse, wie sie im beruflichen Leben besser vorankommen können und der Umgang in der Firma verbessert werden kann, aber wenn es um Kurse und Weiterbildung für das private Umfeld in Ehe und Familie geht, tritt oftmals ein Aussetzer auf, und man meint, das bekäme man schon irgendwie hin. Die ansteigenden Ehescheidungen zeigen aber deutlich, dass man nicht einfach unbedarft durch seine Ehe stolpern darf, sondern ständig an seiner Beziehung arbeiten muss.

Zwei Beziehungsebenen, die stimmen müssen!

Wir können jetzt nicht weiter ausführlich auf die verschiedenen Verantwortungsbereiche eingehen, die uns täglich umkreisen. Aber für uns haben wir eins festgestellt: Wenn unsere Beziehung zu Jesus vom Feuer der ersten Liebe geprägt ist und dann gleichzeitig noch die Beziehung zum Ehepartner von Wertschätzung, Freundschaft, Romantik und Erotik getragen ist, können wir mit den Heraus-

forderungen des Alltags ganz anders umgehen und besser Prioritäten setzen, als wenn es ausgerechnet in einem dieser zwei Bereiche kriselt. Können Sie das bestätigen?

Auch wir kennen „Wüstenzeiten" in der Nachfolge, wo der Griff nach der Bibel nur noch Routine ist. Man kommt nicht voran, schreit nach Gott und meint, er höre einen nicht. Wir kennen „Durststrecken" in unserer Ehe, wenn man sich wenig zu sagen hat, sich einer emotional zurückzieht und der Stress die Erotik zunichte macht. Zu solchen Zeiten kann der Alltag sehr hart werden.

Darum: Der Schlüssel für ein erfolgreiches Leben liegt in der lebendigen Beziehung zu Gott und zum Ehepartner! Prägen Sie sich dieses Schaubild ein, denn genau dazu möchten wir Sie ermutigen: Bringen Sie einfach wieder frischen Wind in die Beziehung zu Jesus und zum Ehepartner! Einige Ratschläge dazu haben Sie erhalten.

ZIELORIENTIERT LEITEN

Dr. Jörg Knoblauch

Fit werden – den „Kunden" entdecken
Kirche und Gemeinde als lernende Organisation

Eigentlich ist es unsere Herausforderung, die „Erwartungen des Kunden" jeden Sonntag neu zu erfüllen und zu übertreffen. Statt dessen werden unsere Gottesdienste eher von Routine und Langeweile geprägt. Im Gottesdienst, wie wir ihn heute kennen, stehen nicht die Bedürfnisse unserer Besucher im Mittelpunkt, sondern im Mittelpunkt steht das Produkt: der Gottesdienst. Im sogenannten I. Programm, also im typischen 10-Uhr-Gottesdienst, ist der Gottesdienst Ausgangspunkt aller Überlegungen. Im II. Programm, den neuen zielgruppenorientierten Gottesdiensten, stehen Menschen mit ihren Erwartungen und Bedürfnissen im Mittelpunkt.

Keine Frage, der 10-Uhr-Gottesdienst ist in die Krise geraten. Der „Kunde" verweigert sich einem Gottesdienst, der nicht kompromisslos seine Fragen und Bedürfnisse in den Mittelpunkt stellt. Nun sind wir dabei zu lernen, was es mit diesem „Kunden" auf sich hat. In Deutschland dürfte es derzeit etwa knapp 1000 regelmäßige „Zweitgottesdienste" geben – Gottesdienste, die man wirklich auf den Besucher ausgerichtet hat. Die Musik, die Ansprache und die Predigt müssen diesem Anspruch standhalten. Mittels Fragebögen wird regelmäßig das Interesse und die Zufriedenheit festgestellt. Außenstehende werden immer wieder mit der Frage konfrontiert: Falls Sie noch einmal in einen Gottesdienst gehen würden, wie müsste dieser aussehen?

1. Verschiedene Zonen der Fitness

Derzeit kann man in unserem Land die ganze Bandbreite an gemeindlicher Fitness entdecken.

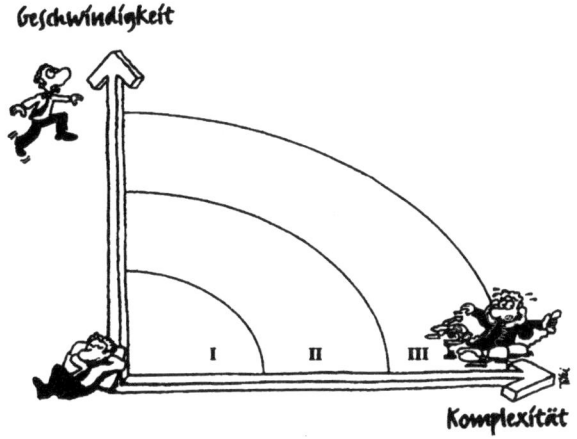

Fitness-Zone I

Es gibt den traditionellen Gottesdienst. Um 10 Uhr werden die Pforten geöffnet. Der Organist hat geübt, der Pfarrer ist vorbereitet, und auf dem Altar stehen frische Blumen. Also insgesamt nichts Verkehrtes. Trotzdem kommen nur einige wenige Besucher. Dieses nenne ich die Fitness-Zone I. Alles ist zumindest liturgisch richtig. Analysen über Mitglieder und Besucher wurden allerdings nicht gemacht. Dies ist auch nicht notwendig, denn schließlich ist dieser „Hauptgottesdienst" für alle da. Der Pfarrer „hält" den Gottesdienst, und so ist es auch gut. Zumindest wird es bei Fitness-Zone I so gesehen.

Fitness-Zone II

Die Fitness-Zone II ist anders geartet. Es herrscht eine andere Vorgehensweise. Diese Gemeinde liebt die Herausforderungen der Umwelt. Dass die Dinge nicht mehr so glatt laufen wie früher, ist für sie eine Herausforderung, das ganze Gottesdienstkonzept neu zu überdenken. Die Gemeinde in Zone II hat erkannt, dass es nicht nur darum geht, liturgisch und dogmatisch richtig zu agieren. Das ist schlicht die Basis. Auch die frischen Blumen und ein gut vorbereiteter Pfarrer werden vorausgesetzt. In Zone II hat man weitergehende Fragen beantwortet, wie beispielsweise:
- Welche Themen interessieren unsere Besucher?

- Welche Gottesdienstzeiten sind für sie passend?
- Welche Musik kommt bei ihnen an?
- Was sind ihre Wünsche, Sorgen und Nöte?

Möglicherweise werden Sie fragen, ob es denn noch mehr gibt als einen Gottesdienst, der den Kunden in den Mittelpunkt stellt. Nun, es genügt nicht, dass Besucher lediglich zufrieden sind. Wenn Gemeinde wachsen soll, braucht sie begeisterte Besucher, und damit sind wir bei der Fitness-Zone III.

Fitness-Zone III

Was eine Gemeinde braucht, sind nicht „zufriedene Besucher", sondern echte „Fans". Ein großer Prozentsatz der Besucher versteht sich als Mitarbeiter. Der Gottesdienst ist in der Regel nicht mehr einfach Gottesdienst, sondern eine „Celebration", eine Feier. Ob es das gibt? Ich muss gestehen, nicht sehr häufig, aber, jawohl, diese Gottesdienste gibt es. In meinem Buch „Gottesdienst à la Carte", das ich zusammen mit dem hauptamtlichen OASE-Mitarbeiter Heiko Bräuning geschrieben habe, wird eine Vielzahl solcher Gottesdienste vorgestellt. Es sind Gottesdienste, bei denen der Besucher nach eineinhalb Stunden nur noch eine Frage hat: Wann findet der nächste Gottesdienst statt? Es sind Gottesdienste, wo zwischen Gemein-

Zone I	Zone II	Zone III
Gottesdienst ist liturgisch richtig	Gottesdienst ist ansprechend und menschenorientert	Gottesdienst ist zielgruppenorientiert
Pfarrer machen sich keine Gedanken über Gottesdienstbesucher. Keine Analysen über Mitglieder und Besucher.	Pfarrer wissen genau, wie Kunden denken. Es ist bekannt, wer die regelmäßigen Besucher sind	„In den Gehirnwindungen des Kunden spazierengehen" und seinen innersten Erwartungen gerecht werden. Angebot von individuellen Schulungsprogrammen. Menschen werden angeleitet, ihre Gaben und Berufungen zu finden.
Pfarrer „hält" Gottesdienst (Einmannbetrieb)	Mitarbeiter werden für verschiedene Dienste eingesetzt (Begrüßung, Liturgie usw.)	Der Gottesdienst ist vollständig in den Händen von Mitarbeitern, die gabenorientiert eingesetzt sind.
Gemeinde macht, was vor die Füße gelegt ist	Gemeinde hat ein Leitbild entwickelt und konzentriert sich auf das, was ihrem Profil gemäß ist	Gemeinden mit klaren Zielen und Visionen, die auch der Basis einleuchtend und verpflichtend sind.

deleiter und Mitarbeitern eine Vereinbarung besteht: Wir, die Verantwortlichen, gestalten einen Gottesdienst, der so interessant ist, dass jeder mit gutem Gewissen Freunde und Arbeitskollegen mitbringen könnte. Keiner braucht sich auch nur eine Sekunde für diesen Gottesdienst zu entschuldigen. Jedermanns Aufgabe ist es, geistig suchende Menschen einzuladen und mitzubringen.

2. Der lange Weg vom Besuchsinteressent zum Erstbesucher, zum Stammbesucher und zum Mitarbeiter

Gemeinden mit der Fitness-Zone III wissen, dass die wenigsten Menschen nur einfach so zum Gottesdienst kommen. Bevor einer zum ersten Mal seinen Fuß über eine Kirchenschwelle setzt, ist sehr viel passiert. Zuerst einmal muss er von der Veranstaltung erfahren, also „Wissensinteressent" sein. Es braucht also ein einprägsames Logo, es braucht Presse, Plakate und vieles mehr.

Ein solcher Wissensinteressent wird in dem Moment zum „Besuchsinteressent", wo seine Bedürfnisse in irgendeiner Weise angesprochen werden. Da dies zuerst einmal nicht der Gottesdienst ist, braucht es spezielle Veranstaltungen, die ihm einen ersten Kontakt ermöglichen. Vielleicht ein Programm mit christlichen Künstlern im Zirkuszelt, vielleicht ein Malwettbewerb, vielleicht ein Kinder-Clown.

Hat jemand an einer solchen Veranstaltung Freude gefunden und vielleicht sogar Freunde kennengelernt, sind die Chancen gut, dass daraus ein „Erstbesucher" unseres Gottesdienstes wird. Der erste Besuch bleibt den meisten Menschen in guter Erinnerung. Möglichst unerkannt hat man sich im hinteren Teil des Raumes plaziert. Man hat sich fest vorgenommen, nichts zu unterschreiben, sich für nichts zu entscheiden und nichts zu kaufen. Wenn es zu bunt werden sollte, dann sitzt man immerhin in Türnähe und kann sich verabschieden. Man hat ja schließlich jede Menge Dinge zu tun.

Hat unser Besucher diesen Gottesdienst durchgehalten, besteht eine große Chance, dass er vom „Erstbesucher" zum „Stammbesucher" wird. Das passiert jedoch auch nicht von alleine. Natürlich muss der Besucher mit dem Evangelium in Berührung kommen, ihn wird das letztlich packen und verändern. Das ganze Drumherum jedoch werden wir immer wieder neu und geduldig erklären müssen. Wir werden uns nach seinen Bedürfnissen und Fragen erkundigen.

Aus einem solchen „Stammbesucher" wird im Laufe der Zeit ein „potentieller Mitarbeiter". Mit jedem dieser Schritte hat der Besucher andere Bedürfnisse. Während er am Anfang nach der Relevanz des christlichen Glaubens gefragt hat, beschäftigt ihn jetzt die Frage: Wo ist mein Platz, meine Aufgabe? Wie kann ich diesen Platz mit meinen Begabungen füllen? Welche geistigen Gaben habe ich?

Ist es nicht herrlich, was daraus werden kann, wenn wir uns bewusst eine andere Fitness zulegen und den „Kunden" entdecken? Gemeinde gewinnt an Fahrt und beginnt zu blühen!

Dr. Klaus Douglass

Wie wird aus der Zielgruppe Kirchendistanzierte eine „ganz normale" Gemeinde?*

Machen wir uns gleich am Anfang klar: Eine ganz „normale" Gemeinde wird aus dieser Gruppe nie werden. Zu groß ist der kulturelle Unterschied zwischen denen, die in kirchlichen Kreisen groß geworden sind und jenen, die sich außerhalb eines frommen Umfeldes entwickelt haben. Eine Gemeinde, die sich für Kirchendistanzierte öffnet und die diese Menschen mit dem Evangelium erreichen möchte, kann nicht nur erwarten, dass die Kirchendistanzierten sich ändern. Sie muss auch bereit sein, sich selbst auf einen erheblichen Veränderungsprozess einzulassen. Ob sie damit eine „ganz normale" Gemeinde bleibt, wage ich zu bezweifeln.

Von 40 auf 800 Besucher – die Geschichte der Andreas-Gemeinde in Niederhöchstadt

Lassen Sie mich zunächst im Zeitraffer die Geschichte unserer Gemeinde in den letzten zehn Jahren erzählen. Im August 1989

---

* Hinweis des Autors: Dieser Vortrag war eigentlich nicht für eine Veröffentlichung bestimmt, sondern wurde im Rahmen eines Workshops größtenteils frei gehalten. Das merkt man dem Ganzen, wenn man es jetzt schriftlich vor sich sieht, auch an. Der Grund, dass ich ihn dennoch zum Abdruck frei gebe, war die überaus positive Resonanz, die dieser Workshop bei denen gefunden hat, die daran teilgenommen haben. Hintergrund des Vortrags ist der sogenannte GoSpecial-Gottesdienst, den die Andreasgemeinde Niederhöchstadt einmal im Monat speziell für Kirchendistanzierte anbietet und der regelmäßig zwischen 600 und 800 Besucher aus dem gesamten Rhein-Main-Gebiet anzieht. Doch besagt die Tatsache, dass viele Menschen einen Gottesdienst besuchen, noch nicht viel. Die Frage stellt sich: Was muss man tun, damit sich diese Menschen auf den Weg mit Jesus einlassen? Anders gefragt: Wie wird aus der Zielgruppe Kirchendistanzierte eine ganz normale Gemeinde?

wurde ich Pfarrer der Andreasgemeinde in Niederhöchstadt, nachdem ich zuvor sechs Jahre in Frankfurt tätig gewesen war. Ich habe in der Andreasgemeinde etwas vorgefunden, was allgemein kirchlich sehr verbreitet ist: Wir hatten nämlich nur 30, maximal 40 Gottesdienstbesucher. Als ich meine Vorstellungspredigt hielt, kamen wirklich alle, um zu sehen, wer denn der neue Pfarrer werden soll: etwa 40 oder 45 Leute. Und der Altersschnitt lag zwischen 55 und 60 Jahren. Dass das Durchschnittsalter überhaupt so jung war, war bedingt durch die Pflichtkonfirmanden und drei Kirchenvorsteher, die ihren Dienst taten. Und ich dachte mir: „Mal sehen, was das wird!"

Mit meiner Frau ging ich nach dem Gottesdienst durch die Straßen, und wir sahen lauter Vorgärten, junge Familien, spielende Kinder, die Eltern grillten draußen. Ich dachte: „Das ist eigentlich die evangelische Klientel – wo ist die heute Vormittag gewesen?"

Wenn man eine solche Gemeindesituation vorfindet, überlegt man sich, was man machen kann. Damals bin ich auf einen Mann gestoßen, den ich sehr schätzen lernte: Christian Schwarz. Ich habe versucht, das, was er später in seinem Buch „Die natürliche Gemeindeentwicklung" darlegte (was er aber damals schon in Ansätzen anderweitig publiziert hatte), in die Tat umzusetzen und habe damit sehr gute Erfahrungen gemacht. Mein Schwergewicht lag dabei – meinen persönlichen Gaben entsprechend – auf der Durchführung von Glaubenskursen und auf der Verlebendigung des Gottesdienstes. Aus den Glaubenskursen haben sich dann die ersten Hauskreise entwickelt. 1993 zählten wir ungefähr 100 bis 120 Gottesdienstbesucher. Die Zahl hatte sich also rund verdreifacht.

Ich merkte aber: Hier war irgendwie eine Hürde. Die Zahl der Gottesdienstbesucher pendelte beständig bei 100, nahm einen Anlauf auf 120, ging wieder zurück auf 80. Und dann passierte nichts mehr. Wir standen vor einer unüberwindbaren Barriere. Ich lernte später, dass diese Zahl der Gottesdienstbesucher eine Art „Schallmauer" ist. Wenn Sie über 120 Gottesdienstbesucher haben, nimmt die Gemeinde einen neuen Charakter an. Wenn Sie zwischen 80 und 100 Leute im Gottesdienst haben, können Sie als Pastor die meisten mit Namen kennen, haben persönliche Beziehungen zu allen. Sie sind wirklich noch Pastor. Sie sind der Hirte, der die Schafe kennt und pflegt.

In dem Moment, wo Sie nennenswert über die Zahl von 120 hinauskommen, ist das nicht mehr möglich. Um über die 100er-Grenze hinauszukommen, müssen Sie als Pastor einen Beschluss fassen. Es ist der Beschluss, nicht mehr „für alle" da sein zu wollen, sondern „für das Ganze". Sie sind – um ein Bild C. Peter Wagners aufzugreifen – nicht mehr der Hirte, der für jedes einzelne Schaf da ist, sondern der „Rancher", der Verantwortung für das Gedeihen der Gemeinde als Ganzes trägt. Pastorale Begleitung ist auch innerhalb dieses Modells möglich und nötig, aber sie wird in aller Regel eben nicht von dem leitenden Pastor vorgenommen, sondern von anderen dafür begabten und dazu berufenen Gemeindegliedern.

Das bedeutet nicht nur eine erhebliche Veränderung im Berufsbild des Pastors – es ist auch ein Kulturschock für eine Gemeinde. Denn ab jenem Moment, in dem Sie mehr Leute im Gottesdienst haben, entscheiden Sie sich dafür, die Besucher nicht mehr so persönlich zu bedienen, wie Sie das vorher gemacht haben. Wenn Sie also versuchen, auf neue Leute zuzugehen, sie einzubinden, sie auch mal zu besuchen – wer leidet dann darunter? Diejenigen, die vorher da waren, die etablierten Gemeindemitglieder. So sehr sich viele vielleicht wünschen, dass ihre Gemeinde wächst, so wenig sind doch bereit, diesen Preis zu bezahlen.

So auch bei uns. Die Kerngemeinde war nicht sehr willens, sich zu öffnen und die Strukturen so zu ändern, dass die Gemeinde weiter wachsen kann. Sie wollten vom Pastor persönlich angesprochen, besucht, gekannt, gehegt und gepflegt werden. Und ich selbst glaubte auch, dass das meine Pflicht sei, wenn ich ein guter Pastor sein wollte. Und so ging es nicht voran. Jahrelang war die Gemeinde kontinuierlich gewachsen, auch Hauskreise hatten sich schon vervielfacht. Und dann ging ein Jahr lang nichts mehr.

Ich bin damals in die USA gereist und habe mir mehrere Gemeinden angeschaut, darunter auch die legendäre Willow-Creek-Gemeinde. Am meisten hat mich dort beeindruckt, mit welcher Konsequenz diese Leute eine Gemeinde für Kirchendistanzierte sein wollten, für Leute, die mit Gott, Glaube und Gemeinde nichts am Hut haben. Und sie waren auch bereit, den Preis dafür zu bezahlen. Und ich merkte immer stärker, dass dies auch mein eigentlicher Wunsch war.

Einige Strukturen, die ich in Willow Creek kennen gelernt hatte, habe ich versucht, auch bei uns in der Gemeinde einzuführen. So haben wir unserem Hauskreissystem eine ganz neue Wertigkeit gegeben. Früher waren wir eine Gemeinde mit fünf stolzen Hauskreisen, gab es doch in unserem Dekanat keine Gemeinde, die auch nur zwei Bibelkreise hatte. Nach dem Besuch in Willow Creek habe ich für unsere Gemeinde formuliert – und das ist auch vom Kirchenvorstand übernommen worden –: Wir wollen nicht eine Gemeinde sein, die einen Bibelkreis hat, wir wollen keine Gemeinde sein, die fünf hat, sondern: Wir wollen eine Gemeinde sein, die aus Hauskreisen besteht.

Der Qualitätssprung besteht darin, von einer Gemeinde, die Bibelkreise *hat,* zu einer Gemeinde zu werden, die aus Bibelkreisen *besteht.* Eine Gemeinde, das habe ich in Willow Creek gelernt, kann nur dann gesund quantitativ wachsen, wenn sie im Kleinen auch wächst, wenn es Zellen und verbindliche Strukturen gibt, in denen in die Tiefe gearbeitet werden kann. Wir haben unsere Kerngemeinde in lauter kleine lebendige Zellgruppen segmentiert, die miteinander vernetzt wurden. Wir haben einen Kreis der Kreisleiter angeboten, um ihnen Anschluss an Informationen und bestimmte Fortbildungen zu geben.

Eine weitere Anregung aus Willow Creek war die Idee des besucherorientierten Gottesdienstes. Wir haben eine deutsche Entsprechung dafür entwickelt, einen Gottesdienst, der nicht für die Kerngemeinde da ist, sondern gezielt Außenstehende anspricht. Das Ergebnis ist unser „GoSpecial". Ihn haben wir nach meinem USA-Besuch eingeführt, nachdem ich der Gemeinde meine Vision vorgestellt habe mit der Frage, ob sie dies auch so sieht.

Zwei Jahre lang haben die Schlüsselmitarbeiter – Kirchenvorsteher und Hauskreisleiter – dies diskutiert und durchdacht. Es war uns allen klar, dass eine Gemeinde sich ändert, wenn sie sich dermaßen auf Nichtchristen im Gottesdienst einlassen will. – Wenn Sie so etwas einführen wollen, dann stellen Sie sicher, dass Sie alle Schlüsselmitarbeiter mit an Bord haben. – Wir haben diese zwei Jahre wirklich gebraucht und ich kann mir gar nicht vorstellen, dass eine Gemeinde sich sehr viel schneller auf diesen Weg machen kann, ohne dafür einen hohen Preis zahlen zu müssen. Denn jedes Gespräch, das im Vorfeld geführt oder nicht geführt wird, hat Auswirkungen. Wenn Sie die Leute nicht vorher gewonnen haben, werden Sie das später teuer bezahlen. In dem Augenblick, in dem solch gravierende Änderungen vollzogen werden, gibt es so viel Kritik und so viele Belastungsproben, dass zahlreiche Mitarbeiter von Bord gehen werden. Wir haben in der Gemeinde versucht, ein Bewusstsein für Evangelisation zu wecken. Und in gewissen Maßen haben wir das auch tatsächlich geschafft.

Schnell wurde deutlich: Für diese Gottesdienste müssen wir einen ganz neuen Qualitätsstandard entwickeln. Wir müssen uns auf die Leute einstellen, die regelmäßig weltliche Angebote nutzen. Es ist einfach so, dass heute alles mit sehr viel mehr Liebe, Sorgfalt und Qualität hergestellt und vorgeführt wird als in der Kirche. Dinge, die man sich nirgendwo vorzuführen traut – in der Kirche tut man das. Wir waren uns bewusst, dass wir an Fernsehshows, an Schaufenstern, an den Qualitätsstandards, die die Leute Tag für Tag vor Augen haben, gemessen werden.

Ende 1995 haben wir dann mit unseren Gottesdiensten begonnen. Es gab im Vorfeld kritische Stimmen, ob es für so etwas überhaupt eine nennenswerte Nachfrage gäbe und ob so etwas außerhalb der USA funktionieren könne. Doch über solche Anfragen muss man freundlich, aber bestimmt hinweggehen. Hier in Deutschland gibt es sehr viel mehr Kirchendistanzierte als in den USA. Wenn es überhaupt eine Nachfrage für ein solches Modell gibt, dann hier. Und tatsächlich: Schon sehr bald mussten wir den Gottesdienst teilen, weil unser Gemeindezentrum zu klein war. Wir sind ins Bürgerzentrum ausgewichen, weil es 350 Erwachsene und noch dazu ein paar Kinder fasst. Mittlerweile führen wir „GoSpecial" dreimal hintereinander durch. Also scheint dieser Gottesdienst etwas zu sein, was die Leute wirklich anspricht.

Wir bieten verschiedene Gottesdienstformen in unserer Gemeinde an: morgens einen aufgelockert-traditionellen Gottesdienst, der sich am Gerüst der Liturgie orientiert, aber durchaus auch mit moderneren Elementen versehen ist, und um 17.30 Uhr einen modernen Gottesdienst. Wir haben einmal im Monat den „GoSpecial" für Kirchendistanzierte. Am selben Sonntag findet morgens ein sehr traditionell ausgerichteter Gottesdienst statt, der mitgetragen wird von einem ausgezeichneten Kirchenmusiker. Dieser Gottesdienst entspricht den Wünschen von 10,3 Prozent unserer Gemeindeglieder, während über 80 Prozent es sich moderner wünschen, wie wir aus einer Umfrage wissen. Beiden Richtungen wollen wir mit unseren differenzierten Angeboten gerecht werden. Außerdem treffen sich Menschen in etwa 18 bis 20 Hauskreisen. In unserer Gemeinde gibt es etwa 200 Mitarbeiter. Zum „GoSpecial" kommen etwa 600–800 Gottesdienstbesucher, an einem normalen Sonntag etwa 300. Die Gemeinde platzt aus allen Nähten.

Was tun, wenn eine Gemeinde wächst und wächst?

Was macht man, wenn eine Gemeinde wächst und wächst? Es gibt drei Möglichkeiten, von denen ich zwei für diskutabel halte.

Es gibt zum einen die Möglichkeit, eine Tochtergemeinde zu gründen. „Gemeindegründung" bzw. „Gemeindepflanzung" ist im Moment das große Modewort. Es gibt Muttergemeinden, die einen sucherorientierten Gottesdienst ins Leben gerufen haben, der sich dann verselbständigt hat zu einer eigenen Gemeinde. Das kann und sollte ein friedlicher Prozess sein, also keine Abspaltung, sondern die Geburt einer Tochterzelle.

Die zweite Möglichkeit ist, dass man zu einer großen Gemeinde zusammen wächst. Ich meide das Wort Megagemeinde.

Die dritte Möglichkeit, die ich jedoch für indiskutabel halte, die aber meist gewählt wird, besteht in dem – oft ausgesprochenen – Beschluss: Wir wachsen nicht mehr weiter. Das wird dann vielfach mit zahlreichen theologischen Argumenten begründet. Das Lob der kleinen Herde wird dann zitiert. Und dann gibt es Leute, die reden vom Wachstum der Krebszelle. Als ob nur die Krebszellen in der Natur wachsen würden! Es wächst doch alles – normalerweise sind Wachstum und Fruchtbarkeit ein Zeichen von Gesundheit in der Natur. Ich denke, entsprechend wird eine gesunde Gemeinde entweder wachsen oder fruchtbar werden. Damit stehen wir wieder vor der Alternative: Gemeindegründung oder Großgemeinde. Lassen Sie uns kurz über das Pro und Contra dieser beiden Möglichkeiten nachdenken:

Kleine Gemeinden sind flexibler, wendiger. Sie haben weniger Spannungsfelder, müssen weniger mit Kompromissen arbeiten. Feiern Sie mit 300 Leuten einen Gottesdienst – da werden die Bedürfnisse natürlich sehr viel breiter gestreut sein, als wenn Sie 30

Leute haben. Das ist das Problem großer Gemeinden. Eine Gemeindegründung dagegen hat auch eine enorme Signalwirkung an andere Gemeinden: Streift Ballast ab, Neuanfang ist möglich, hier wächst Frucht.

Was spricht hingegen für Wachstum? Das erste wird Sie vielleicht verwundern: Anonymität. Zumindest im großstädtischen Umfeld ist das manchmal durchaus ein Vorteil. Der Einzelne kann besser untertauchen. Er kann das Tempo selbst bestimmen, in dem er sich auf den christlichen Glauben einlässt. Keiner wird ihn bedrängen. Eine große Gemeinde hat außerdem auch mehr begabte Leute. Wenn Sie einen geeigneten Schlagzeuger oder Techniker suchen, haben Sie natürlich mehr Chancen, wenn Sie auf 500 Leute zurückgreifen können, als wenn Sie nur 50 Leute haben. Zudem ist die Außenwirkung enorm. Es spricht sich herum bei Nichtchristen wie bei Christen: Hier ist etwas, was sich bewegt.

Große Gemeinden können ein ungeheuer anziehendes und ermutigendes Signal sein. Kirchendistanzierte schauen sich das schon mal aus bloßer Neugierde an. Leute aus anderen Gemeinden werden gestärkt, in ihren Gemeinden das Gleiche zu tun.

Bei der Entscheidung: Großgemeinde oder Gemeindegründung gibt es kein allgemeines „richtig" oder „falsch". Beides sind legitime Wege. Ein gesunder Organismus wächst entweder oder wird fruchtbar. In manchen Fällen geschieht sogar beides. Wenn aber beides fehlt, stimmt irgendetwas nicht.

Ob Ihr Weg in die eine oder andere Richtung geht, können Sie sich aber nicht einfach aussuchen. Es ist die Frage, wie Gott Sie führt. Wie aber findet man das heraus? Ich sehe drei entscheidende Punkte:

Zunächst ist es ein spiritueller Prozess, herauszufinden, wie Gott führt. Das ist eine Frage der Vision und des Gebetes, der Kommunikation mit Gott, wobei man nicht nur alleine, sondern mit vielen Leuten zusammen fragt: Was ist dein Weg für uns?

Zweitens ist es ganz wichtig, dass man mit den Schlüsselmitarbeitern der Gemeinde darüber im Gespräch ist. Ich kann nicht sagen: Gott hat mir eine Vision geschickt, um dann den Rest der Mitarbeiter hinter mir lassen. Im Grunde muss man eine Vision gemeinsam entwickeln. Die Vision eines Einzelnen kann die Gemeinde auf Dauer nicht tragen.

Drittens sollte man auch fragen: Was hat Gott in der Vergangenheit in dieser Gemeinde gemacht? Wie hat er uns geführt? Was wird wohl dazu passen? Denn in aller Regel fängt Gott in einer Gemeinde, in der er schon vorher sichtbar gewirkt hat, nicht bei null an, sondern setzt dort an, wo er bisher in dieser Gemeinde gehandelt und geredet hat.

Das Ziel der Andreasgemeinde: Wachsen in vier Dimensionen

Wir als Andreasgemeinde sehen uns von Gott dahin geführt, eine große Gemeinde zu entwickeln. Wir wollen eine Art Mittelpunktgemeinde im Rhein-Main-Gebiet sein, die sich nach vier Dimensionen ausbreitet.

• Und zwar wollen wir nach *oben* hin wachsen, also zu Gott hin, durch eine attraktive, leidenschaftliche Spiritualität. Das ist ganz wichtig. Vor allem anderen wollen wir eine Gemeinde sein, die Jesus lieb hat und in der das gelebt wird.

• Nach *außen* hin wollen wir charakterisiert werden durch eine große Offenheit, vor allem für Kirchendistanzierte. Dietrich Bonhoeffer hat einmal gesagt: „Kirche ist nur Kirche, wenn sie Kirche für andere ist." Wir bejahen diesen Satz: Kirche ist kein Zweck in sich selbst, sondern ist dazu da, die Mission Jesu weiterzuführen.

• Die dritte Dimension richtet sich nach *innen:* Wir wollen durch liebevolle Beziehungen gekennzeichnet sein. Wir wollen als Gemeinde nicht so sehr eine Organisation, sondern vielmehr ein lebendiger Organismus sein mit vitalen, lebendigen Beziehungen.

• Die vierte Dimension richtet sich erneut nach *außen,* diesmal aber in den binnenkirchlichen Bereich: Wir wollen in die Kirche hineinwirken durch aktive Unterstützung anderer Gemeinden. Wir sind froh darüber, wie gut das klappt. Wir erleben kaum einen Tag, an dem nicht eine Anfrage, ein E-mail, ein Fax oder ein Telefonat aus anderen Gemeinden kommen.

Das sind unsere vier Dimensionen, die wir für uns herausgefunden und im Kirchenvorstand als Zielvorgabe für die nächsten Jahre festgelegt haben. In anderen Gemeinden kann das sicherlich ganz anders aussehen. Wir haben jedem dieser großen, langfristigen Ziele überdies konkrete, nachprüfbare Zwischenziele zugeordnet. Zu Ziel 4 beispielsweise haben wir formuliert, dass wir innerhalb von zwei Jahren ein Netzwerk von 100 Gemeinden aufbauen wollen, die wir in ihrer Arbeit begleiten und denen wir mit unserem Know-how helfen wollen. Natürlich arbeiten wir ständig an der Frage, welche Schritte wir heute gehen müssen, um in 2 oder 5 Jahren da zu sein, wo wir hinwollen (bzw. wovon wir denken, dass Gott uns da haben will). Wir setzen uns also nicht nur Ziele, sondern arbeiten auch Strategien aus, wie wir diese Ziele erreichen wollen.

Modelle und Prinzipien

Im Folgenden gilt es, zwei Dinge zu unterscheiden, nämlich Modelle und Prinzipien. Diese Unterscheidung habe ich von Christian Schwarz übernommen. Als *Modelle* werden Konzepte bezeichnet, mit denen einzelne Gemeinden in der Vergangenheit bereits gute Erfahrungen gemacht haben. *Prinzipien* sind hingegen grundlegende Aussagen, die für alle Gemeinden auf der ganzen Welt ihre Gültigkeit haben. Wenn also der koreanische Prediger Paul Yonggi Cho mit seinem Gebetsberg gute Erfahrungen macht und Sie sich den nächstgelegenen Weinberg kaufen und die Leute morgens zum Gebet hinschicken, ist das noch keine Garantie, dass Ihre Gemeinde wachsen wird. Warum? Weil man Modelle nicht mit Prinzipien verwechseln darf. Der Gebetsberg ist ein Modell, das dahinter stehende Prinzip ist Gebet bzw. die leidenschaftliche Spiritualität. Ohne Gebet wird Ihre Gemeinde ganz sicher nicht dauerhaft wachsen. Auf einen Gebetsberg können Sie unter Umständen aber durchaus verzichten.

Ein anderes Beispiel: Der sucherorientierte Gottesdienst von Willow Creek ist ein Modell, mit dem wir in Niederhöchstadt gute Erfahrungen gemacht haben. Andere Gemeinden aber haben schlechte Erfahrungen damit gemacht. Nur 4 Prozent aller wachsenden Gemeinden haben sucherorientierte Gottesdienste. Das heißt, 96 Prozent der wachsenden (!) Gemeinden wachsen, obwohl sie von so etwas wie sucherorientierten Gottesdiensten vielleicht noch nie gehört haben. Sie haben andere Möglichkeiten gefunden, einen Zugang zu Nichtchristen zu finden und sie mit dem Evangelium in Berührung zu bringen. Das Prinzip „Evangelisation" ist also strikt von der Evangelisationsmethode oder von Evangelisationsmodellen zu trennen, mittels derer dieses Prinzip im Einzelfall in die Praxis umgesetzt wird.

Modelle dürfen ganz offensichtlich nicht verabsolutiert werden, obwohl dies in der christlichen Szene häufig geschieht. Als Berufseinsteiger habe ich viele Gemeindeaufbaubücher gelesen. Alle Bücher enthielten Rezepte für den absolut funktionierenden Gemeindeaufbau. Doch problematischerweise widersprachen sich zahlreiche Bücher in ihren Tipps. Und da fängt man schon an zu grübeln. Das Problem war, dass hier oft Modelle den Anspruch erhoben, prinzipielle Gültigkeit zu besitzen. Und das darf man nicht machen. Ein Modell darf nicht mit einem Allgemeingültigkeitsanspruch auftreten. Also: Es wäre völlig falsch verstanden, wenn irgendjemand das Modell unserer Gemeindearbeit in Niederhöchstadt 1:1 übertragen wollte auf die eigene Gemeinde. Wenn Sie es so machen wie wir, machen Sie mit Sicherheit etwas falsch. Versuchen Sie lieber, Prinzipien zu erkennen und diese Prinzipien in Ihr kulturelles Umfeld, in Ihr Dorf oder Ihre Großstadt zu übertragen. Lernen Sie von den Prinzipien, die hinter den Modellen stehen.

Die Idee hinter „GoSpecial"

Kommen wir langsam zurück zu unserer Frage: Wie wird aus einer Zielgruppe eine ganz normale Gemeinde? Unser Kirchenvorstand hatte wenige Tage vor der Einführung von „GoSpecial" gesagt: „GoSpecial" soll kein Alternativgottesdienst sein, sondern ein Gottesdienst, der auf eine andere Zielgruppe ausgerichtet ist, nämlich auf Kirchen- und Glaubensdistanzierte. Damit wird eine Spaltung der gottesdienstlichen Gemeinde vermieden. Jedes Kerngemeindemitglied, das den „GoSpecial" besucht, kommt in der Regel auch morgens – aber es bringt abends seine nichtchristlichen Freunde mit.

Aber wenn 40 Prozent der Menschen, die an „GoSpecial" teilnehmen, wirklich kirchendistanziert sind, und weitere 40 Prozent aus anderen Gemeinden oder aus anderen Orten kommen – entsteht hier nicht doch so etwas wie eine neue, eigene Gemeinde neben der traditionellen Ortsgemeinde – schon alleine deswegen, weil von den Mitarbeitern über die Hälfte gar nicht aus dem eigenen Ort kommt? Entwickelt sich da nicht ein Konfliktpotential?

Um diese Fragen beantworten zu können, hilft ein Blick auf unsere „GoSpecial"-Philosophie. Diese besagt:

„Wir wollen einen Raum schaffen für kirchendistanzierte Menschen, in dem sie sich in entspannter Atmosphäre mit Gott und Kirche so auseinander setzen können, dass ihre Vorurteile und Ängste abgebaut werden und sie Interesse bekommen, Gott persönlich kennen zu lernen und in Gemeinschaft mit Christen zu leben."

Um es ganz deutlich zu sagen: Wir haben „GoSpecial" nicht entwickelt, um die Leute zu unterhalten oder um die Mitgliederzahl zu stabilisieren. Wir wollen, dass Menschen von der lebensverändernden, guten Nachricht angesteckt werden. Das ist einer der Gründe, warum wir uns bei der Predigt sehr viel Mühe geben. Wir wollen aufzeigen, dass Gott Relevanz hat für das Leben.

Natürlich soll Kirche attraktiv sein. Nicht in dem Sinn, dass sie dem Menschen nach dem Mund redet – aber indem sie deutlich macht, dass sie die Antwort hat auf Fragen, die die Menschen bewegen. Es geht also nicht etwa darum, das Wort vom Kreuz zu verschweigen, sondern um aufzuzeigen: Hier findest du etwas, was wirklich in deine Seele, in dein Leben hineinspricht. Das meinen wir mit Attraktivität. Nicht, dass wir den Leuten nach dem Mund reden. Wir versuchen ihre Sprache zu sprechen, ihr Interesse zu wecken, ihnen auf der Ebene ihres Lebensgefühls zu begegnen. Aber wir haben dabei nicht vergessen, was wir mit alledem eigentlich sagen und zum Ausdruck bringen wollen: Und das ist die Botschaft von der lebensdurchdringenden und lebensverändernden Liebe Gottes.

Die Strategie von GoSpecial

Wir haben unser Ziel noch nicht erreicht, wenn die Leute Interesse bekommen und neu über Glauben nachgedacht haben. Wir wollen letztlich, dass aus kirchendistanzierten Menschen engagierte Nachfolger Jesu werden, die sich das biblische Lebenskonzept zu Eigen machen. Dazu benutzen wir die sogenannte AIDA-Strategie. Wir wollen bei unserer Zielgruppe **A**ufmerksamkeit erlangen, um sie dann über die gute Nachricht von Gott so zu **I**nformieren, dass sich die Botschaft **d**urchsetzt und Menschen in **A**ktion bringt.

Wie sieht das für „GoSpecial" aus? Aufmerksamkeit erlangen wir über persönliche Beziehungen zu Freunden und Nachbarn, über Pressearbeit, kreative Einladungsaktionen und Interviews mit VIPs in den Gottesdiensten. Ganz wichtig sind die persönlichen Beziehungen, auch in unserer Gemeinde, die mittlerweile über Presse, Hörfunk und TV bekannt geworden ist.

Dann ist Pressearbeit wichtig. Wir haben zwei Leute, die Pressearbeit bei uns machen.

Wir haben in unseren Gottesdiensten interessante Interviews. Unseren Bürgermeister haben wir regelmäßig da. Und dann steht in der Presse: „Bürgermeister musste sich im Gottesdienst kritischen Fragen stellen."

Wir werden immer wieder gefragt, warum so viele Menschen zu „GoSpecial" kommen. In diesem ersten Schritt liegt ein Schlüssel: Wir entwickeln eine Menge kreativer Ideen einfach nur, um die Aufmerksamkeit unserer Zielgruppe auf diesen Gottesdienst zu lenken. Um das Interesse zu wecken, doch mal bei uns vorbeizuschauen, investieren wir viel Zeit und Phantasie. Zu Weihnachten haben wir eine inzwischen klassische Aktion: Morgens um sechs Uhr stehen einige Leute an der S-Bahn-Station und verteilen Nikoläuse mit einer kleinen „GoSpecial"-Einladung dran – nur um das Interesse zu wecken.

Wie informieren wir? Der monatliche „GoSpecial" informiert über Gott, baut Vorurteile ab und weckt Interesse für Gott und die Gemeinde. Menschen, die mehr wollen, werden jetzt auf die weiterführenden Angebote der Gemeinde hingewiesen. Der monatliche „GoSpecial" hat zunächst die Aufgabe zu informieren. Es ist keine Evangelisation im klassischen Sinn. Hier werden wir oft missverstanden. Häufig kommt die Frage: Wo blieb der Aufruf zur Entscheidung? Den starten wir hier bewusst nicht. Es ist nicht das Ziel, die Leute zur Bekehrung zu bringen, nicht im „GoSpecial". Es ist eine sehr effektive Form der Vorarbeit zur Evangelisation.

In der Praxis heißt dies, dass sich kaum Menschen in einem

„GoSpecial" bekehren, und das ist gut so und auch ein Stück weit beabsichtigt. „GoSpecial" will informieren, Vorurteile abbauen und Hunger schaffen nach mehr. Alle anderen Erwartungen wären eine Überfrachtung dieses Gottesdienstes. Denn die allerwenigsten Menschen werden innerhalb von 75 Minuten in der Lage sein, eine grundlegende Wendung in ihrem Leben herbeizuführen. Es wäre eine schlechte Politik, auf diese paar Ausnahmen, die es tatsächlich gibt, alles abzuzielen. Geistliche Prozesse brauchen Zeit. Und im „GoSpecial" geben wir den Besuchern die Möglichkeit, ohne irgendeinen Druck ihr eigenes Tempo, ihre eigene Geschwindigkeit zu bestimmen. Sich dessen bewusst zu sein, dass wir keine Evangelisation veranstalten, bewahrt vor einem falschen geistlichen Stress.

Uns sind die flankierenden Maßnahmen für die nun informierten und vielleicht interessierten Menschen wichtig. Jetzt geht es ums Durchsetzen der guten Nachricht. Ein entscheidender Ansatzpunkt ist bei uns der Glaubenskurs, weil man in einem Glaubenskurs mit den wenigen Teilnehmern ganz intensiv ins Gespräch kommen kann. Glaubenskurse waren bei uns der Ausgangspunkt aller Hauskreise, die wir mittlerweile in unserer Gemeinde haben. Die Glaubenskurse, die wir benutzen, haben wir in der Regel selbst entwickelt. Mein eigener ist mittlerweile auch publiziert in dem Buch: „Glaube hat Gründe."

Bitte beachten Sie: Glaubenskurse sind ein Modell, das jedoch in erstaunlich vielen Gemeinden funktioniert. Deshalb will ich es gerne empfehlen, gerade im Großstadtbereich. Es gibt viele Leute, die sich für ein überschaubares Angebot von sechs oder acht Wochen verpflichten.

Das bloße Wecken von Interesse ist noch kein Endzweck, sondern jetzt muss, wie Paulus sagt, aus der Milch feste Nahrung werden. Der Sprung vom „GoSpecial" mit Rockmusik und moderner Sprache, Pantomime, Anspiel und Interview hin zu einem normalen, traditionellen Gottesdienst ist relativ groß. Die Leute kommen nun in einen ganz normalen Gottesdienst und fragen sich, ob sie „im falschen Film gelandet" sind. „Ist das die gleiche Gemeinde, wo ich angefangen habe, Hunger zu bekommen?"

Konsequenterweise muss also auch am normalen Gottesdienst etwas geändert werden. Wir haben das zunächst über die auflockernden Elemente im Gottesdienst gemacht. In meinem Buch „Gottes

Liebe feiern" habe ich viele Schritte beschrieben, wie aus einem normalen Leben ein gottesdienstliches Leben werden kann. Die Lebendigkeit des Gottesdienstes hängt davon ab, dass die Gemeindemitglieder selbst von Montag bis Samstag Gottesdienst leben.

Die Brücke für durch „GoSpecial" interessierte Leute ist unser moderner Abendgottesdienst, der mittlerweile auch überquillt. Unser moderner Gottesdienst am Abend entstand übrigens aufgrund einer Umfrage. Knapp 40 Prozent gaben an, sie würden gerne einen rein modernen Gottesdienst haben, über 50 Prozent bevorzugten einen aufgelockert-traditionellen Gottesdienst. Etwa 10 Prozent wollten ein rein traditionelles Angebot. Deshalb haben wir ein modernes Angebot geschaffen mit dem Ergebnis, dass sich der Anteil der Gottesdienstbesucher auch schlagartig um 50 Prozent erhöht hat, von 200 auf knapp 300 Besucher.

Eine weitere Brücke ist das sogenannte „Oktoberfest". In anderen Gemeinden würde man das vermutlich Evangelisation nennen. Nur: Wenn irgendwo der Begriff Evangelisation fällt, können Sie sicher sein, dass für so etwas nur Leute interessiert werden, die Evangelisation nicht nötig haben. „Oktoberfest" spricht schon vom Begriff her eine ganz andere Zielgruppe an.

Dann haben wir ein Märzfest. Hier geht es um die Kerngemeinde, um Spiritualität. „Go-on Special" ist ein sucherorientierter Hauskreis, den wir zusätzlich anbieten. Projektartig über sechs Wochen werden die Leute über Material an den Glauben herangeführt.

Dann bieten wir sehr gezielt auf bestimmte Bedürfnisse abgestimmte Seminare an, vom Nähkurs bis hin zum Akrobatik-Kurs für Anfänger, D.I.E.N.S.T.-Seminare, Gabenfindungsseminare, eine „Reise durchs Alte Testament", Fasten und Schweigen – die Themen sind sehr vielfältig. Die erstaunlichste Veranstaltung war ein Tanzkurs. Da merkten die Besucher: Das sind ja ganz normale Leute. Seitdem besuchen einige „Tänzer" unseren ganz normalen Gottesdienst.

Wenn Menschen Gott kennen lernen, verändert sich ihr Leben. Der Maßstab ist für uns Lebensveränderung, nicht irgendwelche Bekehrungsziffern, die sehr zweideutig sind. Es gibt viele Leute, die haben sich bekehrt, und dann ist nichts erfolgt. Ich kenne andererseits viele Leute, da hat sich das Leben radikal geändert, obwohl sie nicht auf ein Bekehrungserlebnis zurückschauen können. Aber wenn sie Gott kennen lernen, dann verändert sich ihr Leben. Sie verlassen die Zuschauerbank und treten in Aktion. Dass Menschen in Aktion treten heißt in unserem Zusammenhang, dass sie zu mündigen Christen werden, die ihre Berufung zum heiligen Priestertum wahrnehmen, dass sie die Gesellschaft, in der sie leben, verändern.

Das Ziel aller Gemeindearbeit muss sein, Menschen dazu zu verhelfen, dass sie ein ganzheitliches Christentum leben können, das fünf Aspekte umfasst:

1. Gott kennen lernen (= Evangelisation)
2. Miteinander leben (= Gemeinschaft)
3. Im Glauben wachsen (= Jüngerschaft)
4. Für andere da sein (= Dienst)
5. Gott von ganzem Herzen lieben (= Spiritualität)

Dass Menschen diesen Weg gehen, passiert nicht aus Zufall. Vielmehr muss die Gemeinde für jedes dieser fünf Ziele Hilfen bereit stellen, dass Menschen das Christsein in seiner Fülle und Ganzheit ausloten und sich nicht mit irgendwelchen Verkürzungen zufrieden geben (also nur Evangelisation oder nur Lobpreis oder nur soziales Engagement).

Mit Nichtchristen zusammenarbeiten

Wir binden bewusst Leute in die Mitarbeit ein, die keine Christen sind. Hier unterscheiden wir uns von der „reinen Lehre" von Willow Creek. Aus drei Gründen gehen wir anders vor:

Erstens: Wenn wir Nichtchristen in unser Team aufnehmen, profitieren wir davon enorm. Wir verlieren den Kontakt zu der Welt, mit der wir eigentlich ins Gespräch kommen wollen, nicht so schnell. Wenn Sie nur im „frommen Klüngel" sind, verlieren Sie schnell die Bodenhaftung. Die Nichtchristen holen Sie sofort wieder herunter.

Ich habe zweitens den Eindruck, dass sich das kirchendistanzierte Publikum viel leichter mit den Angeboten identifiziert, wenn vorne nicht nur gestandene, manchmal ein wenig abgestandene Christen stehen, sondern auch Leute von ihresgleichen.

Drittens schätzen unsere nichtchristlichen Mitarbeiter die Zusammenarbeit und die Gemeinschaft in einem Team, das aus Christen und Nichtchristen zusammengesetzt ist. Sie werden ständig mit christlichen Themen konfrontiert und kommen so in vielen Fällen Gott näher. Viele dieser ehemals nichtchristlichen Mitarbeiter sind inzwischen längst Christen geworden. Wir nennen das „Evangelisation durch Wertschätzung". Wir legen Wert auf die Mitarbeiter als Menschen. Ziele und biblische Inhalte werden aber nicht verhandelt.

Der Kirchenvater Cyprian wurde einmal gefragt: „Was würdest du machen, um einen Menschen zum Glauben zu führen?", und er antwortete: „Ich würde ihn für eine Weile bei mir zu Hause wohnen lassen."

Wo Christen ihren Glauben wirklich leben, mit Nichtchristen zusammen ihre Zeit verbringen, da spüren die Menschen die Kräfte des Heiligen Geistes am eigenen Leib.

Die Referenzgeschichte für diese Vorgehensweise finden wir in Lukas 5, wo Jesus einen ihm bis dahin unbekannten Fischer namens Petrus in die Mitarbeit einbezieht. Er bittet ihn, ein Stück vom Land wegzufahren, damit die Leute ihn besser sehen und hören können. Er benutzt den Nichtchristen Petrus also sozusagen, um „den Sound und das Licht zu regeln". Und darüber kommt Petrus zum Glauben. Wir in Niederhöchstadt bedienen uns der gleichen Vorgehensweise.

Gemeindeerneuerung braucht ein Konzept

Was soll das Ganze? Bei „GoSpecial" geht es nicht um eine Gottesdienstreform. Moderne Gottesdienste gibt es schon seit Jahrzehnten – erinnern Sie sich an die 60er und 70er-Jahre mit den Rock- und Beatmessen. Diese ganzen Impulse sind alle irgendwie ausgelaufen und haben nicht durchgehalten. Und zwar aus zwei Gründen: Da ist zum einen die sicherlich oft sehr schwachbrüstige Theologie, die hinter diesen Gottesdienstkonzepten stand. Über ein „Piep-piep-piep – Gott hat uns alle lieb" ging das oft nicht hinaus. Das andere ist, dass hinter diesen Gottesdiensten meist kein klares Konzept von Gemeinde und Gemeindereform stand. Sie waren einfach irgendwelche vom restlichen Gemeindeleben isolierte Veranstaltungen. Nicht Jazz und Beat, sondern das fehlende missionarische

Grundkonzept führten dazu, dass diese Gottesdienste fast samt und sonders im Lauf der Jahre untergegangen sind. Auch Gottesdienste für Kirchendistanzierte werden nur eine Episode und Modeerscheinung bleiben, wenn wir nicht peinlichst darauf achten, dass wir ein stringentes Gesamtkonzept haben.

Es geht uns nicht um eine bloße Gottesdienstreform, sondern um missionarischen Gemeindeaufbau und eine ganzheitliche, nachhaltige, natürliche Gemeindeentwicklung. Alle Versuche mit neuen Gottesdienstformen können Sie unberücksichtigt lassen, wenn dahinter nicht ein klares Konzept von Gemeinde steht, wenn Ihren Schlüsselmitarbeitern nicht deutlich ist, wo Sie letztlich hinwollen. „Einfach mal so" einen zielgruppenorientierten Gottesdienst durchzuführen, wird keine dauerhaften Früchte tragen. Selbst wenn es ein paar Leute gibt, die ganz begeistert hinter dieser Arbeit stehen – es wird scheitern. Fangen Sie nicht an ohne eine gesunde Gemeindephilosophie im Hintergrund, ohne ein klares Konzept vor Augen.

Zielgruppenorientierte Gottesdienste gehören zu den lohnendsten Sachen, die Sie sich vorstellen können, um wirklich Erneuerung in Ihre Gemeinde zu bringen. Aber es wird nur gelingen, wenn Sie die Kosten vorher überschlagen und wenn Sie eine klare Vision haben, wohin Sie letztendlich wollen.

GEMEINDE LEITEN DURCH ORGANISATION

Karl Schock

Qualität und Effizienz in der Gemeindearbeit

Neben der geistlichen Zielsetzung einer Gemeinde sollte die Leiterschaft Effizienz- und Qualitätsmaßstäbe haben, nach denen die Gemeindearbeit intern und gegenüber der Öffentlichkeit durchgeführt und beurteilt wird. Das Streben nach Perfektion soll aber „Kundenanforderungen" weder übererfüllen noch sie unbefriedigt lassen. Es kommt darauf an, die echten Bedürfnisse der Gemeindebesucher und -mitglieder zu erkennen.

1. Effizienz- und qualitätsbewusste Gemeindearbeit

Ich bin überzeugt davon, dass die Qualität der Verkündigung sowie die Zielstrebigkeit, Freundlichkeit und das Engagement der Leiter und Mitarbeiter darüber entscheidet, ob und wie eine Gemeinde quantitativ und qualitativ vorangeht. Hier wiederum bestimmt zunächst der Hirte, was Sache ist. Im Schwäbischen sagt man: „Wie d'r Herr, so's Gscherr", will sagen: Wie der Bauer, so sein Hof und sein Ertrag. Leider sind in dieser Hinsicht vorbildliche Leiter und Gemeinden dünn gesät, und auch Literatur darüber.

Viele haben hier Skrupel: „In der Gemeinde Gottes nutzen doch keine menschlichen Qualitätsmanagement-Methoden, da muss doch alles der Herr wirken."

Dies stimmt in gewisser Hinsicht! Der Bauer kann auch kein Hälmchen aus eigener Kraft wachsen lassen oder am Wetter etwas ändern. Aber ordentlich ackern kann er, das Feld pünktlich bestellen, guten Samen zur richtigen Zeit säen und für optimale Düngung sorgen. Auch seine Geräte und den ganzen Hof kann er ordnungsgemäß und effizient bedienen. Und bei einem großen Hof, wo er nicht mehr alles selbst machen kann, muss er entsprechende Ordnungen, Regeln und Anweisungen den Verwaltern und Helfern geben, diese ständig gut motivieren und beaufsichtigen sowie Prioritäten setzen.

Nein, lassen wir uns doch nichts vormachen: Diejenigen Gemeinden, bei denen der Weinberg Gottes von den Leitern und Arbeitern lässig, uneffizient, ohne klares Ziel und mit wenig Knowhow bestellt wird, verzeichnen erfahrungsgemäß, wenn überhaupt, nur einen sehr kleinen Fortschritt, der dem katastrophalen geistlichen und moralischen Zustand unserer immer gottloser werdenden Gesellschaft in keiner Weise angemessen ist.

Warum betreiben die meisten Gemeindeglieder den eigenen Schrebergarten, Handwerksbetrieb oder die eigene Wohnung mit sehr viel mehr Einfallsreichtum, Zielstrebigkeit und Qualitätsverantwortung als ihre Kirchengemeinde? Von der sagen sie doch, sie sei „Gottes Eigentum" und Gott habe sie als Arbeiter dort hineingestellt? Dort müssten sie es doch noch viel verantwortungsvoller machen als bei sich Zuhause. Welcher Gemeindeleiter, Chorleiter, Hauskreisleiter klagt nicht über Schlamperei, Verantwortungslosigkeit und Unzuverlässigkeit seiner Gemeindeglieder.

Aber wenn der „Hof" die Arbeitsauffassung und -methoden des Bauern widerspiegelt, dann muss die Erziehung zum Effizienz- und Qualitätsbewusstsein zuerst bei ihm ansetzen.

2. Was heißt Effizienz in der Gemeindearbeit?

Im Wirtschaftsleben, wo der Begriff meist verwendet wird, hat Effizienz einen mehr profiterheischenden Sinn von *sich lohnend*. Im Angelsächsischen (efficiency und efficient) hingegen wird er sehr oft im übertragenen Sinn positiv gebraucht. So möchte ich ihn auch hier verstanden wissen. Effizieren heißt *etwas bewirken*. Effizient arbeiten heißt, mit haushalterischem Aufwand das angestrebte Ziel best- und schnellstmöglich zu bewirken. Beim Ziel einer Gemeindearbeit geht es bei Effizienzsteigerung nicht um kurzfristigen, nur zahlenmäßig lohnenden Erfolg, sondern letztlich um die größte Aufgabe schlechthin, möglichst viele Menschen von den Hecken und Zäunen zu Gottes Haus- und Tischgemeinschaft einzuladen und sie zu Christi Jüngern zu machen.

Ein Teil der nachfolgenden Gedanken stammt aus Denkmodellen

der modernen industriellen Qualitätssicherung, Arbeitsstrukturierung und Führung. Dort weiß man mittlerweile, dass Unternehmensleiter mit Zielstrebigkeit und gutem Beispiel vorangehen müssen, wenn ein Bewusstsein für Qualität und Effizienz sich auf den unteren Rängen ausbreiten soll. Ich scheue mich nicht, diese Grundsätze hier teilweise in das Gemeindemanagement zu übertragen, weil sie Wahrheiten beinhalten, die für alle Leistungsgemeinschaften gelten. – Das heißt, wo immer Menschen unter einer Leitung gemeinsam ein vorgegebenes Ziel erreichen wollen. Dieses Denken in Qualitätsmaßstäben half mir in der Gemeindearbeit sehr, meine Handlungskriterien kritisch zu hinterfragen, um Führungs- und Arbeitsmethoden schrittweise zu verbessern.

3. Qualitätsanforderungen an Gemeindedienstleistungen

In der modernen Leistungswelt wird definiert: „Qualität ist die Befriedigung von Kundenanforderungen an eine Ware oder Dienstleistung." Sie ist also immer relativ zu den Erwartungen. Will sagen: Für den einen ist etwas sehr gut, was für den andern schlecht ist, je nachdem, welche Ansprüche er stellt. Unsere „Kunden"-Zielgruppe bestimmt bewusst oder unbewusst, was sie an Qualität der gemeindlichen Dienstleistung erwarten. Dazu gehört auch, auf welche Art und Weise ihre tiefsten seelischen und Sinnerfüllungs-Erwartungen und -Bedürfnisse befriedigt werden. Das bestimmt sehr stark, wie gern sie in die Gemeinde kommen und dann auch gewillt sind, sich einzusetzen.

Jetzt mögen einige sagen, es ginge doch in der Gemeinde um die „Botschaft des Kreuzes, die ein Ärgernis den Juden und eine Torheit den Griechen sei", und nicht darum, den Leuten schönzureden, damit sie in Scharen kommen. Doch die Erlösungsbotschaft vom Kreuz und die Gemeinschaft der Heiligen untereinander in Liebe, Annahme und Vergebung befriedigt ja gerade die verborgensten Herzensbedürfnisse der Menschen am besten. Sie macht Menschen zutiefst glücklich und schenkt ihnen Lebenssinn.

Im Umkehrschluss kann man aber auch sagen: Jeder Perfektionismus, der unnötigerweise mehr machen will als überhaupt von den Leuten erwartet wird, jede Übererfüllung der Anforderungen und Erwartungen unserer Zielgruppe ist uneffizient, d. h. erreicht das Ziel langsamer, ja kann Leute u. U. sogar vom Wesentlichen abhalten.

Dazu ein Beispiel: Unser alter Gemeindesaal in Schorndorf war früher eine aus dem letzten Jahrhundert stammende Methodistenkirche mit damals befriedigenden sanitären Einrichtungen. Zwischenzeitlich sind wir in ein renoviertes großes Gemeindezentrum, das Christliche Zentrum SCALA – ein umgebautes ehemaliges Kino – mit modernen sanitären Einrichtungen umgezogen. Wie konnten wir es aus heutiger Sicht nur so lange im alten Gebäude aushalten! Was damals relativ gut war, ist heute schlecht. Dasselbe gilt für unsere gesamte gemeindliche Arbeit von damals. Alles gestalten und betreiben wir heute qualitativ wesentlich anspruchsvoller als früher.

Ein entgegengesetztes Beispiel sind christliche Einrichtungen der Drogenrehabilitation. Dort wäre eine Saubermann-Atmosphäre geradezu schädlich für die Zielgruppe sowie für das beabsichtigte Ziel, nämlich Ausgeflippte und verwahrloste junge Leute dort abzuholen, wo sie sich befinden. Alles ist dort auf zwar ordentliche, aber einfache Lebensweise ausgerichtet. Ein alter Bauernhof, den die Insassen sich ihren Ansprüchen gemäß umbauen können, ist dort qualitativ angemessener als modernes Ambiente.

Ob wir es wollen oder nicht, Qualität in einer christlichen Gemeinde ist zunächst in etwa zu vergleichen mit der eines Hotels, eines Clubhauses, einer Dienstleistungsfirma. Bei einer Fluglinie beispielsweise kann sich ein Firstclass-Passagier darüber ärgern, wenn der Rotwein nicht gut temperiert ist, wohingegen sich ein Economy-Passagier schon über ein einigermaßen ordentliches Fastfood-Frühstück freut. Die Anforderungen an die Eigenschaft einer Ware oder einer Dienstleistung sind also sehr unterschiedlich. Wir sprechen dann von qualitativ gut, wenn die Ausführung den Anforderungen weitestgehend entspricht.

Diesen Gedanken auf die gemeindliche Arbeit anzuwenden bedeutet, dass wir zunächst die Anforderungen und Erwartungen kennen müssen, die jene Menschen, die wir erreichen oder denen wir dienen wollen, an unsere *Dienstleistungen* stellen. Dabei gibt es ausgesprochene und unausgesprochene, offensichtliche und unterschwellige, legitime und überzogene Erwartungen oder Anforderungen.

Wie oft hören wir leider von Gemeindebesuchern, die zum ersten Mal kamen: „Niemand hat sich um mich gekümmert, jeder war mit sich beschäftigt, man nahm überhaupt keine Notiz von mir."

Oder: „Jetzt war ich drei Wochen krank zu Hause, und niemand fand es für nötig, mich zu besuchen."

Oder: „Als Besucher erwartete ich, dass wenigstens der Pastor mich im Gottesdienst begrüßt, statt dessen nahm er kaum Notiz von mir, geschweige denn lud mich jemand nach Hause ein."

Diese Erwartungen und Anforderungen an unsere Gemeindearbeit können wir leider allzu oft nicht erkennen, geschweige denn können wir sie richtig erfüllen oder ihnen begegnen.

Dabei gibt es viele plausible Gründe, warum wir oft nicht in der Lage sind, diese Erwartungen zu erfüllen. Angefangen von der meist „chronischen" Überlastung des Pastors, dem Mangel an Mitarbeitern bis zu den oft fehlenden Geldmitteln. Nur: Für diese Gründe haben unsere Besucher oder Gemeindeglieder meistens kein Verständnis. Allzu oft entstehen deshalb Frustrationen, die wir „Glaubens-Oldtimer" dann ebenso oft sehr schnell abtun mit den Worten: „Diese Leute erwarten von andern, was sie selbst nicht bereit sind zu tun oder zu geben." – Wie wäre es, wenn es sich bei unseren durchschnittlichen „Gemeinde-Klienten" immer um geistlich Fortgeschrittene handeln würde, die schon ein hohes Maß an Einfühlungsvermögen, Selbstlosigkeit, Opferbereitschaft und Leidensfähigkeit besäßen!

Nein, es bleibt die schmerzliche Tatsache, dass der mit perfekten Dienstleistungen unserer Wohlstandsgesellschaft verwöhnte Mensch von heute – bewusst oder unbewusst – Anforderungen an die Gemeinde stellt, die wir sehr oft nicht zu erfüllen imstande sind. Und dann wundern wir uns, wenn gewisse Sekten die Leute anziehen, weil sie eben die vitalen Bedürfnisse oder Anforderungen besser zu erfüllen imstande sind als wir.

Aber auch das Gegenteil erleben wir: Da wird auf nagelneue Gebäude, moderne Räumlichkeiten, große Orgel, perfekten Gottesdienstablauf, kunstvoll singenden Chor etc. gesetzt, wie wenn dies von den meisten unserer Klienten, die wir letztendlich erreichen wollen, erwartet würde. Nein, meistens sind es gar nicht diese Äußerlichkeiten, welche Menschen erwarten und was sie dauerhaft anzieht, sondern es sind in erster Linie die erkennbaren Früchte des Geistes derer, die in der Gemeinde Dienst tun, die Freundlichkeit und Hilfsbereitschaft ausstrahlen und dem Besucher das Gefühl vermitteln, dass er angenommen ist oder dass ihm eine sinnvolle und auf ihn angepasste Aufgabe übertragen wird. Vor allem aber ist es das Erlebnis der Gegenwart Gottes und der Kraft und Freude im Herrn, kurz die Vitalität, die eine Gemeinde ausstrahlt und deshalb Menschen anzieht.

Womit wir wieder beim Geistlichen wären, auf das es hauptsächlich ankommt. Richtig, jede Qualifizierung unserer gemeindlichen Arbeit muss den Menschen geistlich motivieren zu größerer Gottesliebe. Darauf muss der Maßstab unserer Anstrengungen ausgerichtet sein. Nur, die geistlichen Früchte manifestieren sich eben in Äußerlichkeiten und qualitativ hochwertiger Gemeindearbeit. Ein zielstrebiger Pastor oder Leiter geht deshalb zweigleisig voran:

a) Er fordert seine Gemeinde ständig heraus zu solch einem geistlichen Lebens- und Arbeitsstil und geht mit gutem Beispiel voran.

b) Er führt effiziente Arbeitsweisen ein, installiert hohe Qualitätsstandards, deren Einhaltung er auch kontrolliert, und erzieht sowie motiviert Leiter und Mitarbeiter zu derartiger Disziplin und Verantwortungsübernahme.

Wir alle wissen doch, dass der Mensch von Natur aus zur Schlamperei neigt. Das merken wir spätestens bei unseren heranwachsenden Kindern. Und wir wissen auch, wie uns eine entsprechende Umgebung und eine äußere Ordnung in eine bestimmte Disziplin bringt. Beides gehört deshalb zusammen: organisatorische, äußere Führungs- und Arbeitsweisen und -methoden samt den entsprechenden Handlungsmaßstäben und die innere, geistliche Motivation des Menschen. Beide stehen in Wechselwirkung zueinander.

4. Erwartungen von Gemeindegliedern und -besuchern

Nachfolgend soll ein unvollständiger Katalog einige wichtige Bedürfnisse und Erwartungen, die Gemeindeglieder und -besucher an eine Gemeinde stellen, aufzählen und stichwortartig Möglichkeiten zu ihrer Erfüllung auflisten:

4.1 Allgemeine Erwartungen

Lebendige Gemeinde. Abwechslungsreiches Veranstaltungsprogramm für jedermann; Mitwirkung vieler bei den Gottesdiensten, Einrichten von bedürfnisorientierter Gruppenarbeit; lebensnahe Verkündigung; auf Mitgliederzuwachs planen.

Freundliche, liebevolle, positive und freudige Atmosphäre. Leiter und Mitarbeiter zu Kontaktfreudigkeit erziehen; Begrüßungsteam einrichten, aufbauend und glaubensstark predigen, den Sieg Jesu Christi betonend; die „Freude am Herrn" zeigen; viel Musik und Kreativität zulassen und fördern.

Hilfe in Lebenskrisen. Soziale Dienste einrichten, Krankenbesuchsdienst organisieren; Seelsorgerschulung und -dienste anbieten; Nachbarschaftsbetreuung organisieren; Gebet für Kranke im Gottesdienst integrieren und auch in Hauskreisen pflegen.

Gemeinde für Jung und Alt, Familienfreundlichkeit. Gemeinde nach Alters-, Geschlechts- und Bedürfnisgruppen strukturieren; größere Gemeinde anstreben mit Vollprogramm von der Wiege bis zur Bahre, u.U. gewisse Dienste geografisch nahe liegender Teilgemeinden zusammenlegen; Gemeinde für jedermann anstreben und ständig einüben.

Ansprechendes Ambiente. Auf saubere und ordentliche Räume achten; Ausschmückung organisieren und auf das jeweilige Bedürfnis der Altersgruppe ausrichten; beleuchtungstechnisch und akustisch auf Qualität achten; gute Vorbereitung und Wartung der Einrichtungen organisieren.

Positives Gemeindeselbstverständnis mit echter ökumenischer Gesinnung. Verbindliche Mitgliedschaft fördern; keinen exklusiven Alleinvertretungsanspruch auf Seligmachung erheben; keine ängstliche Abschirmung betreiben gegenüber anderen Gemeinden oder der Gesellschaft; in echter brüderlicher Liebe Kontakte zu anderen Gemeinden am Ort pflegen; anstreben, dass jeder von seiner Gemeinde und dem Pastor positiv redet; echte Bruderschaft pflegen innerhalb der eigenen Denomination.

Freiheit. Keinen irgendwie gearteten moralischen oder organisatorischen Druck ausüben wollen, auch keinen Gruppenzwang. Die ständige Herausforderung zur Christusnachfolge soll die Entscheidungsfreiheit des Einzelnen respektieren.

Möglichkeiten für Betätigung gemäß jeweiliger Neigung und Begabung. Ein organisatorisches Fachwerk anbieten, in das sich die „lebendigen Steine" in Gemeindeaufgaben nach jeweiligem Charisma einfügen können; Schulungen anbieten und durchführen; keinem Perfektionismus huldigen; den Unentschlossenen angepasste Aufgaben zuweisen, erfahrenen Mitarbeitern zuordnen und liebevoll coachen; Führungsverantwortung delegieren und ständig qualifizieren,

Gute Organisation und Information. Auf guten Informationsfluss achten; wiederkehrende Aufgaben gründlich organisieren; die Gemeinde regelmäßig informieren, wer für was zuständig ist; modernste Administrationsmethoden incl. EDV einsetzen.

Sauberkeit, Pünktlichkeit, Ordnung. Betriebsblindheit vermeiden; Erstbesucher nach ihrem Eindruck fragen; Pünktlichkeit und Ordnung zur permanenten Herausforderung aller machen; so wenig wie möglich improvisieren, alles von Anfang an gleich richtig machen.

Gute Öffentlichkeitsarbeit. Auf eine attraktive Corporate Identity und ein stilvolles Corporate Image achten! Intensive Presse- und Medienarbeit betreiben; Gutes tun und darüber reden – nicht im Sinne von Selbstgefälligkeit und Selbstbespiegelung, sondern um gutes Beispiel zu geben; der Stadt Bestes suchen, in der Fürbitte und in der kommunalen Mitarbeit; Vertreter von Stadt und Land einladen; politische Mitverantwortung tragen, aber nicht politisch einseitig werden.

4.2 Erwartungen spezieller Alters- und Bedürfnisgruppen

Kinderprogramm. Für die wichtigste Zielgruppe der Gemeinde, die Kinder, ein reiches und kindergerechtes Programm durchgehend vom Babyalter bis zur Pubertät einrichten. Hierzu ständig Leiter und Mitarbeiter schulen; bei den älteren Gemeindegliedern ständig die Verantwortung und Toleranz für die Kinderarbeit wachhalten; überörtliche Camps und Treffs organisieren; Kinderprogramme in die Gottesdienste einbauen; den Idealismus und Aktivismus der Kinder auf konsequente Christusnachfolge lenken; Aktionen nach außen planen, romantisches Ambiente anbieten mit Freiheit anstelle steriler Ordnung.

Jugendarbeit. Starke Glaubensherausforderung an die Jugend stellen, ja keine Langeweile aufkommen lassen; besonders die Achtung und Harmonie gegenüber Älteren wahren; keine Jugendgemeinde neben der Erwachsenengemeinde entstehen lassen; auf Disziplin achten – trotz 7-mal-70facher Geduld und Vergebungsbereitschaft; lange Leine lassen können, keine Prinzipien reiten, jedoch klare biblische Verhaltensnormen geben: viel Musik- und Sportmöglichkeiten anbieten sowie auch internationale missionarische Einsätze; Beziehungs- und Ehefähigkeit schulen.

Familienbekanntschaften. Treffs junger Familien organisieren mit viel Erfahrungsaustausch und Erziehungshilfe für praktische Kindererziehung und Ehekrisen-Überwindung; Geselligkeit, Gemeinschaft und Hauskreisarbeit fördern.

Kreativ- und Musikgruppen. Möglichkeiten schaffen, in der Gemeinde oder außerhalb Talente einzusetzen und auszubauen. Viele Blumen blühen lassen zum Lob Gottes und zur Freude der Menschen. Gemeinde muss keine Volkshochschule sein, aber Werkstatt zum Bau des Reiches Gottes und Ort zur Einübung von „Freude im Herrn".

Frauen- und Männerarbeit. Lebensnahe Beantwortung der speziellen Frauen- und Männerfragen. Auf gegenseitige Wertschätzung und saubere Freundlichkeit zwischen den Geschlechtern achten.

Soziale Fürsorge. Die Gemeindeglieder zu einer Gesinnung der gegenseitigen Hilfe anleiten; soziale Fürsorge ist Aufgabe jedes Gläubigen, nicht nur derer, die hauptamtlich dafür bestellt sind; Selbsthilfeaktivitäten fördern; auf Eigenverantwortung hin erziehen.

Fortbildung. Das vielfältige Angebot anderer Kirchen und Institutionen nutzen, nicht meinen, alles selbst anbieten zu müssen; einüben von Glauben und Gebet und ständige Verinnerlichung des Wortes Gottes sind wichtigste Ziele der Gemeindefortbildung; Bibel- und Gebetsstunden interessant und lebensnah halten.

Ausländerfreundlichkeit. Die Bildung von speziellen Sprach- und ethnischen Gruppen sowie Ausländer-Gottesdienste und -treffen fördern; Simultanübersetzung in den Gottesdiensten anbieten; trotzdem die Integration mit den Einheimischen fördern.

Gebets- und Glaubensinnigkeit. Regelmäßige Gebetstreffen und -schulungen einrichten; bei überregionalen und internationalen Gebetstreffen teilnehmen; spezielle Fürbittedienste einrichten.

Seniorenarbeit. Dem alten Menschen gleichermaßen eine Glaubensherausforderung geben. Alte nicht „pampern", d.h. verweichlichen, aber viel Verständnis für alte Menschen haben; ihnen Aufgaben zuweisen, die ihren Fähigkeiten und Neigungen entsprechen.

5. Typische Mängel und deren mögliche Vermeidung

Im Folgenden sollen typische Mängel und Fehler in der Gemeindearbeit aufgezählt werden. Sie verursachen einen schlechten und unqualifizierten Eindruck von der Gemeinde.

• *Leiter und Mitarbeiter werden zu spät und unvollständig informiert über Termine, Veranstaltungen, Aufgaben.* Einen Gemeindekalender mit weit nach vorne reichender Terminplanung einführen (zukünftige Veranstaltungen, Raumbelegungen etc.); Dienstpläne und sonstigen Informationsfluss organisieren und standardisieren; rechtzeitige Verteilung an die Verantwortlichen, dabei möglichst EDV und moderne Kommunikationsmittel einsetzen: Fax, E-mail, Internet, Telefonkette, Postfach im Gemeindefoyer, Nachbarschaftsbetreuung, Wochenblatt, regelmäßige Mitarbeitertreffen etc.

• *Der Pastor oder Leiter entscheidet eigenmächtig und schließt die Betroffenen nicht vorher in die Entscheidungsfindung mit ein.* Nur Mitarbeiter, die ständig zum Mitentscheid und Mitdenken erzogen wurden, entlasten die Leiterschaft dauerhaft und leisten Qualitätsarbeit; deshalb komplette Verantwortungsbereiche und nicht nur Einzelaufgaben delegieren; Teamarbeit groß schreiben; dem Mitarbeiter auch einmal gestatten, einen Fehler zu machen. Einmal Delegiertes nicht wieder selbst in die Hand nehmen; Kontrolle ist wichtig!

• *Bürokratie im Pastorat, lange Entscheidungswege, Angst vor unpopulären Maßnahmen.* „Lean administration", d.h. schlanke Verwaltung einführen; möglichst viel nach unten, d.h. an den Ort des Geschehens delegieren; unnötige alte Zöpfe abschneiden; wenn etwas lang und gründlich erörtert wurde, den Mut aufbringen, auch mal unpopuläre Entscheidungen zu treffen; man kann es nicht immer allen recht machen.

• *Fehlende Führungsqualifikation der Leiter, unklare Durchführungs-*

anleitungen. Kurse über Menschenführung, Gemeindeaufbau und Management besuchen bzw. durchführen; Gemeindeberater anfordern; überforderte Leiter und Mitarbeiter möglichst menschlich und anständig auswechseln; Mut zur Ehrlichkeit; das Ziel im Auge behalten.

• *Schwach entwickelte Berufung bei Mitarbeitern und Leitern.* Leiter müssen Berufungen bei Gemeindegliedern erkennen bzw. die Gemeindeglieder zum Erkennen ihrer jeweiligen Berufung führen; der Angst vor Überforderung begegnen durch Delegation von angepassten Aufgaben mit fachkundiger Anleitung.

• *Fehlendes Know-how bei Leitern und Mitarbeitern.* Mitarbeiter in Fortbildungskurse schicken oder selbst solche durchführen, kein Meister fällt vom Himmel; Gemeinde zur Strebsamkeit herausfordern; langfristige Personalplanung und -qualifizierung betreiben.

• *Schlamperei, Unzuverlässigkeit der Leiter und Mitarbeiter.* Nullfehler-Qualitätsarbeits-Prinzip einführen, d.h. sich nicht mit Note „Befriedigend" abfinden, aber übertriebenen Perfektionismus (Übererfüllung von unrealistischen Erwartungen, die nur Exoten an die Gemeindearbeit stellen) vermeiden.

• *Keiner weiß eigentlich, wer für was in der Gemeinde zuständig ist.* Klare schriftliche Verantwortungsdelegation und Aufgabenbeschreibung mit Bekanntmachung vor der Gemeinde, im Gemeindeblatt und bei Mitarbeiterbesprechungen; für ständige Aktualisierung sorgen; evtl. EDV einsetzen.

• *Fehlende Gemeinde-Zielsetzung, Aufgaben- und Kompetenzverteilung.* Gemeindeleitlinien gemeinsam erarbeiten und verinnerlichen; Gemeinde strukturieren; in sich geschlossene und einheitliche Verantwortungsbereiche definieren und delegieren, die von einem Leiter souverän geführt werden können; Angst vor Kompetenzübertragung und Titelverleihung überwinden, allerdings keinen Amts- und Hierarchiedünkel einreißen lassen; die Dienstgesinnung Jesu ist angesagt!

• *Umständliche Arbeitsweise.* Ständig wiederkehrende Routinen schematisieren, z.B. Verteilpläne für Einladungen ein für allemal festlegen, anstelle sie zeitraubend jeweils wieder neu angehen; Aufgaben einmal richtig organisieren. Selektierbare Adressdatei aufbauen, Formulare benutzen, zeitraubende Besprechungen und Protokolle abkürzen.

- *Pastor und Leiter sind überlastet.* Prioritäten erkennen, effizientes Zeitmanagement einsetzen; Verantwortung delegieren; Motivation durch Gebet erlangen.
- *Zur Veränderung unfähiger Pastor oder Leiter.* Meist hilft leider nur ein Ortswechsel, Austausch, eine Versetzung oder Verjüngung; aber merke: Die Art und Weise der Durchführung solcher Aktionen ist genauso wichtig wie das Ziel; trotzdem sollte jedem die Chance zur Änderung gegeben werden; Geduld und Gebet sind oft wirksamer als Ungeduld der Heißsporne.
- *Verholzte, traditionsgebundene Gemeindestruktur mit Männer-dominanz.* Geduldig einen Versuch zum Wechsel machen; Studienreisen in Erweckungsgegenden und Wachstumsgemeinden organisieren; Gemeindeaufbauseminare veranstalten; Gleichgesinnte innerhalb der Gemeinde vereinen; neue Gemeindestruktur schritt-weise aufbauen und einführen; Frauen in Leitungsaufgaben einset-zen!
- *Mangelnde Kompetenz der Orts- oder Teilgemeinde, d.h. zu starke Zentralisation.* Subsidiaritätsprinzip einführen, d.h. soviel als möglich nach unten delegieren, also dezentralisieren und nur soviel als abso-lut nötig von oben entscheiden; Teilgemeinden verselbstständigen und Eigenverantwortung fördern.
- *Fehlender, unfähiger oder überalterter Gemeinderat.* Neue Gemeindeordnung oder -verfassung einführen; nach geistlichen und nicht nach weltlichen Prinzipien in den Gremien diskutieren und Entschlüsse fassen. Nach Einheit, Selbstlosigkeit und gegenseitiger Achtung streben. Rechthaberei durch Hingabe und Liebe überwin-den. Tiefe, echte Gemeinschaft im Leitungsgremium anstreben. Klüngelwesen und „Familien-Erbhöfe" abschaffen; bei Erreichung des Pensionsalters einen Rücktritt empfehlen.

Wenn Sie obige Mängel analysieren, werden Sie schnell feststellen, dass viele davon kein unabwendbares Schicksal sind, mit dem sich die Leiterschaft abfinden muss. Wir können sehr wohl vieles beein-flussen oder vermeiden, wenn wir mit Mut und Geduld die Mängel tatkräftig und zielstrebig angehen und auch zu einem schrittweisen Vorangehen bereit sind.

6. Wann leistet ein Mitarbeiter Nullfehler-Qualitätsarbeit?

Null Fehler, gibt es so etwas? In Industrie- und Dienstleistungs-unternehmen entscheidet heute ein Nullfehler-Führungsprinzip oder TQM (engl. Zero D effect- oder Total Quality-Management) sehr stark über die Wettbewerbsfähigkeit. Früher begnügte man sich mit einer minimalen Fehlerquote von z.B. 0,1 Promille (AQL= Acquired Quality Level), d.h. ein Stück unter 10.000 durfte fehlerhaft sein. Das bedeutete z.B. bei einem Auto mit vielen Tausenden von Einzelteilen, dass bereits jedes dritte Auto fehlerhaft war und teure Nacharbeit erforderte.

Auch in der Gemeindearbeit kämpfen wir ständig mit Fehlern. Da können z.B. bei einer Veranstaltung 99 Prozent wie am Schnürchen klappen, aber ein Detail war fehlerhaft, z.B. der Ton war einigen zu laut, oder ein Gast bekam keinen Händedruck vom Pastor – und schon haben wir zeitraubende Nacharbeit zu leisten. Der Leiter bzw. Pastor, der bei hunderten von Details einer größeren Gemeindearbeit nicht TQM betreibt, d.h. Nullfehler-Qualitätsverantwortung dele-giert, ist wahrlich nicht zu beneiden.

Ein Mitarbeiter leistet dann Qualitätsarbeit, wenn:

a) er genau weiß, was, wie und warum etwas zu tun ist;
b) er die Aufgabe beherrscht, d.h. darin gut geschult und erfahren ist;
c) das sachliche Umfeld, Einrichtungen, Werkzeuge qualitätsge-recht sind;
d) er die Ergebnisse seiner Tätigkeit selbst prüfen u. beurteilen kann;
e) er Vorgehensweise seiner Aufgabenerledigung selbst bestim-men kann;
f) er ständig angehalten wird, etwas von vornherein richtig zu machen, d.h. so wenig wie möglich zu improvisieren;
g) er seine Aufgabe liebt und Anerkennung dafür bekommt.

Obige Vorbedingungen sollen für den Pastor und Gemeindeleiter Herausforderung sein, möglichst viele Unterleiter und Mitarbeiter zu motivieren und anzuleiten, um echte Qualitäts- und Effizienz-

Mitverantwortung in allen Bereichen der Gemeindearbeit zu übernehmen.

Im Gleichnis der fleißigen und faulen Verwalter in Matthäus 25,14-30 spricht Jesus ganz klar von einer vollen unternehmerischen Mitwirkung derer, denen „Talente" anvertraut wurden, sowie deren Verantwortung, guten Ertrag zu erwirtschaften. Unsere Motivation soll größer und tiefer sein als die säkularer Unternehmen, die durch Erstklassigkeit ihrer Leistungen ihre Zukunft sichern. Christliche Gemeinden sollten Modelle für qualifizierte und effiziente Haushalterschaft und Dienstgesinnung sein.

MITARBEITER AUSWÄHLEN, FÜHREN UND LEITEN

Eckart Flöther

Schritte zur gaben- und bedürfnisorientierten Leiterschaft

Viele Gemeinden haben sich im Lauf der Zeit „entwickelt" oder sind „so gewachsen", dass sie vielfach den Auftrag des Missionsbefehls von Matthäus 28,19-20 nur noch am Rande erfüllen. Gleichzeitig machen Pfarrer und Älteste häufig die Erfahrung, dass sie als Einzige die Last der Gemeindearbeit tragen. Hier kann die schrittweise Vorgehensweise sowohl helfen, dem Missionsbefehl wieder gerecht zu werden, wie auch die Arbeit sowie die Verantwortung für bestimmte Aufgaben auf viele Schultern zu verteilen.

1. Schritt

Das Definieren der Kernkompetenzen Einzigartigkeiten und Besonderheiten des christlichen Glaubens ist angesagt: Gebraucht wird ein eindeutiges „Mission-Statement" als gemeinsame Grundlage der Zusammenarbeit sowie als strategische Leitlinie. Dieses „Mission-Statement" sollten Pfarrer und Älteste gemeinsam formulieren. Es könnte z.B. so lauten: „Menschen zu Jesus Christus zu führen und ihnen zu helfen, Christen zu werden oder Christen zu bleiben."

Damit sollte auch deutlich werden, was die Aufgabe einer Gemeinde nicht ist. Sie ist kein (sozial)politischer Debattierklub, kein Diskussionsforum spiritueller Möglichkeiten und keine sozialpsychologische oder kulturelle Veranstaltung.

2. Schritt

Nicht alles, was der Missionsbefehl an Möglichkeiten innerhalb oder außerhalb der Gemeinde bedeuten könnte, kann eine Gemeinde leisten. Sie sollte an Mission und Aufgaben nur das wahrnehmen, was sie auch kann. Deswegen empfiehlt sich das Ermitteln der Stärken, Potentiale und geistlichen Gaben der Pfarrer und Leistungsträger im Selbst- und Fremdbild mit einem Fragebogen. Der beiliegende

Auszug eines D.I.E.N.S.T.-Gabenfragebogens (basierend auf den Erfahrungen der Willow Creek Community Church in Chicago) sollte von den Einzelnen ausgefüllt werden.

3. Schritt

Die Aufgaben der Gemeinde nach „innen" und „außen" sollten definiert werden. D.h. die geplanten Aktivitäten für das nächste Jahr sollen sich aus dem „Mission-Statement" ableiten.

Eine Gemeinde ist nach „außen" nur so stark, wie fundiert sie „innen" als „Leib Christi" ist und wie solide sie biblisch verankert ist. Priorität beim Formulieren der Aufgaben sollten deshalb folgende Themen haben:

- Christuszentrierter und auf dem Evangelium basierender Gottesdienst
- Solide biblische Fundierung aller Leistungsträger und Ältesten durch immer wiederkehrende Bibelseminare
- Teilnahme aller Gemeindeglieder an Hausbibelkreisen
- Wirkungsvolles Besuchs- und Betreuungsprogramm für Alte, Kranke, andere Bedürftige, neue Gemeindeglieder.

Erst wenn die Gemeinde „innen" stabil ist, wird sie nach „außen" eine evangelistische oder missionarische Wirkung haben können. Die Aufgaben nach außen sollten nach Zielgruppen (Jugend, Menschen in Not, bestimmte Berufsgruppen etc.) und Inhalten formuliert werden.

4. Schritt

Die vorhandenen Stärken der Gemeinde und ihrer Mitarbeiter sollten den Aufgaben deutlich zugeordnet werden. Für die einzelnen Aufgabenfelder sollten Einzelne verantwortlich verpflichtet werden. Es hat sich als wirksam erwiesen, unter der Leitung entsprechend begabter Leiter Teams zu bilden, die für die verschiedenen Aufgabenfelder verantwortlich sind. D.h. der Pfarrer sollte in erster Linie für die „geistliche Führung" und nicht für alle anderen Bereiche, vor allem nicht als „Manager" für alle Gemeindeaufgaben zuständig sein.

5. Schritt

Die „strategische Lücke" nach innen und außen muss definiert werden. Hier geht es darum, die geplanten Aktivitäten und Aufgaben nach innen und außen (siehe 3. Schritt) mit den vorhandenen Stärken und zeitlichen Möglichkeiten der Verantwortlichen zu vergleichen und die noch vorhandenen Defizite zu formulieren:

- in der Organisation, Planung und Koordination,
- an Talenten und Fähigkeiten,
- im Verhalten, wie Auftreten z.B. am Kirchenportal zur Begrüßung der Gottesdienstbesucher, im Besuchsdienst, bei Missionsveranstaltungen außerhalb der Kirche etc.,
- im Wissen – im theologischen, pädagogischen oder administrativen Bereich

(vgl. „Bedarfsliste") und die zur Abdeckung der Defizite nötigen Mann-Stunden zu errechnen.

Bedarfsliste

Brauchen Sie in Ihrem Verantwortungsbereich Unterstützung durch Gaben und Talente weiterer Mitarbeiter? Notieren Sie die Fähigkeiten, die Sie benötigen, um Ihre Aufgaben erfüllen zu können:

Ich brauche Leute mit diesen Gaben:	Stunden pro Monat
....	....
....	....
....	....
....	....
....	....
....	....
....	....

---

6. Schritt

Die Präsentation der Ergebnisse an die Gemeinde aus Schritt 5 sowie systematisches Befragen der Gemeindeglieder, welchen Beitrag („Opfer") sie an Zeit, Inhalten und Talenten bereit sind, für die gemeinsamen Aufgaben zu leisten (siehe „Fragebogen zu persönlichen Daten").

Da sich viele Gemeindeglieder davor scheuen, einen solchen „offiziellen" Fragebogen auszufüllen, empfiehlt es sich, parallel zu den Formularen das persönliche Gespräch mit potentiellen Freiwilligen zu suchen. Erfahrungsgemäß tun sich auch einige Gemeindeglieder schwer, sich für eine bestimmte Stundenzahl pro Woche/Monat zu verpflichten. Hier empfiehlt sich eine Absprache, dass sie „bei Bedarf" für bestimme Aufgaben angesprochen werden.

So kann für jedes Aufgabenfeld ein Netzwerk mit Gemeindegliedern gebildet werden, die bei Bedarf, z.b. für den Besuchsdienst, für den Transport Behinderter zur Kirche etc. angesprochen werden.

7. Schritt
Die Korrektur der Aktivitäten und Aufgabenfelder nach innen und außen für die Bereiche
- Aufgaben (Was ist mit den vorhandenen Stärken machbar? Formulieren Sie Ziele mit Zeitrahmen!)
- Wissen (Welche Inhalte müssen in welcher Zielgruppe er- und/oder verlernt werden?)
- Organisation (Wer macht was? Bis wann?)
- Verhalten (Welche Tugenden, Werte, Verhaltensweisen und Vorbilder sind Voraussetzung für die Erreichung der Ziele und die Erfüllung der Aufgaben?)

Gerade wenn eine Gemeinde „im Aufbruch" ist und sowohl innerlich/geistlich wie auch nach außen wachsen will, empfiehlt es sich, die Aufgabenfelder auf machbare Schwerpunkte in überschaubaren Zeiträumen zu begrenzen, d.h. Prioritäten zu setzen und diese nach und nach gründlich abzuarbeiten (Prinzip: „Weniger ist mehr").

8. Schritt
Das Auflisten der bisherigen Aktivitäten und konsequentes Eliminieren von sozialen, psychologischen, kulturellen und sonstigen politischen Aktivitäten, die mit dem Weitergeben des Evangeliums nichts zu tun haben oder von der Gemeinde nicht geleistet werden können. Hierzu gehören ebenfalls typische Aktionismus-Aktivitäten, die zwar das „gute Gewissen" beruhigen, aber mangels Substanz nichts „bringen".

9. Schritt

Das Formulieren eines Maßnahmekataloges für die einzelnen Aufgabenfelder für einen Zeitraum von sechs Monaten. Dabei ist zu klären: Wer macht was? Bis wann? Die Verantwortlichkeiten müssen klar formuliert werden.Wer muss wann wem Feedback geben, wenn die vereinbarten Ziele bzw. Maßnahmen nicht eingehalten werden können?

Ein monatliches Treffen der Verantwortlichen unter neutraler Moderation hat sich als sehr praktikabel erwiesen. Dadurch sind alle, inklusive des anwesenden Pfarrers, über die Aktivitäten der Gemeinde informiert. In diesem Treffen wird auch Rechenschaft über nicht erreichte Aufgaben abgelegt.

10. Schritt

Kommunikation der Aufgabenfelder und der Verantwortlichen mit dem geplanten Maßnahmekatalog sowie dankbares Feedback an die Gemeindeglieder für ihre Mitwirkung.

Diese Information sollte sowohl im Gottesdienst gegeben werden wie auch in den regelmäßig erscheinenden Gemeindebroschüren.

11. Schritt

Wissen um die menschlichen Fluchtwege (vgl. Abbildung „Fluchtwege von Menschen"). Trotz eindeutiger Verantwortlichkeit und Zielvereinbarung kommt es immer wieder vor, dass auch Gemeindeglieder Termine „verschwitzen" oder Absprachen vergessen. Hier ist die Bereitschaft zu vergeben gefragt. Gleichzeitig empfiehlt es sich, Spielregeln zu vereinbaren. Es entsteht ein Lernprozess, der darauf abzielt, dass sich alle Mitarbeiter künftig noch gewissenhafter an Vereinbarungen halten (z. B. Verpflichtung zu rechtzeitigem Feedback).

12. Schritt

Vierteljähriges Abgleichen der Ziele und des Maßnahmekataloges im Kirchengemeinderat an die sich verändernden Anforderungen und hinzukommenden Aufgaben sowie gegebenenfalls Neuformulieren von Zielen und Maßnahmen mit geänderten Prioritäten.

Gabenfragebogen – Auszug

Anleitung zur Bearbeitung

1. Bewerten Sie die Aussagen des Gabenfragebogens, die auf den nächsten Seiten gemacht werden, nach folgender Bewertungsskala:

Die Aussage trifft

5 = sehr stark, sehr häufig
4 = stark, oft
2 = weniger stark, manchmal
1 = nur sehr schwach, selten
0 = gar nicht, nie   auf Sie zu

2. tragen Sie in den Kästchen der untenstehenden Tabelle die Zahlenwerte Ihrer Antworten ein – die Zahl in den Kästchen entspricht der Numerierung der zu berwertenden Aussagen des Gabenfragebogens.

3. Wichtig: Bewerten Sie sich ehrlich, nicht so, wie Sie gerne wären oder wie Sie Ihrer Meinung nach sein sollten. Wie stark treffen diese Aussagen auf Sie zu? Was war Ihre bisherige Erfahrung? In wie weit spiegeln diese Aussagen die Ansichten wider, die Sie normalerweise vertreten oder die Ihrem normalen Handeln entsprechen?

1	2	3	4	5	6	7	8	9	10	11	12	13	14	15	16	17	18	19
20	21	22	23	24	25	26	27	28	29	30	31	32	33	34	35	36	37	38
A	B	C	D	E	F	G	H	I	J	K	L	M	N	O	P	Q	R	S

Schlüssel zu den geistlichen Gaben

A = Organisation
B = Apostel
C = Handwerk
D = Kreativität
E = Unterscheidung der Geister
F = Ermutigung
G = Evangelisation
H = Glaube
I = Geben
J = Helfen
K = Gastfreundschaft
L = Gebet
M = Erkenntnis
N = Leitung
O = Barmherzigkeit
P = Prophetie
Q = Hirtendienst
R = Lehren
S = Weisheit

Die Gaben der Heilung, des Sprachengebetes, der Auslegung von Sprachengebet und der Wundertaten wurden nicht in den Gabenfragebogen und den Fremdbewertungsbogen aufgenommen, da ihr Vorhandensein im Leben eines Christen eher offensichtlich ist.

Quelle:
D.I.E.N.S.T. Teilnehmerhandbuch
D.I.E.N.S.T. ist ein Programm für gabenorientierte Mitarbeit in der Gemeinde. Ziel von D.I.E.N.S.T. ist es, Mitarbeitern zu helfen, einen Platz in einem sinnvollen Bereich zu finden, an dem sie Frucht bringen und Erfüllung finden.

D.I.E.N.S.T. –Hotline 07232-3699-12
Abdruck mit freundlicher Genehmigung des Projektion J Verlages, 35614 Asslar
© 1999 ideagrafik

sehr stark, sehr häufig	stark, oft	weniger stark, manchmal	nur sehr schwach, selten	gar nicht, nie	
					1. Mir macht es Spass, Menschen anzuleiten und Aufgaben und Veranstaltungen zu organisieren.
					2. Ich würde gerne Gemeinden an Orten aufbauen, an denen es bisher noch keine Gemeinden gibt.
					3. Es macht mir Freude kreativ mit Holz, Stoff, Farben, Metall, Glas oder anderen Materialien zu arbeiten.
					4. Es bereitet mit Freude, verschiedene künstlerische Formen einzusetzen, um anderen Menschen dabei zu helfen, sich mit Gott auseinanderzusetzen.
					5. Ich kann schnell unterscheiden zwischen geistlicher Wahrheit und Irrtum, zwischen Gut und Böse.
					6. Ich bin in der Lage zu sehen, welche Möglichkeiten in Menschen verborgen sind.
					7. Ich kann kirchendistanzierten Menschen das Evangelium klar und wirkungsvoll vermitteln.
					8. Für mich ist es leicht und völlig natürlich darauf zu vertrauen, dass Gott auf meine Gebete antwortet.
					9. Ich gebe gerne und großzügig für Menschen in finanzieller Not oder für Projekte, die finanzielle Unterstützung brauchen.
					10. Ich arbeite gerne im Hintergrund und unterstütze damit die Arbeit von anderen.
					11. Meine Wohnung steht Menschen in Not ständig zur Verfügung.
					12. Ich sammle Gebetsanliegen von anderen Menschen und bete beständig für sie.
					13. Ich werde von Leuten angesprochen, die nach meiner Auslegung oder nach meinem Verständnis von Bibelstellen fragen.
					14. Ich kann andere Menschen dazu motivieren, ein Ziel zu erreichen.
					15. Ich kann mich gut in Menschen einfühlen, die seelische Verletzungen haben und begleite gerne ihren Heilungsprozess.
					16. Ich kann mich so in das Leben anderer Menschen einfühlen, dass die sich ihrer Schuld stellen und ihr Leben ändern.
					17. Es macht mit Freude, Zeit in das geistliche Wachstum von anderen Menschen zu investieren.
					18. Ich kann das Wort Gottes in unserem Kreis (Gemeinde) wirkungsvoll weitergeben.
					19. Andere Menschen fragen mich oft um Rat bei geistlichen oder persönlichen Problemen.
					20. Ich bin sorgfältig und geschickt, wenn es darum geht, Kleinigkeiten effektiv zu erledigen.
5	**4**	**2**	**1**	**0**	

	sehr stark, sehr häufig	stark, oft	weniger stark, manchmal	nur sehr schwach, selten	gar nicht, nie	
21.						Ich habe die Erfahrung gemacht, dass Leiter von anderen Gemeinden meine Ratschläge akzeptiert und umgesetzt haben.
22.						Ich kann geschickt mit verschiedenen Werkzeugen umgehen.
23.						Es macht mit Spass, meine künstlerischen Fähigkeiten zu entwickeln und einzusetzen (z. B. Bildende Kunst, Theater, Musik, Fotografie).
24.						Ich bin in der Lage, den Charakter eines Menschen bereits nach wenigen Eindrücken zu erkennen.
25.						Es macht mir Freude, entmutigte Menschen wieder aufzurichten und zu stärken.
26.						Ich freue mich über jede Gelegenheit, um Kontakte zu Nicht-Christen zu finden.
27.						Es fällt mir leicht, auch in sehr schwierigen Zeiten an Gottes beständige Versorgung und Hilfe zu glauben.
28.						Ich gebe mehr als meinen Zehnten, um die Arbeit für das Reich Gottes zu unterstützen.
29.						Ich erledige gerne Routinearbeiten, die die Arbeit von anderen unterstützen.
30.						Ich gehe gerne auf neue Leute zu und helfe ihnen sich wohl zu fühlen.
31.						Es bereitet mir Freude, lange Zeit im Gebet zu verbringen, und ich erhalte von Gott Wegweisung, für welche Anliegen ich beten soll.
32.						Der Heilige Geist lässt mich oft Informationen und Erkenntnisse entdecken, die ich auf natürlichem Weg nicht bekommen würde.
33.						Es fällt mir leicht, Aufgaben an andere zu delegieren.
34.						Ich kann geduldig Menschen begleiten, die durch schmerzhafte Prozesse gehen, während sie versuchen, ihr Leben ins Lot zu bringen.
35.						Ich fühle mich verantwortlich, andere Menschen mit der Wahrheit Gottes zu konfrontieren.
36.						Ich habe Mitleid mit Christen, die in die Irre gehen, und ich möchte sie davor schützen.
37.						Ich kann viel Zeit mit (Bibel-)Studien verbringen, weil ich weiß, wie verändernd sich biblische Wahrheit im Leben von Menschen auswirken kann.
38.						Ich kann bei Konflikten einfache und praktische Lösungen finden und chaotische Situationen entwirren.
	5	4	2	1	0	

Fragebogen zu persönlichen Daten

Persönliches

Name _____

Straße _____ Wohnort _____

Telefon privat _____ Telefon dienstlich _____

Geburtsdatum _____

Mitarbeit

In welchen Diensten arbeiten Sie momentan mit? ☐ in keinen

Dienst: _____ Leiter: _____

Tragen Sie hier andere Dienste oder Gruppen außerhalb der Gemeinde ein, in denen Sie mitarbeiten:

Dienst/Gruppe: _____

Frühere Mitarbeit

In welchen Diensten haben Sie früher einmal mitgearbeitet? ☐ in keinen

Dienst: _____ Leiter: _____

Tragen Sie hier andere Dienste oder Gruppen außerhalb der Gemeinde ein, in denen Sie früher einmal mitgearbeitet haben:

Dienst/Gruppe: _____

Dienst/Gruppe: _____

(Fragebogen zu persönlichen Daten 2. Teil bitte wenden)

Fragebogen zu persönlichen Daten Teil 2

Kreuzen Sie im folgenden bitte die Punkte an, die Ihre Fähigkeiten bezeichnen oder in denen Sie erwiesenermaßen praktische Begabungen haben. In anderen Worten, die Bereiche, in denen Sie schon Ihre Vertrauenswürdigkeit und Ihren Sachverstand unter Beweis gestellt haben. Sie verpflichten sich damit nicht, in einem bestimmten Bereich mitzuarbeiten, aber für uns sind diese Informationen wertvoll, um in besonderen Fällen darauf zurückgreifen zu können. Seien Sie ehrlich und offen in Ihrer Selbsteinschätzung.

Berufserfahrung

- ❑ Krankenpflege
- ❑ Soziale Dienste
- ❑ Finanzen
- ❑ Zahnmedizin
- ❑ Allgemeinmedizin
- ❑ Rechtswesen
- ❑ Rechnungswesen
- ❑ Buchhaltung
- ❑ Steuerwesen
- ❑ Landschaftspflege
- ❑ Raumpflege
- ❑ Fensterputzen
- ❑ Ingenieur _____
- ❑ Rettungsschwimmen
- ❑ Lebensberatung
- ❑ Berufsberatung
- ❑ Arbeitslosigkeit
- ❑ Kindertagesstättenleitung
- ❑ Strafvollzug
- ❑ Personalleitung
- ❑ Öffentlichkeitsarbeit
- ❑ Werbung
- ❑ Fernsehen: _____
- ❑ Rundfunk
- ❑ Computer
- ❑ Systemanalyse
- ❑ Journalismus
- ❑ _____

Kunst

- ❑ Layout
- ❑ Fotografie
- ❑ Graphik
- ❑ Multimedia
- ❑ Schriftsatz
- ❑ Handwerk
- ❑ Kunst
- ❑ Dekoration
- ❑ _____

Pädagogik

- ❑ Kindergarten
- ❑ Grundschule
- ❑ Sekundarstufe 1
- ❑ Sekundarstufe 2
- ❑ Singles (18–29)
- ❑ Singles (30+)
- ❑ Ehepaare
- ❑ Männergruppen
- ❑ Frauengruppen
- ❑ Privatunterricht
- ❑ Lernbehinderte
- ❑ Forschung
- ❑ Aerobic
- ❑ Haushaltsberatung
- ❑ _____

Mechanik

- ❑ Kopierer-Reparatur
- ❑ Automechanik
- ❑ Kleinmotoren-Reparatur
- ❑ Rasenmäher-Reparatur
- ❑ Maschinenschlosserei
- ❑ _____

Büroarbeiten

- ❑ Maschinenschreiben
- ❑ Textverarbeitung
- ❑ Empfangsdienst
- ❑ Büroleitung
- ❑ Dateneingabe
- ❑ Aktenverwaltung
- ❑ Postversand
- ❑ Bücherei
- ❑ Abschrift
- ❑ Kurzschrift
- ❑ _____

Theater

- ❑ Schauspieler(in)
- ❑ Dichtung
- ❑ Tanz
- ❑ Pantomime
- ❑ Puppenspiel
- ❑ Clown
- ❑ Hörspiel
- ❑ Sound/Mischpult
- ❑ Lichtanlage
- ❑ Bühnenaufbau
- ❑ Bühnenbild
- ❑ Bühnenarbeiter
- ❑ Drehbuchschreiber
- ❑ _____

Bauberufe

- ❑ Bauunternehmer
- ❑ Architekt
- ❑ Zimmermann
- ❑ Elektriker
- ❑ Installateur
- ❑ Heizungsmonteur
- ❑ Maler
- ❑ Tapezierer
- ❑ Maurer
- ❑ Dachdecker
- ❑ Telefoninstallateur
- ❑ Verputzer
- ❑ Betonfachmann
- ❑ Teppichleger
- ❑ Innenausstatter
- ❑ Zeichner
- ❑ _____

Arbeit mit ...

- ❑ Behinderten
- ❑ Hörgeschädigten
- ❑ Häftlingen
- ❑ Lernbehinderten
- ❑ Patienten im Pflegeheim
- ❑ Patienten in der Psychiatrie
- ❑ Krankenhauspatienten
- ❑ Senioren in Wohnheimen
- ❑ _____

Allgemeine Hilfe

- ❑ Kassierer
- ❑ Kinderbetreuung
- ❑ Kundendienst
- ❑ Küchendienst
- ❑ Gartenarbeit
- ❑ Gebäudeinstandhaltung
- ❑ Grundstücksinstandhaltung
- ❑ Transportwesen
- ❑ Essen auf Rädern
- ❑ Schneeräumen
- ❑ Bedienung
- ❑ Hochzeiten
- ❑ Büchertisch
- ❑ Cassettendienst
- ❑ Blumen gießen
- ❑ _____

Musik

- ❑ Chorleitung
- ❑ Chor
- ❑ Solist
- ❑ Instrument _____
- ❑ Komponist
- ❑ Arrangement
- ❑ Klavierstimmer
- ❑ _____

Martin L. Landmesser

Mitarbeiterpotentiale entdecken und Mitarbeiter auswählen

„Wenn du ein Schiff bauen willst, dann trommle nicht Männer zusammen, um Holz zu beschaffen, Aufgaben zu verteilen und die Arbeit einzuteilen, sondern lehre die Männer die Sehnsucht nach dem weiten, endlosen Meer", empfahl Antoine de Saint-Exupéry.

„Der Grund, warum die Menschen ihre Dienste (der Kirche) zum Geschenk machen, ist der Wunsch, etwas zu tun, was – vielleicht im Gegensatz zu ihrer täglichen Arbeit – wirklich zählt", meinte Charles Trueheart erkannt zu haben.

„Wir haben keine Mitarbeiter!" – „Wir finden nicht die richtigen Mitarbeiter!" – „Es gäbe so viele Möglichkeiten, und wir könnten viel mehr tun, wenn wir Menschen finden würden, die sich in diesen Aufgaben engagieren!"

Stimmen, die in Gemeinden immer wieder zu hören sind. Allerdings gibt es auch die andere Erfahrung:

„Mich hat noch keiner gefragt, ob ich mitarbeiten will!" Oder: „Ich fühle mich vollkommen alleine gelassen in meiner Aufgabe." – „Eigentlich interessiert sich doch keiner für das, was wir tun." – „Haben wir einmal neue Ideen, erhalten wir keine Unterstützung oder sie werden gleich verworfen."

Weitere, ähnliche Stimmen sind Legion. Und dann kann man auch erleben, dass Menschen für Aufgaben, die sie übernehmen wollen oder bereits wahrnehmen, weder geeignet sind noch über das erforderliche Know-how verfügen und auch nicht das erforderliche Potential mitbringen, um in diese Aufgabe hineinwachsen zu können.

Das Engagement und die Mitarbeit in Gemeinden scheint ein sensibles Thema zu sein. Können Gemeinden es sich leisten, Mitarbeiter auszuwählen oder müssen sie nicht nehmen, was sie haben oder bekommen können? Auf diese Frage gibt es eine klare und eindeutige Antwort: Gemeinden müssen Mitarbeiter bewusst und gezielt auswählen und einsetzen, wenn sie ihrem Auftrag gerecht werden wollen. Auch wenn es keine Garantie für ausschließliche Volltreffer gibt, hilft der Einsatz eines konsequenten Auswahlverfahrens den Entscheidern, die richtigen Mitarbeiter zu finden und diese entsprechend ihrer Fähigkeiten auszuwählen.

1. Voraussetzungen

1.1 Zielkonzeption entwickeln und Aufgaben definieren

Eine klare Zielkonzeption für die Arbeit der Gemeinde ist eine wesentliche Voraussetzung für die Gewinnung und den richtigen Einsatz von Mitarbeitern. Abgeleitet von diesen Zielen sind die Aufgaben, die für die Zielerreichung erforderlich sind, konkret und eindeutig zu beschreiben sowie Teilaufgaben und Teilziele zu definieren und zu priorisieren.

1.2 Anforderungsprofile erarbeiten

Ausgehend von den definierten Zielen können jetzt für die beschriebenen Aufgaben Anforderungsprofile formuliert werden, in denen objektiv überprüfbare Kompetenzen festgehalten werden, die für eine erfolgreiche Aufgabenbewältigung notwendig sind. In dem

Beispiel (vgl. Abbildung 2) sind Merkmale aufgeführt, die für die jeweilige Aufgabe oder Position zu konkretisieren sind. Für jedes Merkmal ist der erforderliche Ausprägungsgrad – unter Berücksichtigung der Aufgabenstellung – festzulegen. Dabei sollen die Kriterien anspruchsvoll aber realistisch definiert werden.

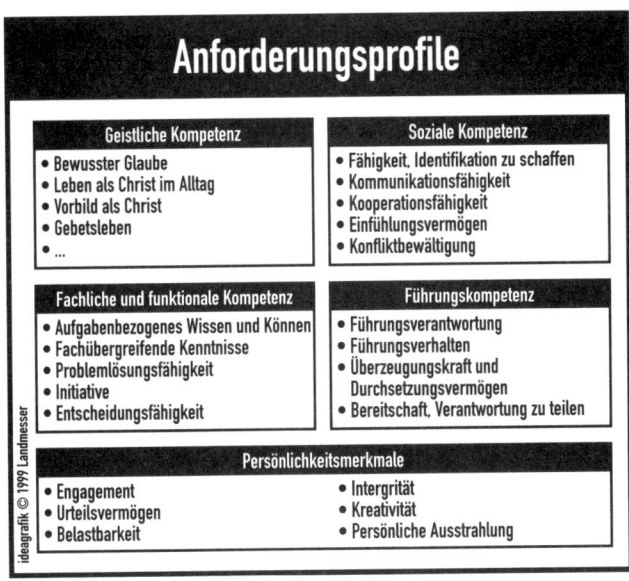

Abbildung 2: Anforderungsprofil (Muster)

2. Mitarbeiterfähigkeiten und -potentiale entdecken

In manchen Gemeinden erlebt man immer wieder, dass sich Mitarbeiter überfordert fühlen. Zu viele Aufgaben konzentrieren sich offensichtlich auf zu wenig Menschen. Neben Beruf, Familie und möglicherweise gesellschaftlichen Aufgaben werden die in der Gemeinde übernommenen Aufgaben oftmals auch als Last erlebt.

Hinterfragt man die Belastungen, stellt man regelmäßig fest, dass gerade diese Menschen gar nicht wirklich bereit sind, ihre Aufgaben ganz oder teilweise abzugeben. Dies mag vielfache Gründe haben.

Ein Grund ist oftmals die Überzeugung der Betroffenen, es gäbe in der Gemeinde keinen anderen, der diese Aufgabe so gut meistern kann wie sie selbst. Darüber hinaus sind sie der Auffassung, sofern sie andere Gemeindeglieder an der Aufgabe beteiligen würden, hätten sie noch mehr zu tun als bisher, da die anderen letztlich doch auf ihre Hilfe und Unterstützung angewiesen seien.

Nun mag dies zunächst sogar einmal objektiv richtig sein. Diese Menschen haben ihre Fähigkeiten entwickelt und sind in der Lage, ihre Aufgaben gut – vielleicht sogar optimal – zu lösen. Die Gemeinde ist dankbar, dass die Arbeit gut und routiniert erledigt wird. Allerdings muss man sich dann auch nicht wundern, wenn in diesen Gemeinden nur eine begrenzte Bereitschaft zur Mitarbeit vorhanden ist. Menschen, die sich zur Mitarbeit bereit erklären, wollen sich entfalten und eigenverantwortlich mitarbeiten. Dies gilt insbesondere für ehrenamtliche Mitarbeiter. Es gilt in Gemeinden eine Kultur zu entwickeln, in der es Freude macht mitzuarbeiten und in der sich die Einzelnen entfalten können.

Wie gute Unternehmen sollten auch Gemeinden darauf achten, dass jeder Mitarbeiter einen Vertreter hat, der ihn jederzeit ersetzen könnte. Keiner sollte „unersetzbar" sein. Darum gilt es, Fähigkeiten und Potentiale der Gemeindemitglieder zu erkennen und zu kennen.

2.1 Mitarbeiterpotentiale erkennen

Wenn hier von Potentialen die Rede ist, dann geht es um Anlagen und Gaben, die Menschen mitbringen, die sich zu Fähigkeiten entwickeln lassen. Gerade in Gemeinden, die über zu wenig Mitarbeiter klagen, ist es wichtig, dass diese sich systematisch mit dieser Frage beschäftigen. Wenn die Zielkonzeption der Gemeinde klar beschrieben ist, Aufgaben definiert sind und Anforderungsprofile entwickelt wurden, dann ist zunächst einmal bekannt, was für Personen als Mitarbeiter benötigt werden.

Allerdings ist damit noch lange nicht gesagt, dass Personen mit entsprechenden Fähigkeitsprofilen in ausreichender Zahl zur Verfügung stehen. Man muss diese systematisch und permanent suchen. Jeder Mensch hat Fähigkeiten und Gaben und noch viel mehr Potentiale, die sich zu Fähigkeiten entwickeln lassen, wenn man ihm Unterstützung und Hilfestellungen gibt. Die Potentialfindung darf nicht dem Zufall überlassen werden; sie ist eine stra-

tegische Aufgabe, die von der Gemeindeleitung koordiniert werden
sollte.

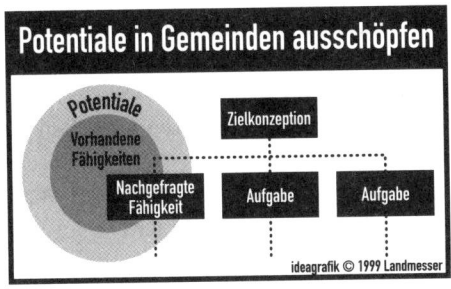

Abbildung 3:
Potentiale in Gemeinden ausschöpfen

Wenn Mitarbeiter gesucht werden, sollte man sich grundsätzlich darüber im Klaren sein, dass man nur in den seltensten Fällen den „ide-
altypischen Mitarbeiter" finden wird, der genau die Fähigkeiten mitbringt, die man für die Aufgabenbewältigung benötigt. Eine gute
Voraussetzung für eine erfolgreiche Mitarbeit hat man schon, wenn
jemand rund 40 bis 50 Prozent der geforderten Fähigkeiten und 20
bis 30 Prozent Potentiale für eine Aufgabe mitbringt. Man wird in
vielen Fällen – vielleicht sogar in den meisten – damit rechnen müssen, dass Menschen nicht über 100 Prozent Fähigkeiten und
Potentiale verfügen.

2.2 Maßnahmen zur Potentialerkennung

Es gibt eine große Anzahl von Methoden, die zur Potentialerkennung
eingesetzt werden können. Hier sollen nur drei Anregungen kurz
dargestellt werden, die sich gerade für Gemeinden anbieten:

1. Systematische Beobachtung. Eine bewusste und systematische
Beobachtung der Gemeindeglieder ist ein erster wichtiger und vielfach sehr erfolgreicher Schritt. Dabei können folgende und ähnliche
Fragen hilfreich sein: „Was zeichnet jemand besonders aus?" – „Was
macht jemand in seinem Beruf?" – „Hat jemand ein besonderes
Hobby?" – „Ist jemand in bestimmten Situationen besonders originell?" – „Bringt jemand immer wieder neue Ideen ein?"

Die systematische Beobachtung sollte nicht nur von Einzelnen oder einigen wenigen wahrgenommen werden. Es ist hilfreich, wenn alle Leiter von Gemeindegruppen entsprechend sensibilisiert werden, sich in ihrer Gruppe nach weiteren möglichen Mitarbeitern umzusehen. Gleichermaßen sollte dies auch eine permanente Aufgabe der Gemeindeleitung sein. Denn eine Gemeinde kann niemals zu viele Mitarbeiter haben. Wenn die Aufgaben auf möglichst viele Schultern verteilt werden können, dann ist die Belastung für den Einzelnen relativ gering, und es werden viel mehr Ideen und Kreativität in das Gemeindeleben eingebracht.

2. Aktive Ansprache. Gemeindeleitung und verantwortliche Mitarbeiter sollten Gemeindeglieder, bei denen sie Potentiale erkannt haben – oder Potentiale vermuten –, bewusst und aktiv auf eine Mitarbeit in der Gemeinde ansprechen. Man kann immer wieder erleben, dass Menschen gerne in ihrer Gemeinde mitarbeiten würden, allerdings noch nie darauf angesprochen wurden. Viele Menschen brauchen einen Anstoß von außen.

Ein solches Gespräch sollte geplant werden und nicht zwischen Tür und Angel oder vor beziehungsweise nach einer Veranstaltung im Vorbeigehen geführt werden. Es lohnt sich, für ein solches Gespräch einen konkreten Termin zu vereinbaren, den man vorbereiten und in einer geeigneten Umgebung realisieren kann.

3. Wochenendfreizeit „Mitarbeiterfindung". Insbesondere in größeren Gemeinden bieten sich Wochenendfreizeiten zur Mitarbeiterfindung an. Diese können einmal jährlich ihren festen Platz in der Terminplanung der Gemeinde haben. Zu dieser Freizeit kann man Menschen für zwei Tage einladen, die einem während des Jahres durch Beobachtung aufgefallen sind und/oder die man aktiv auf eine Mitarbeit angesprochen hat. Darüber hinaus sollten die Gemeindeleitung und die verantwortlichen Mitarbeiter anwesend sowie in das Programm eingebunden sein.

Neben dem gegenseitigen Kennenlernen sollte die Zielkonzeption der Gemeinde auf dem Programm stehen. Darüber hinaus kann man die Interessen der potentiellen Mitarbeiter erfragen, sei es durch eine Moderation in der Gruppe oder durch den Einsatz von Interessen- und/oder Gabentests. Weiter bieten sich während eines solchen Wochenendes Probier- und Übungsphasen an. So kann man kurze Präsentationen zu bestimmten Themen erarbeiten und vortragen lassen, Gruppengespräche leiten lassen, Spielgruppen organisieren, Kreativworkshops und Gruppenübungen durchführen. Der eigenen Kreativität sind hier keine Grenzen gesetzt.

2.3 Entwicklungsmöglichkeiten schaffen

Wurden auf diese oder andere Weise Potentiale erkannt, dann geht es in einem nächsten Schritt darum, dass die Potentiale zu Fähigkeiten entwickelt werden. Dabei darf man sich nicht der Illusion hingeben, dass sich Menschen, denen Aufgaben übertragen werden, mehr oder weniger von selbst entwickeln werden. Entwicklungen können und müssen geplant und unterstützt werden.

Eine gute Möglichkeit ist die Übertragung von ersten und überschaubaren Aufgaben. Hier können erste Erfahrungen in der Mitarbeit gesammelt werden, und es zeigt sich schnell, ob beziehungsweise in welcher Weise die erkannten Potentiale entfaltet werden können. Allerdings darf der Mitarbeiter dabei nicht alleine gelassen werden. Es ist wichtig, ihn zu begleiten und ihm immer wieder Hilfe und Unterstützung zukommen zu lassen. Dabei sollten ihm jedoch auch nicht alle Schwierigkeiten, die eine Aufgabe möglicherweise mit sich bringt, aus dem Weg geräumt werden. Er soll und muss die Aufgabe selbst und in eigener Verantwortung meistern. Es gilt also zu fordern, aber nicht zu überfordern. Das Ziel ist, potentielle Mitarbeiter in eine Aufgabe hineinwachsen zu lassen.

Neben dem praktischen Tun bieten sich Schulungs- und Trainingsmaßnahmen an, an denen potentielle Mitarbeiter teilnehmen können. Für Gruppenleiter können dies möglicherweise die nachfolgenden oder ähnliche Seminare wie „Gruppenleitung", „Moderation", „Gesprächsleitung" oder „Präsentation" sein. Darüber hinaus bieten sich je nach Aufgabe auch andere Seminare an, die von kirchlichen, freikirchlichen oder auch anderen Trägern angeboten und durchgeführt werden.

Natürlich kann eine Gemeinde für ihre Mitarbeiter auch eigene Seminare organisieren, wenn ein entsprechender Bedarf vorhanden ist. Allerdings sollte man sich in diesem Fall um geeignete Referenten oder Seminarleiter bemühen, damit die mit diesen Maßnahmen verbundenen Ziele auch erreicht werden können.

Schulung und Training der Mitarbeiter sollten zum Standardangebot jeder Gemeinde gehören. Man kann und darf nicht nur

Mitarbeit einfordern. Gemeinden sollen und müssen konkrete Entwicklungsmöglichkeiten für Mitarbeiter und potentielle Mitarbeiter schaffen.

Auch hier können wir von Jesus lernen. Bevor er seine Jünger in die Welt sandte, hat er sie dreieinhalb Jahre systematisch in Theorie und Praxis ausgebildet. Er „zog sich mit seinen Jüngern immer wieder zurück" – dies war die Theoriephase, in der er seine Jünger lehrte. Und er „sandte sie je zwei und zwei in die Dörfer und Städte" – dies war die Übungsphase, in der sie erste Erfahrungen sammeln konnten. Darüber hinaus begleiteten die Jünger ihren Rabbi durch das Land Israel und hatten, wie man in den Evangelien nachlesen kann, dabei auch praktische Aufgaben zu lösen – dies waren konkrete „Training-on-the-Job"-Maßnahmen, in denen Jesus seinen Jüngern Unterstützung und Hilfe zur Entwicklung anbot.

3. Mitarbeiter auswählen

Ist die Zielkonzeption entwickelt, sind Aufgaben definiert und Anforderungsprofile beschrieben (siehe Punkt 1) und möglicherweise auch bereits Potentiale erkannt (siehe Punkt 2), kann das Auswahlverfahren beginnen. In diesem Beitrag werden leicht umsetzbare Verfahren beschrieben, die sowohl bei ehrenamtlichen wie hauptamtlichen Mitarbeitern eingesetzt werden können, ohne dass hierbei externe Berater nötig sind. Insbesondere bei hauptamtlichen

Abb. 4: Ziel der Mitarbeiterauswahl

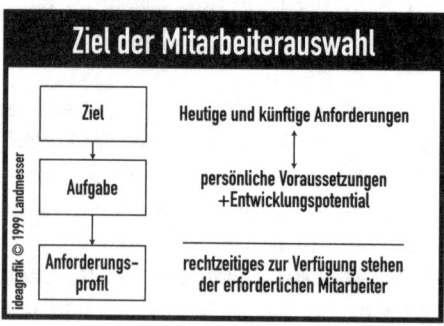

Mitarbeitern kann es sich anbieten, dass auch externes Know-how eingesetzt wird. Vor allem dann, wenn professionelle Auswahlverfahren wie beispielsweise Assessmentcenter durchgeführt werden sollen.

3.1 Information und Kommunikation

Am Anfang steht das gezielte Werben um den neuen Mitarbeiter. Die Aufgabe und das Anforderungsprofil ist bekannt zu machen. Dafür gibt es viele Möglichkeiten. Grundsätzlich ist es hilfreich, wenn sowohl die Aufgabe wie auch die Erwartungen an die Person, die diese Aufgabe wahrnehmen soll, schriftlich formuliert werden. Dies hilft, Klarheit zu gewinnen und Missverständnisse auf beiden Seiten zu minimieren. Die Aufgabe kann in Informations- oder Gemeindebriefen oder am Schwarzen Brett mit der Angabe eines Termins sowie eines Ansprechpartners veröffentlicht werden und darüber hinaus auch die Grundlage für eine persönliche Ansprache sein.

Der richtige Einsatz dieses Instrumentariums unterstützt die Gemeinde bei ihrer langfristigen Entwicklung. Damit schafft man die Voraussetzungen dafür, dass Aufgaben nicht nur kurzfristig, sondern auf Dauer von den richtigen Mitarbeitern wahrgenommen werden. Das Anforderungsprofil ist auch für die künftige Unterstützung und Entwicklung der Mitarbeiter eine wichtige Grundlage. Nur eine ganzheitliche Entwicklung der Mitarbeiter, die alle bekannten Komponenten – wie heutige und künftige Anforderungen, persönliche Voraussetzungen und das jeweilige Entwicklungspotential – berücksichtigt, kann das rechtzeitige zur Verfügung stehen der Mitarbeiter sicherstellen.

3.2 Bewertung und Beurteilung der Bewerbung

Nun geht es um eine objektive Bewertung und Beurteilung der Bewerbungen. Dies gilt auch, wenn sich nur ein Interessent gemeldet haben sollte. Hier geht es insbesondere um die Prüfung der Fragen: Welche Potentiale und Fähigkeiten bringt der Interessent für eine Erfolg versprechende Aufgabenbewältigung mit? Was hat den Interessenten motiviert, sich für diese Aufgabe zur Verfügung zu stellen? In welchem Ausmaß werden die Anforderungskriterien erfüllt?

3.3 Auswahlverfahren durchführen

Ein persönliches Gespräch ist bei jedem Auswahlverfahren unverzichtbar. Im Mittelpunkt steht hier, ob der Interessent die erforderlichen Voraussetzungen mitbringt, bereits über Erfahrungen in dem Aufgabengebiet und über menschliche Qualitäten verfügt wie Offenheit, Ehrlichkeit, Vertrauenswürdigkeit, Zuverlässigkeit usw. Vor allem sollte dem Bewerber die Aufgabe offen und umfassend dargestellt werden. Dabei sollten auch die Erwartungen der Gemeinde an ihre Mitarbeiter sowie Handlungsspielräume deutlich gemacht werden. In diesem Gespräch sollte noch keine abschließende Entscheidung über eine künftige Mitarbeit getroffen werden.

Struktur und Aufbau eines Bewerbungsgespräches

- Information über die Aufgabe
- persönlicher Werdegang
- Gestaltungsvorstellungen
- Fremd-/Selbstbild
- Motive für die Übernahme der Aufgabe
- soziales Umfeld
- Ausstattungswünsche

ideagrafik © 1999 Landmesser

Abb. 5: Struktur und Aufbau eines Bewerbungsgespräches

3.4 Entscheidung treffen

Um die Gefahr zu minimieren, dass einzelne Faktoren defizitäre Bereiche des Interessenten überstrahlen, sollte eine Entscheidung über eine künftige Mitarbeit grundsätzlich nicht von einem Einzelnen getroffen werden. In Gemeinden sollte eindeutig geregelt sein, wer die Entscheidung über neue Mitarbeiter trifft. Dafür kommen je nach Struktur beispielsweise der Vorstand, der Leitungs- oder Mitarbeiterkreis in Frage. Natürlich wird man nicht immer den „idealen" Mitarbeiter finden und muss dann entscheiden, ob die Abweichungen vom Bewerber- zum Anforderungsprofil akzeptiert werden können. In diesen Fällen ist vor allem sorgfältig abzuwägen, ob die erkannten Fähigkeiten oder Potentiale für die Übernahme der Aufgabe ausreichend sind. Hat man hier begründete Bedenken, sollte man dann auch konsequent sein und sich gegen eine Mitarbeit dieser Person entscheiden. Die Entscheidung für oder gegen Interessenten sollte zeitnah zu dem Gespräch getroffen und diesen dann auch unverzüglich mitgeteilt werden.

3.5 Mitarbeiter einführen

Die Verantwortung für die Einführung eines neuen Mitarbeiters liegt bei der Gemeindeleitung. Die oder der „Neue" sollte in einer Gemeindeveranstaltung vorgestellt und in seine Aufgabe eingeführt werden. Dies ist sowohl für die Gemeinde wie auch für den neuen Mitarbeiter ein wichtiger Akt. Damit wird in der Gemeinde Transparenz geschaffen, wer für welche Aufgaben zuständig ist, und die Gemeinde kann ihre Mitarbeiter unterstützen. Insbesondere für ehrenamtliche Mitarbeiter kann diese Einführung in Zeiten besonderer Belastungen eine Hilfe sein. Dies gilt vor allem, wenn die Einführung Berufungscharakter hat.

Wurde auf diesem Weg ein neuer Mitarbeiter gewonnen, hat man nicht ein lästiges Problem gelöst, jetzt beginnt ein gemeinsamer Weg. Insbesondere am Anfang benötigt der neue Mitarbeiter Unterstützung und intensive Begleitung, er darf in seiner neuen Aufgabe nicht allein gelassen werden. Eine dauerhafte Mitarbeiterbetreuung und -begleitung ist die Grundlage für eine langfristige und gute Zusammenarbeit in der Gemeinde.

Konnte der geeignete beziehungsweise richtige Mitarbeiter nicht sofort gefunden werden, sollte man keine zu großen Kompromisse eingehen. Es ist oftmals besser, mit der Mitarbeitersuche neu zu beginnen, als die Aufgaben einer nicht oder nur sehr bedingt geeigneten Person zu übertragen. Nicht vertretbare Kompromisse entwickeln sich künftig oft zu nicht geringen Problemen, die die Gemeindearbeit und -entwicklung erheblich belasten können.

Übrigens: Bereits im Alten und Neuen Testament wird von einer sorgfältigen Auswahl der Mitarbeiter berichtet. Eine spannende Geschichte finden Sie in Richter 7; hier wird berichtet, wie Gideon seine Mitarbeiter auswählt. In den Evangelien ist nachzulesen, wie Jesus seine Jünger beruft, und in Apostelgeschichte 1 und 6 sowie in den Timotheusbriefen wird berichtet, wie die junge Christengemeinde ihre Mitarbeiter auswählt. Hier sind ebenfalls wichtige

Hinweise zu finden, die bei der Mitarbeitergewinnung bzw. -auswahl und für die Gemeindeentwicklung wichtig sind.

4. Schlussbemerkung

Menschen, die in einer Gemeinde mitarbeiten, prägen das Bild dieser Gemeinde, gestalten in ihrer Aufgabe das Zusammenleben und machen eine Gemeindegruppe – möglicherweise sogar eine ganze Gemeinde – für andere Menschen attraktiv oder eben auch unattraktiv. Es ist darum nicht unwesentlich, welche Menschen in einer Gemeinde als Mitarbeiter gewonnen werden. Mitarbeiterpotentiale entdecken und Mitarbeiter auswählen ist eine Führungsaufgabe, die direkt bei der Gemeindeleitung angesiedelt sein sollte. Diese Aufgabe ist von strategischer Bedeutung für die Entwicklung einer Gemeinde und darf nicht dem Zufall oder der Willkür überlassen werden.

Und sollte es trotz aller Bemühungen in einer Gemeinde einmal nicht gelingen, die richtigen und geeigneten Mitarbeiter zu gewinnen, dann wenden Sie sich doch einfach an eine Nachbargemeinde mit der Bitte um Unterstützung – und wenn auch nur auf Zeit. Zugegeben, dies scheint ein ungewöhnliches Verfahren zur Mitarbeitergewinnung zu sein. Gemeinden, die Mitarbeiter an andere Gemeinden abgeben, auch wenn es nicht leicht fällt, werden dafür oftmals belohnt, indem neue Potentiale sichtbar werden und Menschen die Lücke wieder gut und kreativ schließen.

Ulrike Jooß

Mitarbeiter zu eigenverantwortlichem Handeln anleiten

In dem Moment, in dem die Mitarbeiter* entsprechend ihren Gaben, den Aufgaben und Zielen in der Gemeinde ausgewählt sind, steht das Potential zur Verfügung. Jetzt geht es vor allem darum, die in den Menschen verborgenen Anlagen zu entwickeln und die Anwendung der Fähigkeiten zu ermöglichen. Hier sind die Führungskräfte in der Gemeinde gefragt.

Das Führungsverhalten auf den Mitarbeiter ausrichten

Grundsätzlich ist eines sehr wichtig: Nicht die persönliche Art der Führungskraft bestimmt das Führungsverhalten, nicht die Mitarbeiter müssen sich mit dem persönlichen Stil der Führungskraft arrangieren, sondern Führungsverhalten muss stets situations- und persönlichkeitsorientiert am Mitarbeiter ausgerichtet werden. Wir haben es mit ganz verschiedenen Mitarbeitern, mit individuellen Persönlichkeiten in ihrem speziellen Entwicklungsstadium zu tun. Sie kommen aus verschiedenen Situationen heraus, bringen verschiedene Erfahrungen mit und sind für ganz unterschiedliche Aufgabenbereiche eingeplant. Daher brauchen sie auch eine speziell auf den Einzelnen ausgerichtete Begleitung. Verschiedene Menschen müssen verschieden geführt werden.

So erklärt es sich von selbst, dass eine Führungskraft ihr individuelles Führungsverhalten nicht so leben kann, wie es ihr selbst am angenehmsten oder einfachsten erscheint. Wir können nicht davon ausgehen, dass die Mitarbeiter sich aus diesem senderspezifischen Angebot das herauspicken, was für sie irgendwo in dieser Mischung

---

* Entsprechend den Nomen Führungskraft und Mitarbeiter verwende ich nur den jeweils passenden Artikel (weiblich/männlich), wohl wissend, dass es in einer Gemeinde sowohl weibliche als auch männliche Führungskräfte und Mitarbeiter gibt.

mitenthalten ist und geeignet erscheint. Vor allem neuen Mitarbeitern fehlt selbst noch allzu oft der Überblick, um genau abschätzen zu können, was genau ihnen weiterhelfen könnte. Die Führungskraft plant mitarbeiterspezifisch die Entwicklung des Einzelnen und lebt diese Führung in aktivem, persönlichen Kontakt.

Eine andere Überlegung könnte der „Ruf nach Gerechtigkeit" sein, um Menschen nicht verschieden behandeln zu wollen. Doch hier müssen wir uns deutlich vor Augen führen, welche praktischen Folgen aus einem solch uniformen Führungsverhalten erwachsen können. Kenneth Blanchard schreibt dazu in seinem anschaulich geschriebenen Buch „Der Minuten Manager: Führungsstile": „Ungleiche Wesen gleich zu behandeln ist nicht Gerechtigkeit, sondern Gleichmacherei." (Blanchard/Zigarmi: Der Minuten Manager: Führungsstile, Rowohlt Taschenbuch Verlag GmbH, Reinbek bei Hamburg, 1995, S. 35)

Wichtig ist also vielmehr, mit jedem Menschen in der Weise umzugehen, die er braucht. Die Führungskraft muss jedem individuell dazu verhelfen, dass er sein Potential entfalten kann, dass er Neues dazulernen und Schritte unternehmen kann, um die Aufgaben anzugehen, Lösungen zu erarbeiten, sich in die Position ganz einzubringen, die vor ihm steht. Dazu braucht der Mitarbeiter Unterstützung, und diese besteht aus verschiedenen entwicklungsfördernden Substanzen.

Drei wichtige „Substanzen": Information, Motivation und Verantwortung

Ein neuer Mitarbeiter ist darauf angewiesen, dass die Gemeindeleitung sich in ihn hineindenkt und ihm zur für ihn richtigen Zeit das gibt, was er annehmen und verstehen kann – in der für ihn geeigneten Dosierung, in der für ihn verständlichen Sprache.

Hier geht es zuerst um Information. Ein Mitarbeiter braucht Information und zwar zu den ganz verschiedenen Aspekten der Aufgabe. Dazu zählen vorneweg die Hintergründe der Aufgabe: Was spielt alles mit hinein? Welche Erfahrungen haben wir schon mit diesem Aufgabenbereich in unserer Gemeinde gemacht? Welche Informationen gibt es, die man in diesem Zusammenhang kennen muss?

Wo haben wir bisher Schritte unternommen, Entwicklungen gestartet – und welche Ergebnisse haben wir damit erzielt?

Der Mitarbeiter braucht darüber hinaus Information zu den Menschen, die ihm hier weiteren Input geben können, also zu den Kontaktpersonen: Wer denkt alles bei dieser Lösung mit? Wer spricht und entscheidet mit? Wer kann wichtige Hinweise geben? Wer kann Lösungsvorschläge machen? Wer muss miteinbezogen, wer muss befragt werden?

Drittens brauchen Mitarbeiter Informationen über das Ziel. Wie soll das genau aussehen, was wir anstreben? Wie sieht eine perfekte Lösung aus, eine vollkommene Erledigung dieser Aufgabe? Wodurch wird die Zielerreichung messbar? Wie bleibt die Planung realistisch? Welche Zeitschiene ist zu beachten?

Hat der Mitarbeiter keine exakte Vorstellung davon, welches Ziel angepeilt ist, hat er auch keine echte Chance, sich auf einen zielorientierten Weg zu begeben. Dann hat er keine wirkliche Möglichkeit festzustellen, ob das, was er erreicht, dem Ziel nahe ist, oder ob er am Ziel vorbei agiert.

All diese Informationen müssen Führungskräfte vor allem ihren neuen Mitarbeitern geben. Diese Wege, diese Gedankengänge müssen Führungskräfte vordenken. Es ist ihre Aufgabe, die Informationen für alle aufzubereiten, für die sie Führungsverantwortung tragen. Sie müssen Beispiele wählen, die ihre Mitarbeiter verstehen. Es sollten Gedankengänge sein, die aus dem Alltag, aus dem Erfahrungshorizont ihres Gegenübers stammen. Der Zeitpunkt muss so gewählt sein, dass Mitarbeiter offen sind für die Informationen. Dann wird spürbar, dass die Fakten aufgenommen und weiterverarbeitet werden. Der Mitarbeiter hat eine Möglichkeit, diese Daten so zu verwerten, dass sie in die Lösung miteinfließen und Bausteine zum Erfolg werden.

Neben der richtigen Information brauchen Mitarbeiter die entsprechende Motivation. Es ist selbstverständlich, dass auf Dauer Eigenmotivation nicht ersetzt werden kann. Mitarbeiter müssen eine Möglichkeit haben, eigene Motivation zu produzieren und darauf zurückzugreifen. Aber auch dieses Potential an intrinsischer Motivation können und müssen Führungskräfte immer wieder neu beleben, hell entfachen. Dieser Motivationsspiegel wartet geradezu darauf, dass die Gemeindeleitung mit einer entsprechenden Rückmeldung den Pegel anhebt. Aber echte Motivation läuft eben nicht über ein kurzes Lob so nebenbei, auch nicht über die sparsame Variante „nicht gemeckert ist schon gelobt genug" und funktioniert auch nicht nach dem Gießkannenprinzip. Es ist absolut wichtig, dass sich die Motivation an dem jeweils steuernden Motiv des Mitarbeiters ausrichtet.

Zwei Beispiele aus dem Umfeld Gemeindemitarbeiter mögen das verdeutlichen: Für manche Menschen ist es eine Pflicht, eine aus den Erfahrungen in der Familie übernommene Selbstverständlichkeit, dass eine Gemeinde nur wirklich ihre Aufgaben erfüllen kann, wenn die Einzelnen aktiv mitarbeiten. Diese Einstellung ist vor allem in Freikirchen zu finden, in denen die Arbeit der Laien und ehrenamtlichen Mitarbeiter eine wesentliche Stütze des Ganzen ist. Ohne diese Mitarbeiter wäre das Gemeindeleben in seiner vielfältigen Form in den Bezirken nicht vorstellbar. Jemand steigt mit ein, weil „man sich halt einbringen muss, ganz klar!". Die Gemeindeleitung kann dieses Motiv nutzen, indem sie einem solchen Mitarbeiter ganz deutlich sagt, wie wichtig es ist, dass er treu diesen oder jenen Dienst versieht, wie entscheidend es ist, dass er an dieser Stelle den Gemeindeapparat am Laufen hält und seine Kraft und Zeit mit einsetzt.

Andere fühlen sich von Gott begabt und damit auch beauftragt. Sie wollen sich zu Gottes Ehre entfalten und mit ihren Pfunden wuchern. Die Führungskraft spricht dieses Motiv an, indem sie dem Betreffenden in aktuellen, bemerkenswerten Beispielen vor Augen führt, wie sich das auswirkt, was er lebt, wo Früchte zu erkennen sind, wo andere Menschen motiviert werden, sich ebenfalls voll einzubringen und wie Gottes Kraft und Liebe spürbar mehr Raum in der Gemeinde einnehmen kann. Menschen sind verschieden, und es ist nur möglich, verschiedene Individuen zu motivieren bzw. in Bewegung zu setzen oder zu halten, wenn jeder Einzelne sich persönlich angesprochen fühlt und das Gesagte eine Resonanz bei ihm auslöst, also nicht ins Leere fällt.

Neben Information und Motivation muss die Führungskraft dem Mitarbeiter auch Verantwortung weitergeben, und zwar in dem Maß, in dem er sie tragen kann. Ein neuer Mitarbeiter fühlt sich von zu viel Verantwortung – frei nach dem Motto „Nun wissen Sie ja, worum es geht. Jetzt machen Sie mal! Sie schaffen das schon!" – oft überfordert. Er kann diesen Berg nicht überschauen und weiß nicht, wo und wie er Lösungswege ansetzen kann. Hier ist es wichtig, den Mitarbeiter nicht sich selbst zu überlassen. Die Verantwortung für die entsprechende Aufgabe trägt die Führungskraft selbst und kommuniziert dies klar im Sinne von: „Wir gehen diesen Weg miteinander. Ich trage Verantwortung für das, was Sie tun, und ich trage die Verantwortung dafür, dass wir miteinander ein positives Endergebnis erreichen. Bringen Sie sich voll ein, ich begleite Sie auf diesem Weg."

Das ist eine entspannende und erfolgversprechende Möglichkeit für einen Neuen, um einzusteigen. So wachsen Mitarbeiter Stück für Stück in ihren Aufgaben. Sie erlernen die Fähigkeiten, die Voraussetzung für Eigenverantwortlichkeit sind, und später kann dann mehr und mehr Verantwortung übergeben werden.

Verantwortung kann zum einen übertragen werden für den Weg, der zum Ziel führt, also: Wie mache ich es? Welche Schritte unternehme ich? Wie plane ich? Welche Ressourcen setze ich ein? Zum anderen für das Ergebnis selbst: Welches Ziel strebe ich an? Welche Qualität bringt die Zielerreichung? Wie führe ich das erreichte Ziel weiter in der Gesamtplanung? Und natürlich auch für die Rückmeldung: Wenn einmal alle Verantwortung übertragen ist, dann ist es der Mitarbeiter, der das Lob für die Zielerreichung erntet, Anerkennung oder auch andere Kritik entgegennimmt. Dann trägt der Mitarbeiter die Verantwortung für den gesamten Prozess.

Dies sind also die wichtigen Essenzen, die wohldosiert die eigenverantwortliche Entwicklung eines Mitarbeiters positiv beeinflussen: Information, Motivation und Verantwortung.

Kompetenz und Engagement entwickeln helfen

Kompetenz und Engagement lassen wie Kraftstoff und Öl den „Motor" laufen, den jeder Mensch in sich hat und der ihn zu eigenem Handeln befähigt. Kompetenz ist – kurz zusammengefasst – die Mischung aus eigenen Kenntnissen und Erfahrungen, die sich ein Mensch in einem Aufgabenbereich hat erwerben können: Was bringt einer mit an Wissen, an Know-how, und welche eigenen Erfahrungen hat er schon gemacht?

Das „Schmieröl", das Engagement, ist zusammengesetzt aus Selbstvertrauen und Motivation, dem Interesse, der Begeisterung, die ein Mensch mitbringt: Wie fest steht er auf diesem Boden? Wie stark bringt er sich ein? Wieviel traut er sich selbst zu? Wie groß ist seine Begeisterung und sein Leistungswille hin zum Ziel?

In diesen zwei „Stoffen" liegt das Potential zum eigenverantwortlichen Handeln, und je nach Situation und Mensch sind sie ganz verschieden ausgeprägt. Mitarbeiter entwickeln sich und durchlaufen verschiedene Stadien. Die unterstützende und fördernde Führungskraft passt ihr eigenes Verhalten dem jeweiligen Stadium an, um den Prozess positiv zu beeinflussen und Menschen zu befähigen eigenverantwortliches Handeln zu erlernen.

Das erste Stadium: Viel Motivation, kaum Kompetenz

Ein Mitarbeiter, der neu in eine Aufgabe hineingestellt wird, kommt oft mit einem großen Engagement. Die Begeisterung ist ansteckend, der Leistungswille enorm und auch das Selbstvertrauen entsprechend stark: „Jawohl, das kann ich, das will ich und das werde ich tun!" Das „Schmieröl" Engagement lässt den Motor auf Hochtouren und rund laufen.

Dagegen ist Kompetenz in diesem Stadium oft noch kaum vorhanden. Die Einzelnen verfügen noch über sehr wenig Kenntnisse. Sie wissen noch wenig Aufgabenspezifisches, haben kaum eine Vorstellung davon, wie die Lösung der Aufgabe sich gestalten kann, wie die einzelnen Schritte ablaufen werden, wie andere Menschen auf ihre Aktivitäten reagieren werden. Sie kennen noch nicht die natürlichen Widerstände. Sie haben noch keine verwertbaren Beziehungen aufgebaut zu denen, die in diesem Umfeld unterstützend mitdenken. Sie haben noch keine konkrete Vorstellung, wie das Ziel wirklich aussieht. Sie haben es noch nie selbst erreicht und wissen daher nicht exakt, was alles dazu gehört, um dieses Ziel zu verwirklichen.

Ein solcher Mitarbeiter braucht nicht motiviert zu werden, denn er steht ja schon bereit, „scharrt mit den Hufen", will direkt loslegen. Er braucht vielmehr Information, er sollte „betankt" werden. Er muss ganz klar gesagt bekommen, was alles getan werden muss, was alles dazugehört, um dieses Ziel zu erreichen. Hier müssen Informationen gegeben werden zu vielen Details und zum großen Überblick. Die

Gemeindeleitung muss die Teilziele, die Zwischenstadien auf dem Weg zum Ziel, lebendig und anschaulich in Worten ausmalen, damit der Mitarbeiter genau weiß, wann er ein solches Etappenziel erreicht hat.

Hier ist es gut, wenn die Führungskraft eine ganz enge Begleitung anbietet, selbst Verantwortung behält und mit dem Mitarbeiter diesen Weg ganz klar strukturiert, durchdenkt und plant. Der Mitarbeiter führt die Handlungen aus, und die Führungskraft geht den Weg in geringer Distanz mit. So ist es möglich, dass der Mitarbeiter durch diese gemeinsame Gestaltung des ganzen Weges an Know-how gewinnt. Er lernt Stück für Stück dazu, erfährt, was alles miteinfließt, was er alles berücksichtigen muss und wo er sich Informationen beschaffen kann. So gewinnt er an Kompetenz. Sein Engagement ist groß, also wird er alles einsetzen, was er an Potential zu bieten hat und kann an Kenntnissen und Erfahrung dazugewinnen. So wird er mit der Führungskraft zusammen ein erfolgreiches Ergebnis erreichen und dieser Erfolg, diese positive Zielerreichung, wird ihm wiederum helfen, sein Engagement zu erhalten. Dies ist eine gute Ausgangsbasis, um in dem nächsten Aufgabenprozess mit mehr Kompetenz und gutem Engagement ans Werk zu gehen.

Würde die Gemeindeleitung einem solchen Mitarbeiter die Informationen nicht geben, die er dringend braucht und von denen er nicht unbedingt selbst weiss, dass er sie nicht hat, würde er trotz all dem Engagement mit vollem Schwung „den Tank leerfahren" und „am Straßenrand liegen bleiben". Das wäre ein teuer bezahlter, vermeidbarer Frust.

Wenn das Engagement nachlässt –
Das zweite Stadium

In den meisten Fällen entwickelt sich der Mitarbeiter nach einem ersten Stadium deutlich weiter. Das Engagement wird oft kleiner. Er hat meist schon durch ein einfaches erstes Umsetzenwollen gemerkt, was er alles noch nicht weiß. Er ahnt und fürchtet, dass der Weg noch weit ist, bis er selbständig und qualifiziert den Aufgabenbereich ausfüllen kann. Er hat erfahren, welche Widerstände damit verknüpft sind, welche Hindernisse er umkurven muss, was er an Energie aufwenden muss, um zum Ziel zu gelangen. Das macht oft müde. Das Engagement lässt nach, die Kompetenz dagegen ist bereits gewachsen. Er hat durch den ersten Durchlauf zum Ziel dazugelernt. Seine Kompetenz ist meist noch nicht voll entwickelt, aber doch deutlich größer geworden.

Bei einem solchen Mitarbeiter sollte die Führungskraft neu motivieren, neu helfen, den richtigen Schwung zu entwickeln. Da der Mitarbeiter an Kompetenz hinzugewonnen hat, sind nicht mehr so viele Informationen nötig wie im ersten Stadium. Die Gemeindeleitung bespricht ihre Entscheidungen mit ihm, argumentiert ihre Vorschläge und ermuntert ihn zu eigenen Gedanken. Die Führungskraft unterstützt seine Ideen, korrigiert wenn nötig, zeigt, wie es möglich wird, auf die Zielgerade zu gelangen und baut so viel wie irgend möglich aus seinem Potential in den Lösungsprozess mit ein.

Die Verantwortung liegt weiter bei der Führungskraft, damit ein positives Ergebnis sichergestellt werden kann. Denn aufgrund der noch mangelhaften Kompetenz ist die Wahrscheinlichkeit einer negativen Zielerreichung durch eigenverantwortliches Handeln des Mitarbeiters in diesem frühen Stadium noch hoch. Also begleitet die Führungskraft ihren Mitarbeiter in etwas größerem Abstand auf diesem Weg, motiviert und führt zum Erfolg.

Das dritte Stadium:
Einen Teil der Verantwortung übernehmen

Nach dieser Stufe wird in einem dritten Stadium das Engagement des Mitarbeiters wieder gewachsen sein. Er spürt deutlich, dass er jetzt auf mehr Wissen und Erfahrungen aus der Praxis zurückgreifen kann. Sein Spielraum wird größer, seine Entscheidungsgrundlagen werden breiter, seine Möglichkeiten werden vielfältiger. Die Führungskraft überträgt jetzt einen Teil der Verantwortung an den Mitarbeiter. Sie motiviert ihn zu seinen eigenen Konzeptionen, zu seinen eigenen kompletten Lösungswegen. Eventuelle Hindernisse räumt sie weg, macht ihm den Weg frei, damit er wirklich mit der von ihm geplanten Strategie zum Ziel kommt. Die Gemeindeleitung nutzt nun das vollständig ausgebaute Kompetenzpotential des Mitarbeiters. Er verfügt über das nötige Wissen und kann sich selbst die Informationen beschaffen, die ihm noch fehlen. Er kennt jetzt die Kontaktpersonen und weiß ganz genau, wie das Ziel aussieht. Nun ist es wichtig, ihm keine weiteren Vorschläge zu machen, keine Ratschläge zu erteilen, keine Bedenken zu äußern oder auf mögliche Folgen hinzuweisen. Der Mitarbeiter setzt sein Potential ein, und die Führungskraft fördert lediglich sein Engagement. Sie überträgt ihm real einen Teil der Verantwortung, damit er auch diese Chance und diese Last spürt und in den Zielerreichungsprozess mit einbringt.

Das vierte Stadium: Eigenverantwortliches Handeln

Durch diese Entwicklungsstufen ist es möglich, jetzt im vierten Schritt einen Mitarbeiter zu haben, der sowohl im Engagement, als auch in der Kompetenz voll ausgebildet ist. Er ist mehrfach in verschieden enger Begleitung den Weg zum Ziel gegangen. Er kennt das Ziel, er kennt den Weg dorthin. Er speist sein eigenes Engagement, seine Motivation aus dem selbst erarbeiteten Erfolgserlebnis heraus. Er weiß, dass er gut geworden ist, er weiß, dass er die Qualifikation für eine gute Zielerreichung hat. Einem solchen Mitarbeiter kann und soll alle Verantwortung übertragen werden. Verantwortung für den Weg zum Ziel, für die einzelnen Teilziele, für das Endergebnis und natürlich auch für die Rückmeldungen. Das ist der Erfolg verspre-chende Weg und auch das Ziel jeder Führungskraft: Mitarbeiter zum eigenverantwortlichen Handeln anleiten.

Die Vorgehensweise erscheint vielleicht etwas zu komplex, viel-leicht etwas aufwendig oder sogar praxisfern. Aber das ist genau die Methode, die bei Menschen funktioniert. Das ist genau die Art, in der Gott mit uns umgeht. An einer Stelle aus der Apostelgeschichte ist deutlich zu erkennen, dass Gott uns Menschen so angelegt hat und uns als Mitarbeiter in dieser Weise behandelt. Hier befähigt er Petrus zu eigenverantwortlichem Handeln. Es ist nicht der erste Auftrag, den Petrus erhält. Petrus hat schon eine Menge Erfahrung und Wissen gesammelt, aber es gibt Dinge, die neu für ihn sind, total neu. Gott befähigt ihn, Schritte in diesem neuen Aufgabengebiet zu machen.

In Apostelgeschichte 10, 1-35 lesen wir, wie Petrus auf dem Dach seines Hauses steht. Er hat Hunger. Man bereitet ihm gerade sein

Essen, und all seine Körperfunktionen sind auf diese Situation einge-stellt. Gott will mit ihm sprechen. Er wählt ein Bild, das Petrus gera-de jetzt voll und ganz versteht, ein Bild vom Essen. Die Aussage die-ses Bildes ist neu, und Petrus wehrt sich dagegen. Alles, was er bis-her an Erfahrungen und Wissen aufzubieten hat, steht dieser neuen Information entgegen. Gott kennt diesen Widerstand und geht mit der nötigen Geduld auf ihn ein. Er zeigt ihm dreimal das gleiche Bild, die selbe Information. Petrus versteht nicht, was Gott ihm damit sagen will, und Gott führt ihn weiter in die neue Aufgabe hinein, indem er ihm sagt: „Die zwei Männer sind gekommen, gehe mit ihnen. Du brauchst keine Bedenken zu haben. Ich habe sie gesandt."

Gott gibt nicht nur die Information, sondern er stärkt Petrus auch den Rücken, er übernimmt die Verantwortung für diesen neuen Weg. Also kann Petrus den Schritt ins Unbekannte wagen, im Vertrauen auf seine Führungskraft. Als er im Haus des Kornelius ankommt, weiß er immer noch nicht, was er dort soll. Erst nachdem er mit ihm gespro-chen hat, versteht er die neue Aufgabe. Er hat an Kompetenz in einem neuen Feld dazu gewonnen. Über das Eigentliche des Auftrages, über das, was Petrus dort bei Kornelius tun soll, verliert Gott kein einziges Wort. Dies wäre überflüssig und auch frustrierend für Petrus. Petrus beherrscht diesen Teil perfekt. Ab hier weiß er, wie der Weg zum Ziel aussieht. Er kennt das Ergebnis und kann die Verantwortung dafür selbst übernehmen. Keine einzige Information, keine Motivation, alle Verantwortung liegt ab hier bei Petrus. So geht Gott mit uns um, absolut situationsorientiert, auf den einzelnen Menschen abgestimmt, nicht mehr als wir brauchen und nicht weni-ger. Gott gibt uns das richtige Maß an Information, Motivation und Verantwortung.

Gerade in dem Bereich der christlichen Führungskräfte soll noch auf einen anderen Schwerpunkt hingewiesen werden. Die Mitarbei-ter sind wie die Gemeindeleitung vor allem Gott verantwortlich. Es darf nicht sein, dass Führungskräfte zum Engpass werden, so dass Mitarbeiter nicht das umsetzen können, wofür Gott sie beauftragt und befähigt. Bedeutsam ist hier die Stelle aus 1. Samuel 3,1-18. Gott spricht mit Samuel. Gott gibt Samuel Informationen zu einer Zeit, in der es gar nicht oft geschah, dass Gott direkt mit Menschen spricht und Visionen gibt. Samuel bekommt Informationen an seiner Führungskraft Eli vorbei. Besonders schmerzlich ist, dass die

Führungskraft Inhalt der Information ist und dass die Information keine positive ist. In solchen Situationen wird deutlich, ob Führungskräfte offen dafür sind, dass Mitarbeiter anders denken, anders handeln, anders beauftragt werden, als sie es selbst für richtig oder möglich halten. Wichtig ist, dass die Führungskraft mit eventuell tauben Ohren oder verklebten Augen, vielleicht mit Schuld, die vom Informationskanal Gottes trennt, nicht zum Bremsklotz wird. Eli ist offen. Eli hört, was Samuel mehr hat als er selbst. Eli bremst nicht. Eli weiß, Samuel ist vor allem Gott verantwortlich. Und er als Führungskraft will sich auch diesem Führer beugen.

Ich möchte dazu motivieren, dass wir in unseren Gemeinden wieder neu ganz lebendig von Gott geführt werden und offen dafür sind. Dass wir Mitarbeiter situationsgerecht und persönlichkeitsorientiert führen und dass wir uns von Gott für diese Aufgabe befähigen lassen, anleiten lassen, von ihm abschauen und lernen.

Günter Sauder

Menschen führen – Leben wecken

1. Das Verständnis von Führung

Unsere Sprache sagt viel aus. Wenn wir von Führung sprechen, dann meinen wir Personen in wirtschaftlichen, politischen, kirchlichen oder anderen Organisationen, die anderen vorgesetzt sind. So sprechen wir von den Vorgesetzten. Den zu Führenden bezeichnen wir als den Untergebenen. Diese Worte drücken eine bestimmte Haltung aus. Es gibt aber auch eine andere Sprache, die die Würde des anderen besser zum Ausdruck bringt: Führender bzw. Führungsperson auf der einen Seite und Mitarbeiter bzw. Geführter auf der anderen Seite.

Führung in Beruf und Familie
Wir haben uns angewöhnt, den beruflichen Bereich als den typischen Bereich für Führung anzusehen. Aber auch Eltern beispielsweise, die ihre Kinder erziehen, nehmen Führungsaufgaben wahr. Jeder Vater, jede Mutter ist Führungskraft, und sie führen durch das eigene persönliche Beispiel, das sie ihren Kindern geben, und es können gute oder schlechte Beispiele der Führung sein. Eltern „wirken durch ihre Kinder hindurch", damit sie bestimmte Ziele erreichen. So beschreiben wir Führung. Denn Führen heißt nichts anderes, als durch andere Menschen hindurchzuwirken auf bestimmte Ziele hin.

Führende sind Schuldner
Diese Betrachtungsweise mag uns fremd sein. Aber sie beschreibt den wahren Charakter der Führung und weist deutlich auf die Verantwortung hin, die Führende zu übernehmen haben. Denn Führende schulden ihrem Unternehmen zufriedene Kunden, finanzielle Gesundheit, fortlaufende Innovationen sowie gute Beziehungen, die für den Fortbestand von grundlegender Bedeutung sind.

Wenn wir auf den Kreis der Geführten schauen, dann lässt sich das so formulieren: Führende schulden ihren Mitarbeitern Anleitung und Unterstützung in der Arbeit, die Möglichkeit zur Entfaltung, die

Freiheit, ihre Begabungen zu leben. Sie schulden ein Klima für Offenheit, Freude, Wachstum und gegenseitige Wertschätzung.

Führen heißt „Leiten von Seelen"

Benedikt von Nursia, der Begründer des Benediktinerordens, hat sich eingehend mit Führung befasst. Er beschreibt ausführlich die Anforderungskriterien der Führung in einem Kloster. Über die Eigenschaften des Abtes führt er aus: „Er soll wissen, wie schwer und mühevoll die Aufgabe ist, die er übernommen hat: Seelen zu leiten und der Eigenart vieler zu dienen." (Vgl. Grün, Anselm: Menschen führen – Leben wecken, Vier Türme, Münsterschwarzach, 1998, S. 95f.)

Führen heißt Leiten von Seelen. Diese Definition ist ganz allgemein gehalten, und sie unterscheidet nicht nach Kloster, Familie, Kirche oder Wirtschaftsunternehmen. Aber sie macht die Haltung des Führenden deutlich: Nicht einfach nur Subjekte führen, sondern den tiefsten Kern menschlichen Seins ansprechen.

Wie es hier heißt, ist es eine schwere und mühevolle Aufgabe. In den Unternehmen, Kirchen und Institutionen finden wir häufig etwas ganz anderes, nämlich dass man sich darum reißt, endlich Führungskraft zu sein. Eigentlich müsste man die Frage nach der Eignung viel deutlicher stellen und Merkmale definieren, die eine Person unbedingt erfüllen muss, bevor man ihr Verantwortung über das Leben anderer Menschen gibt.

Benedikt von Nursia führt weiter aus, dass der Führende daran zu denken habe, dass er die Leitung von Seelen übernimmt, für die er einst Rechenschaft abzulegen habe. Wer denkt eigentlich daran, Rechenschaft über seine Führung abzulegen? In Unternehmen und Organisationen wird für fast alles Rechenschaft abgelegt: Wir kontrollieren, ob eine Führungskraft ihre Ergebnisse erreicht hat, ob sie die Kosten radikal senken konnte, ob die Konkurrenz aus dem Feld geschlagen wurde, wir kontrollieren die Anwesenheitszeiten usw. Aber – wir verlangen keine Rechenschaft über die Führung. Gewiss gibt es Ansätze dafür. Aber der Stellenwert stimmt nicht. Es meint hier: Rechenschaft darüber ablegen, was aus meiner Führung erwachsen ist.

2. Die Persönlichkeit des Führenden

Selbstwertgefühl

Führende brauchen als Erstes die Fähigkeit, mit sich selbst und anderen konstruktiv umgehen zu können. Dies setzt eine eigene psychische Stabilität voraus, die in der Psychologie als Selbstwertgefühl bezeichnet wird.

Ein Mensch, der Selbstwertgefühl hat, erlebt sich und sein Leben in einer positiven Grundstimmung, die es ihm ermöglicht, sein Hiersein auf dieser Welt mit Freude anzunehmen. Es handelt sich um ein positives Grundgefühl, das aus einer Wertschätzung des Menschen sich gegenüber resultiert. (Vgl. Kirchner, Baldur: Fühlen und Führen, Gabler, Wiesbaden, 1996, S. 47ff.)

Für die Entstehung des Selbstwertgefühls ist die Zuwendung in den frühen Kinderjahren wichtig. Sie befähigt einen Menschen, später nun seinerseits anderen Menschen Zuwendung zu geben. Nur wer sich in seinem Inneren besitzt, gleichsam bei sich ist, kann sich auch an andere Menschen verlieren. So antwortet Jesus den Schriftgelehrten auf die Frage nach dem Leben: Du sollst Gott deinen Herrn lieben, du sollst dich lieben und deinen Nächsten mit dem Maßstab, wie du dich selbst liebst. Jesus wörtlich: „Wenn ihr das tut, werdet ihr leben!"

Für Führende ist es besonders wichtig, ein gutes Selbstwertgefühl zu haben. Manchmal überkompensieren Führende ihre Defizite durch Über-Aktivitäten. Sie kommen nicht zur Ruhe während ihres aktiven beruflichen Schaffens. Erst in der Phase des Ruhestandes bricht bei ihnen die Suche nach der eigenen Identität schmerzhaft hervor. Ihre Maxime war ein Berufsleben lang: Ich mag mich, weil ich etwas leiste, weil ich es zu etwas gebracht habe. Den tragfähigeren Urgrund dagegen drückt das Prinzip aus: Ich mag mich, weil es mich gibt.

Kommunikationsfähigkeit

In vielen Unternehmen und Organisationen haben wir keine gute Kommunikationskultur. Die Menschen reden viel, aneinander vorbei, durcheinander. Die Menschen hören nicht mehr zu, teilweise können sie es gar nicht mehr, weil sie nur auf „Senden" eingestellt sind.

Dabei ist Kommunikation die Voraussetzung gemeinsamen Lebens und Arbeitens. Auch und gerade die Führung ist ohne Kommunikation nicht denkbar. Durch Kommunikation geben Menschen gegenseitig Anteil, sie bleiben in Kontakt, bauen Vertrauen auf, betreiben ihre Geschäfte.

Im Rahmen einer Großveranstaltung eines Industriekonzerns zum Thema „Leadership und die lernende Organisation" wurde einhundertfünfzig Führungskräften die Frage gestellt: Welches sind die wichtigsten Führungsfähigkeiten in der Zukunft? An erster Position stand die „Fähigkeit zu interner Kommunikation". Deutlich abgeschlagen an zweiter Stelle „Durchsetzungsfähigkeit" und erst dann kam „Fachkompetenz". Andere Umfragen kommen zu vergleichbaren Ergebnissen.

Ein wichtiger Kernpunkt der Kommunikation ist die Fähigkeit zuzuhören. Für manche Menschen ist die verbale Interaktion lustvoller Selbstbezug mit dem Ziel, sich selbst mitzuteilen und eigene Bedürfnisse kundzutun. Auch viele Führende bevorzugen Einwegkommunikation durch monologisierende Darstellungen. Kommunikation ist aber keine Einbahnstraße. Zuhören setzt aktives Interesse am anderen voraus, verlangt die Bereitschaft, ihn ausreden zu lassen und das herauszuhören, was der andere gemeint hat.

Gute Kommunikation bedeutet Respekt vor dem Individuum. Die Herausforderung besteht darin, die Kommunikation zu einem wichtigen Instrument der Führung und Zusammenarbeit zu machen.

Die Praxis zeigt, dass Kommunikation viel Zeit beansprucht. Eine Führungskraft muss mehr Zeit für Kommunikation aufwenden als für irgendeine andere Tätigkeit.

Fähigkeit zum Dienen

Das Problem in Beruf und Familie ist, dass Dienen im Rahmen der Führung kaum Beachtung findet. In den meisten Beurteilungssystemen kommt das Kriterium „Dienen" nicht vor. Die Fähigkeit oder Unfähigkeit zum Dienen wird nicht bewertet. Auch in den Familien findet das Dienen tendenziell immer weniger Beachtung.

Dienen spielt in unseren Tagen eine eher untergeordnete Rolle. Niemand will dienen, alle wollen verdienen. Häufig ist uns nicht bewusst, dass auch Verdienen nur durch Dienen möglich ist. Denn im Wort „Verdienen" ist das Wort „Dienen" unübersehbar enthalten.

Wodurch ist Dienen gekennzeichnet?

- Durch die Fähigkeit, sich in die Lage eines anderen Menschen zu versetzen, seine Seele zu verstehen, ihn zu unterstützen und nicht zu erwarten, dass dieser Mensch dankbar zu sein habe.
- Dienen meint, bei dem was man tut, nicht danach zu fragen, was es einem selbst an Vorteilen oder Ansehen bringt. Das tiefe Interesse am anderen Menschen steht im Vordergrund.
- Dienen ist gekennzeichnet durch das Bemühen, andere sich entfalten zu helfen und erfolgreich zu machen, sie zu begleiten und tragfähige Beziehungen zu entwickeln. Eine dienende Haltung freut sich über Wachstum bei anderen Menschen.

Mit zunehmender Intensivierung des Wettbewerbs, und dies gilt für alle Organisationen, lassen sich Vorteile nicht mehr – wie in der Vergangenheit – dadurch erzielen, dass mehr in die Entwicklung neuer Ideen, Automatisierung und Modernisierung oder in Software investiert wird. Der Erfolg im Wettbewerb hängt vor allem davon ab, wie sich die Mitarbeiter untereinander und in ihren Beziehungen nach außen verhalten werden. Die Prüffragen lauten: Dienen wir den Kunden? Dienen Führungskräfte ihren Mitarbeitern? Dienen Mitarbeiter ihren Führungspersonen?

Vertrauensfähigkeit
Das Wort „Vertrauen" kommt von „trauen". Trauen wiederum heißt „fest machen". Leben wecken heißt anderen Menschen trauen, ihnen etwas zutrauen. Dies hat mit glauben und hoffen zu tun, auch mit wagen.

Wie entsteht Vertrauen? Vertrauen bekommt man nicht geschenkt. Man muss es sich verdienen im kontinuierlichen umgänglichen Miteinander. Vertrauen ist ein gegenseitiger Prozess, man gewinnt es, indem man es gewährt, es bedarf des Vorschusses, gelegentlich der riskanten Vorleistung.

Zur Vertrauensbildung ist eine angstfreie Atmosphäre nötig. Angst ist der Feind des Vertrauens. Eines der größten Hindernisse zur Entfaltung des Lebens ist die Angst, Fehler zu machen oder der Wunsch, perfekt zu sein.

Vertrauen entsteht außerdem durch die Bereitschaft, Fehler tolerant zu beurteilen. Der Sinn wirksamer Organisationen besteht auch im Lernen und nicht im gedankenlosen Produzieren.

Vertrauen erwächst aus der Glaubwürdigkeit. Glaubwürdigkeit im beruflichen Alltag und auch ganz allgemein hat einen hohen Stellenwert. Wir wünschen uns Kollegen, Vorgesetzte und Mitarbeiter, die glaubwürdig sind. Wenn Führungskräfte Probleme mit der Glaubwürdigkeit haben, dann finden sie kein Vertrauen bei anderen und insbesondere auch nicht bei ihren Mitarbeitern.

3. Der Umgang mit den Menschen: Wie führen?

Zielorientiert führen: „Einen Dom bauen!"
Auf einem Bauplatz wird ein Arbeiter von einem Passanten gefragt: „Entschuldigen Sie bitte, was tun Sie hier?"

Antwort: „Ich maure!"

Der Passant geht ein paar Schritte weiter und stellt dieselbe Frage einem zweiten Arbeiter. Dieser antwortet: „Wir bauen einen Dom zur Ehre Gottes."

Welch ein Unterschied! Dies ist doch die alles entscheidende Frage: „Mauern wir nur" oder „bauen wir einen Dom zur Ehre Gottes?"

Wo haben wir unsere Defizite? Nachholbedarf besteht in der Formulierung strategischer Ziele, die mittelfristigen Charakter haben, und operativer Ziele, die gewöhnlich für ein Jahr gelten. Beides ist wichtig.

Ein erfolgreiches und zugleich faires Führungskonzept heißt: „Führen durch Zielvereinbarung."

Bekanntlich sind personelle und materielle Ressourcen einer jeden Organisation begrenzt. Um dennoch erfolgreich zu sein, ist es von existentieller Bedeutung, die Potentiale einer Organisation auf die richtigen Aktionsfelder zu lenken. So hilft ein Zielvereinbarungssystem bei der Entscheidung, auf welche Aufgaben man die Kräfte konzentrieren soll. Es beschreibt und definiert nicht nur Aktionen, sondern Ergebnisse. So lernen Menschen, auf bestimmte Ziele hin ihre Arbeit auszurichten.

Konsequent delegieren: „Mach dir's leichter"
Überlastung bei Führungskräften und mangelnde Nutzung des Potentials bei den Mitarbeitern ist kein Problem nur unserer Zeit. Mangelnde Delegationspraxis gab es schon zur Zeit des Alten Testaments.

Im 2. Buch Mose sagt Jethro zu seinem Schwiegersohn Mose: „Was tust du mit dem Volk? Warum musst du ganz allein da sitzen, und alles Volk steht um dich her vom Morgen bis zum Abend? Es ist nicht gut, wie du das tust. Du machst dich zu müde, dazu auch das Volk, das mit dir ist. Das Geschäft ist dir zu schwer, du kannst es alleine nicht ausrichten. Sieh dich aber unter dem ganzen Volk um nach redlichen Leuten, die Gott fürchten, wahrhaftig sind und dem ungerechten Gewinn fremd. Die setze über sie als Oberste über tausend, über hundert, über fünfzig und über zehn, daß sie das Volk allzeit richten. Nur wenn es eine größere Sache ist, sollen sie diese vor dich bringen, alle geringen Sachen aber sollen sie selbst richten. So mach dir's leichter und lass sie mit dir tragen."

Die Botschaft heißt: Gib Arbeit ab und „lass andere mit dir tragen". Dies ist eine der wichtigsten Grundregeln kooperativer Führung. Ein Seminarleiter berichtete, dass 60 Prozent der befragten Führungskräfte aus vielen Seminaren auf die Frage: „Sollte Ihr Delegationsbereich erweitert werden" mit „Ja" antworteten. Es ist dringend nötig, diesen Delegationsspielraum auszuschöpfen!

Was sind die Vorteile des Delegierens? Es verschafft dem Führenden Zeit und Energie für die wirklich wichtigen Aufgaben. Delegieren-Können demonstriert Vertrauen. Vertrauen in die Fähigkeiten der Mitarbeiterinnen und Mitarbeiter. Es zeigt, dass ich anderen etwas zutraue und sie sich bewähren können in anderen und schwierigeren Aufgabenstellungen.

Das Vermögen und der Wille zur Delegation sind Prüfsteine der Führung. Aber wir erleben auch, dass Menschen Entscheidungen möglichst hoch aufgehängt haben möchten, um die eigene Bedeutung und Macht zu stabilisieren und dass auch die Mitarbeiter selbst Verantwortung nach oben abschieben, offenbar trauen sie sich selbst zu wenig zu. Hier sind Veränderungsprogramme nötig, um eine konsequente Delegation von Aufgaben, Zuständigkeiten und Verantwortlichkeiten zu erreichen. Viele Führungskräfte haben dies erkannt und arbeiten an der Umsetzung.

Als Team arbeiten: „Stärken multiplizieren"

Jeder Mensch arbeitet nicht nur für sich, sondern auch in Teams. Dies gibt viel Sinn, denn Teams erbringen bei bestimmten Aufgabenstellungen ein besseres Ergebnis als Einzelpersonen. Die Chance besteht darin, dass Menschen sich gegenseitig ergänzen und als Team kraftvoll agieren.

In Prediger 4,9-12 heißt es: „Es ist besser, man sei zu zweien als allein; denn der Arbeitslohn fällt um so besser aus. Denn wenn sie fallen, so hilft der eine dem anderen auf; wehe dem, der allein ist, wenn er fällt und kein zweiter da ist, um ihn aufzurichten! Auch wenn zwei beieinander liegen, so wärmen sie sich gegenseitig; aber wie soll einer warm werden, wenn er allein ist? Und wenn man den einen angreift, so können die beiden Widerstand leisten; und eine dreifache Schnur wird nicht so bald zerrissen!"

Es gilt als erwiesen, dass individuelle Fähigkeiten in Zweierschaft oder in größeren Teams effektiver sind. Dahinter steckt ein Geheimnis: Im Team lassen sich Stärken ausbauen und Schwachstellen minimieren, weil Lernen ermöglicht wird. Das Ergebnis: Die Stärken addieren sich und die Schwächen treten nicht so hervor.

In allen Organisationen haben wir heute das gleichberechtige Miteinander von Frauen und Männern. Es macht sehr viel Sinn, die Chancen gemeinsamen Arbeitens zu nutzen. Wenn Frauen beteiligt sind, wird das Klima in Teams meist offener und die Diskussion lebendiger. Frauen helfen, zum Kern der Sache zu kommen, was ungemein effizient ist. Sie haben einen besseren Zugang zu den Gefühlen und ergänzen die mehr sachliche Vorgehensweise der Männer.

Teams haben noch eine andere wichtige Chance. Man kann einen jungen, nach vorne drängenden Mitarbeiter mit einem durch das Leben erfahren und klug gemachten älteren Menschen zusammenbringen. Dann gibt es das ideale Gespann. Der junge Mensch ist imstande, den Älteren noch einmal richtig mitzureißen und in ihm Erinnerungen zu wecken, die ihn vorwärts bringen, und der ältere Mensch weiß, den Jungen wo nötig mit dem notwendigen Takt zu bremsen. So gilt die Empfehlung, im beruflichen Alltag diese Chance bewusst zu nutzen.

Sprache der Ermutigung: „Wachstum ermöglichen"

Jesus war ein Meister der Ermutigung. Ihm wird ein junger Mann vorgestellt, Simon, von seinen Charakterzügen eher weich, heute so und morgen so, das Gegenteil von zuverlässig. Jesus sieht diesen Menschen an, und dann kommt das entscheidende Wort der Ermutigung: Du bist Simon, du wirst Petrus genannt werden. Petrus heißt Granitblock, der Inbegriff der Stabilität.

Petrus hat Jahre gebraucht, um in diese Perspektive hineinzuwachsen, aber er ist hineingewachsen.

In der Führung gibt es vielfältige Möglichkeiten, Menschen zu persönlicher Reife zu führen. Den einen gilt es zu ermutigen, einen andern zu trösten und den dritten zu korrigieren. Den jungen Menschen anders zu behandeln als den älteren und umgekehrt. Männer anders als Frauen.

Es bedarf dabei einer wichtigen Voraussetzung. Der inneren Einstellung nämlich, dass die Menschen einzigartig, dass sie eine Schöpfung Gottes sind. Im Rahmen eines Forums für 120 Führungskräfte fragte die Moderatorin die anwesenden Manager: „Lieben Sie eigentlich Ihre Mitarbeiter?"

Sie griff ein Wort von Mutter Teresa auf, die auf einem großen Kongress den anwesenden Top-Managern die Frage stellte: „Do you love your people?" Lieben Sie Ihre Mitarbeiterinnen und Mitarbeiter so, wie Sie sich selbst lieben?

Ermutigung ist also ein wichtiger Bestandteil der Führung. Wer dies nicht kann, weil er von seinen persönlichen Krisen und Zweifeln her ständig mehr Probleme als Lösungen sieht, ist zur Führung wenig geeignet. Natürlich erleben auch Führungskräfte berufliche und persönliche Krisen. Es gibt kein Dauervorbild. Aber wichtig ist eine generell positive Grundstimmung zum Leben und zu den Menschen.

Feedback geben: „Zur Reife führen"

Wir alle sind kaum geübt, mit Kritik konstruktiv umzugehen. Sei es, dass wir andere kritisieren oder uns der Kritik anderer aussetzen. Kritik wird unbewusst mit frühkindlichen Erinnerungen gekoppelt. Mit Ängsten der Bestrafung oder Zuwendungsentzug.

Viele Personen drücken sich davor, schlechte Leistungen oder unangebrachtes Verhalten zu kritisieren. Das Problem: Wir geben den Menschen, die wir führen, nicht die Chance, persönlich zu wachsen. Kritik wird nicht ehrlich praktiziert und häufig bis zu einem Zeitpunkt verschoben, wo kein zeitlicher Zusammenhang mehr zum zu kritisierenden Tatbestand besteht. Eine Person mit guter aktiver Kritikfähigkeit zeichnet sich neben der Ehrlichkeit und dem richtig gewählten Zeitpunkt auch dadurch aus, dass sie zwar die Sache kritisiert, nicht aber die Person in Frage stellt.

Eine zunehmend wichtige Fähigkeit ist die passive Kritikfähigkeit neben der aktiven, wie sie zuvor beschrieben wurde. Es ist die Fähigkeit, Kritik von anderen zu hören und anzunehmen. Zwar lösen Aussagen zum Fremdbild Betroffenheit aus. Aber persönliche Betroffenheit ist die Voraussetzung für Selbstreflexion, Selbsterkenntnis und Verhaltensänderung.

Mehr und mehr wird in Wirtschaftsunternehmen ein erweitertes Feedback praktiziert, das sogenannte 360-Grad-Feedback. Es ist ein Rückkopplungssystem über Leistung und Verhalten einer Person durch den Vorgesetzten und – ergänzend dazu – durch Kollegen und auch Mitarbeiter. Der Einbezug von Mitarbeitern und Kollegen ist das eigentlich Neue daran. Die Einbindung auch der Kollegen ist deshalb wichtig, weil im Allgemeinen die Kollegen in ihrem Gesamturteil sehr treffend die Wirkung einer Person beurteilen können.

Um Menschen zur Reife zu führen, ist Feedback eine wichtige Investition. Dies in zweifacher Hinsicht: Die Persönlichkeitsentwicklung des Individuums wird gefördert und damit die Sozialkompetenz. Und es ist eine Investition in ein verbessertes Teamverhalten. Feedback gibt Wachstumschancen für eine störungs- und reibungsfreie Kommunikation und für Glaubwürdigkeit und Vertrauen im betrieblichen Alltag.

Menschen zur Entfaltung ihrer Gaben verhelfen: „Leben mehren"

Es gibt keinen Menschen auf dieser Erde, der nicht begabt wäre. Gaben sind Geschenke Gottes, die zu uns gehören. Es ist Aufgabe der Führenden, Fähigkeiten und Gaben zu entdecken und zur Entfaltung zu bringen – gemeinsam mit den Mitarbeiterinnen und Mitarbeitern.

Halten wir uns eine Grundwahrheit vor Augen. Sie lautet: Allein Menschen entscheiden über den Erfolg eines Unternehmens, einer Organisation, einer Institution. Die Märkte sind gleich. Jeder kann die gleiche technische Ausstattung erwerben. Auch Informationen sind allen gleichermaßen zugänglich. Deshalb entscheiden allein Menschen über den Erfolg.

Bei der Entwicklung von Mitarbeitern kommt man im Allgemeinen mit drei Fragen aus. Sie lauten:

1. Was sind die Stärken meiner Mitarbeiter?
2. Was sollten meine Mitarbeiter an sich persönlich und/oder an ihrer Arbeitsweise verbessern?
3. Was werde ich als Führungskraft tun, um sie dabei zu unterstützen?

Wachstum in Menschen geschieht ganzheitlich, durch Fordern und Fördern. Gute Führungskräfte zeichnen sich dadurch aus, dass sie beides in guter Balance zueinander hinbekommen.

Fordern bedeutet, ehrgeizige Aufgaben zu stellen und Pläne zu entwickeln, die mit Anstrengung zu erreichen sind. Überfordern ist von Übel. Es beschreibt die Art, von Menschen etwas zu verlangen, was nicht umsetzbar ist. Fördern heißt, dass der Führende dafür sorgt, dem Geführten jede mögliche Form der Unterstützung zur Erreichung der Arbeits- und Berufsziele zu gewähren. Fördern orientiert sich an dem Begabungs- und Fähigkeitsprofil.

Im Hinblick auf veränderte unternehmerische Herausforderungen, neue Organisations- und Zusammenarbeitsformen und eine bessere Qualität im Zusammenwirken der Menschen ist eine gezielte Mitarbeiterförderung unerlässlich. Denn Weiterentwicklungen von Organisationen sind nur dann möglich, wenn die Mitarbeiter entsprechend persönlich qualifiziert und auch prozesskompetent sowie veränderungswillig und -bereit sind.

Leben mehren heißt, dass der Führende dafür sorgt, dem Geführten jede mögliche Förderung zur Erreichung der Arbeits- und Berufsziele zu gewähren. Ist es nicht ein schönes Erlebnis mitanzusehen, wie Menschen in ihren Aufgaben wachsen und aus der Arbeit Früchte reifen? So dienen Führungskräfte ihrer Organisation am besten und auch und gerade den Menschen.

Dr. Christian Thielscher

Teams erfolgreich führen

Der Begriff „Team" bezeichnete ursprünglich ein Ochsengespann (vgl. Chalke, Steve: Im Team geht alles besser. Uhldingen 1998). Inzwischen ist der Begriff modern geworden: überall tummeln sich „Teams" – bei der Lösung von Problemen ebenso wie bei der Abarbeitung von Routineaufgaben. Dadurch wird das Wort so inflationär gebraucht, dass seine Bedeutung unscharf geworden ist. Sind zwei Eheleute ein „Team"? Was unterscheidet ein „Team" von einer Arbeitsgruppe? Scherzhaft heißt es, Team stehe für:

Toll,
ein
anderer
macht's.
Woran erkennt man also erfolgreiche Teams?

Faktoren erfolgreicher Teamarbeit

Im Folgenden wird eine Definition verwendet, die Katzenbach und Smith herausgearbeitet haben, als sie untersuchten, wodurch sich erfolgreiche Teams von weniger erfolgreichen unterscheiden (vgl. Katzenbach, J.R. und Smith, D.K.: Teams. Wien 1993). Demnach sind für erfolgreiche Teams sechs Faktoren kennzeichnend:

1. Herausfordernde Ziele
„Darum gehet hin und machet zu Jüngern alle Völker" – der Missionsbefehl aus Matthäus 28,19 verdeutlicht den Gedanken der herausfordernden Zielsetzung.

Zunächst ist die Zielsetzung langfristig orientiert. Sie ist bedeutungsvoll und mitreißend, und deshalb stiftet die Arbeit an der Zielerreichung Sinn. Die Zielsetzung ist eindeutig, leicht zu verstehen und wird von allen Jüngern gleich beschrieben.

Ein anderer wichtiger Punkt ist nicht so leicht zu erkennen: die Zielsetzung ermöglicht „Teilsiege", hier: die Bekehrung eines Volkes.

Erfolgreiche Teams arbeiten an schwierigen Problemen und häufig unter erheblicher Unsicherheit. Im Verlauf der Arbeit ist es nur natürlich, dass der Mut sinkt, wenn unerwartete Schwierigkeiten auftauchen. Das Erreichen von Zwischenzielen ermöglicht dem Team, zwischendurch Atem zu schöpfen („das haben wir jetzt erreicht, den Rest schaffen wir auch noch!").

Eine häufige Frage ist, ob sich das Team die Ziele selbst setzen muss, weil sonst die Gefahr besteht, dass die Mitarbeiter sich mit dem Ziel nicht identifizieren. Im Missionsbefehl wird das Ziel vorgegeben: wichtiger als die Frage nach der Herkunft des Ziels ist die der Akzeptanz durch die Teammitglieder. Aufgezwungen werden darf und kann es nicht.

2. Spezifische Ergebnismessung

Die Zielerreichung wird in erfolgreichen Teams regelmäßig überprüft. Nur so ist gewährleistet, dass das Team auf dem richtigen Weg bleibt. Gegen diesen Grundsatz wird immer wieder gerne verstoßen, weil die Ergebnismessung als Kontroll- oder gar Zwangsinstrument missverstanden wird, das die Teammotivation bedroht. Stellen wir uns dagegen ein Ruderboot vor, das gerade einen neuen Rekord auf-

Teamleistungsmessung

Die beiden folgenden Blätter helfen dem Team, die aktuelle Leistungsfähigkeit zu beurteilen. Jedes Teammitglied erhält einen Bogen und füllt ihn aus. Danach werden die Angaben miteinander besprochen. Die Diskussion ist wichtiger als das Ausfüllen selbst.		Teamleistung gut (1)...schlecht (6)	Verbesserungs- vorschlag
Herausfordernde Ziele	• Alle Teammitglieder empfinden die Ziele als sinnvoll und herausfordernd.		
Spezifische Ergebnismessung	• Das Team arbeitet zügig und zielgerichtet; klare Erfolgsmessung.		
Klarer Arbeitseinsatz	• Allen Teammitgliedern ist der Arbeitsansatz und die Gesamtperspektive klar.		
Wechselseitige Verantwortlichkeit	• Alle Teammitglieder vertrauen sich gegenseitig und tragen zum Erfolg bei.		
Ergänzende Fähigkeiten	• Das Team verfügt über alle erforderlichen Fähigkeiten/Verantwortlichkeiten.		
Zusammenfassung	• Das Team ist auf dem richtigen Weg.		

© 1999 ideagrafik

gestellt hat: die Ruderer wären zu Recht verärgert, wenn ihr Erfolg nicht gemessen worden wäre. Die Ergebnismessung liefert gerade erst den Beweis für den Erfolg.

Spezifische Erfolgsmessung setzt voraus, dass die Zielsetzung klar definiert und einfach messbar ist. Erfolgsmessung kann mitunter schwierig sein; das Betriebsergebnis eines Unternehmens kann man leichter messen als den „Erfolg" eines Gottesdienstes. In aller Regel kann man aber Messinstrumente finden (z.B. könnte man die Einschätzung der Gottesdienstbesucher mit einem einfachen Fragebogen messen).

3. Klarer Arbeitsansatz

Das Team wird nur dann erfolgreich arbeiten, wenn alle Mitglieder
- wissen, welcher Beitrag von ihnen erwartet wird und
- ihre Möglichkeiten optimal einbringen können.

Eine klare Aufteilung der Arbeit sorgt auch dafür, dass alle Teammitglieder einen fairen Anteil der Gesamtarbeit leisten. Erfolgreiche Teams verbringen erhebliche Zeit damit, ihren Arbeitsansatz immer wieder zu überprüfen und sich gegenseitig zu informieren, wo sie stehen.

4. Wechselseitige Verantwortlichkeit

„Einer trage des andern Last", heißt es in Galater 6, 2: Erfolgreiche Teams gewinnen als Team, nicht als Einzelpersonen. Alle Mitglieder fühlen sich für alle Maßnahmen verantwortlich.

Eine Arbeitsgruppe kann durchaus erfolgreich sein, wenn die Gesamtaufgabe verteilt wird und jeder für einen Teil davon verantwortlich ist. Ein „Team" (nach dieser Definition) entsteht daraus aber nicht. Kennzeichen des Teams ist gerade, dass jeder für die Erreichung des Gesamtzieles verantwortlich ist.

Daraus folgt nicht, dass schwache Leistungen einzelner Teammitglieder übersehen werden müssen. Im Gegenteil: bevor das Gesamtteam scheitert, muss einem überforderten Mitarbeiter geholfen werden.

5. Ergänzende Fähigkeiten

Die zur Zielerreichung erforderlichen Fähigkeiten müssen im Team vorhanden sein, etwa: Wissen, technische Fähigkeiten, Entscheidungskompetenz. Hierher gehört auch die Fähigkeit, überhaupt miteinander arbeiten zu können. Das ist nicht selbstverständlich gegeben, und es kann vorkommen, dass ein Teammitglied ausgetauscht werden muss. Ein solcher Wechsel ist für keinen der Beteiligten eine Schande.

6. Kleine Anzahl

Die Teammitglieder müssen häufig und offen miteinander kommunizieren können. Die maximale Teamgröße hängt daher davon ab, wie die Möglichkeiten zum Gespräch sind. Teams, die gemeinsam am selben Ort arbeiten, können beispielsweise größer sein als Teams, deren Mitglieder in verschiedenen Regionen tätig sind.

Wird das Team so groß, dass die Kommunikation leidet, richtet man besser „Sub-Teams" ein, die an spezifischen Unterthemen des Gesamtproblems arbeiten. Zum Beispiel hat das Kernteam fünf Mitglieder; jedes Kernteammitglied führt je ein weiteres „Sub-Team", das eine bestimmte Fragestellung bearbeitet.

Teambildungsphasen

Während ihrer Arbeit durchlaufen Teams Phasen (vgl. Grafik):

In der *ersten Phase,* in der sich die Teammitglieder gerade erst ken-

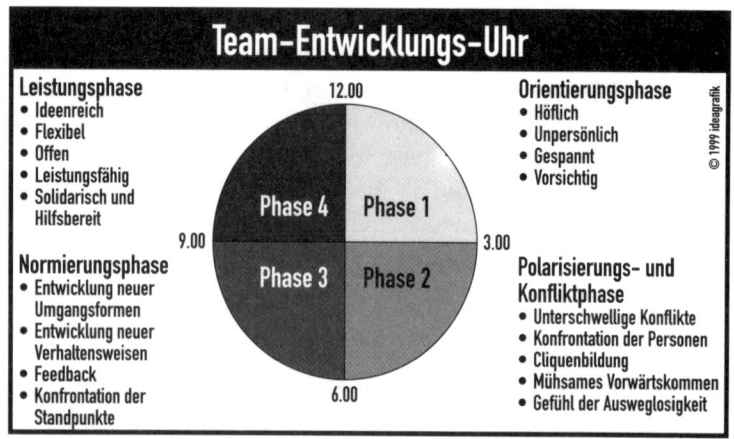

Team-Entwicklungs-Uhr

Leistungsphase
- Ideenreich
- Flexibel
- Offen
- Leistungsfähig
- Solidarisch und Hilfsbereit

Orientierungsphase
- Höflich
- Unpersönlich
- Gespannt
- Vorsichtig

Normierungsphase
- Entwicklung neuer Umgangsformen
- Entwicklung neuer Verhaltensweisen
- Feedback
- Konfrontation der Standpunkte

Polarisierungs- und Konfliktphase
- Unterschwellige Konflikte
- Konfrontation der Personen
- Cliquenbildung
- Mühsames Vorwärtskommen
- Gefühl der Ausweglosigkeit

12.00 — 3.00 — 6.00 — 9.00

Phase 1, Phase 2, Phase 3, Phase 4

© 1999 ideagrafik

nen lernen, ist die Atmosphäre höflich, aber auch vorsichtig. Danach, wenn das Team beginnt, sich der Aufgabe zu widmen, treten „automatisch" Konflikte auf, weil die Vorlieben und Abneigungen unterschiedlich sind. Diese *zweite Phase* kann sehr mühsam und beschwerlich werden. Nachdem sich die Mitarbeiter aneinander gerieben haben, die Rollen definiert und verstanden sind *(Phase 3)*, erreicht das Team schließlich die Leistungsphase, in der es flott und gemeinsam vorangeht *(Phase 4)*.

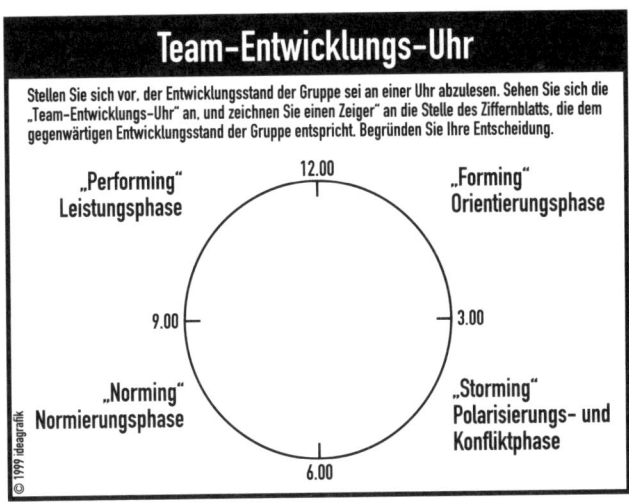

Es wäre schön, wenn Teams gleich in die vierte Phase eintreten könnten. Das gelingt aber nicht, und der Versuch macht die Phasen eins und zwei nur schlimmer. Dagegen hilft es, wenn sich das Team am Anfang klar macht, dass Konflikte unausweichlich sind, aber nicht ewig anhalten werden und deswegen gelassener ertragbar sind.

Hilfsmittel

Der „Team-Panik-Knopf" (vgl. Grafik nächste Seite) hilft, Teammitglieder zum offenen Umgang miteinander anzuhalten.

Jedes Teammitglied bekommt ein Exemplar des Bogens und wird

aufgefordert, den „Knopf zu drücken", wenn es eine der Fragen auf dem Bogen nicht bejahen kann.

Die Grafiken „Teamleistungsmessung" und „Team-Entwicklungs-Uhr" helfen dem Team, die aktuelle Leistungsfähigkeit zu beurteilen. Jedes Teammitglied erhält einen Bogen und füllt ihn aus. Danach werden die Angaben miteinander besprochen. Die Diskussion ist wichtiger als das Ausfüllen selbst.

LEITEN UND BEZAHLEN

Eugen Reiser

Damit der Groschen fällt – Fundraising im freien Werk

1. Wenn der Groschen mich hält

Die Macht des Geldes ist enorm. Man sagt ja auch: Geld regiert die Welt. Und Geld regiert nicht nur die Welt, sondern inzwischen auch die Kirche und die freien Einrichtungen. Vieles wird entschieden unter dem Druck des nicht vorhandenen oder des zu vielen Geldes. Wir kommen ja aus einer Zeit, wo man, mindestens hier im Westen, so viel Geld hatte, dass man sich vieles leisten konnte, vieles bauen konnte, vieles finanzieren konnte, und jetzt muss das auch alles erhalten und unterhalten werden.

Geld regiert die Welt, auch die Kirche. Die Entscheidungen werden weithin nicht mehr geistlich oder theologisch begründet und gefällt, sondern aus finanztechnischen Gründen. Wenn man in die Bibel hineinschaut, dann merkt man, dass über das Geld und das Verhältnis zum Geld in der Bibel wesentlich mehr geredet und geschrieben wurde als etwa zum Thema Sexualität und deren Auswüchse.

Die Allgegenwart und die Allmacht des Geldes führt dazu, dass Geld sich wie ein Gott aufführt. Das kann dazu führen, dass wir das Geld zu einer Art Zweitgott machen und das erste Gebot außer Kraft gesetzt wird. Am deutlichsten wird dies in der Geschichte von dem reichen jungen Mann, der zu Jesus kommt und sagt: „Ich halte alle Gebote."

Als ihm Jesus dann zumutet: „Jetzt verlass dich in Zukunft ganz auf mich und nicht auf dein Vermögen", da geht er weg, traurig, denn er hatte viele Güter. Sein Vertrauen setzte er letztendlich auf den Zweitgott Geld. Er hat Gott nicht außer Kraft gesetzt, den lebendigen Gott der Bibel. Aber er hat ihm die Gefolgschaft verweigert. Es ist lebensgefährlich, wenn wir dem Geld soviel Raum und göttliche Ehre geben. Die Bibel redet sehr oft gegen den Zweitgott Geld. Im ersten Gebot heißt es: „Du sollst keine anderen Götter haben neben mir!"

Das gilt nicht nur für unseren persönlichen Umgang mit dem Geld. Das gilt auch für so genannte Glaubenswerke und die Kirchen. Wie viel Ehre geben wir dem Geld? Wie viel Zeit investieren wir für den Gottesdienst und wie viel für den Gelddienst?

Wir müssen ehrlich überprüfen, wie wir zum Geld stehen. Vielleicht hilft es schon, wenn wir uns beobachten und feststellen, wie wir über andere denken und reden. Wenn Kürzungen unausweichlich sind, versucht man sich selbst „unsterblich" zu machen. Auf andere Werke, Einrichtungen und Aufgaben könnte man nach unserem Urteil getrost verzichten. Wir merken, mit welcher Macht das Geld auch unsere Beziehungen kaputt macht und unsere Denkweisen verunreinigt. Wie reden wir über die anderen, die „Konkurrenten"?

Vielleicht wäre es hilfreicher, nicht darüber nachzudenken, ob man die anderen braucht, sondern in unseren eigenen Werken darüber nachzudenken: Was brauchen wir wirklich? Wer dazu nicht bereit ist, sollte auch nicht nachdenken: Wo bekomme ich mehr Geld her? Wer nur sich selbst erhalten will, gibt dem Geld Macht und Ehre, die doch allein Gott gehört.

Mit Geld kann ich mir in der Tat zwar fast alles kaufen. Aber alles, was das Leben wirklich lebenswert macht, ist nicht käuflich. Die Lebendigkeit des Lebens ist und bleibt das freie Geschenk Gottes.

2. Damit der Groschen zu uns fällt

Die Ehrlichkeit

Alle reden von Defiziten, Sorgen, Kürzungen und Existenzbedrohung. Also wir auch. Ich habe einem Freund gegenüber erwähnt, dass wir bei der KIRCHE UNTERWEGS der Bahnauer Bruderschaft das Spendenaufkommen im letzten Jahr um 48 Prozent steigern konnten. Darauf sagt er: „Mensch, das ist ja großartig, dann brauche ich Euch ja nichts mehr zu überweisen!" – Es scheint also wesentlich einfacher zu sein, wenn man sagt: Wir haben's dringend nötig!

Aber wie ist es mit der Ehrlichkeit? Wenn etwa ein Werk ein Vermögen hat an Immobilien und Rücklagen, sollte das nicht verschwiegen werden. Mich ärgert es, wenn ich bei Werken mitbekomme, dass sie jammern, weil die Gewinn- und Verlustrechnung im Laufe des Jahres negativ aussieht, aber im Hintergrund sind Vermögenswerte in Form von Immobilien und Festgeldern. Wenn man das denen, die man als potentielle Spender oder als regelmäßige Spender gewinnen will, nicht mitteilt, dann ist das unehrlich. Wir können doch zugeben, dass wir Zeiten hatten, die man vergleichen kann mit den fetten Jahren, und dass wir nun magere Jahre haben. Manchmal muss man von dem leben, was einem in guten Jahren zugefallen ist.

Das Jammern

Ob das Jammern wirklich Geld bringt, ist eine große Frage. Natürlich weiß ich auch: Not macht Geldbeutel auf – weltweit. Das merken wir bei vielen Katastrophen. Egal, ob RTL, das Rote Kreuz oder eine kirchliche Einrichtung einen Spendenaufruf machen: Sie haben im Handumdrehen riesige Summen beieinander. Wer ein behindertes Kind auf seinem Prospekt zeigen kann, kann sicher sein, dass er damit auch Geld bekommt. Die Menschen sind gerührt.

Nun kann man aber nicht sagen, weil die Not Geldbeutel öffnet, würden die Notlagen auch die Geldbeutel öffnen. Das ist nicht der Fall. Und deshalb denke ich, sollten wir nicht jammern, sondern ehrlich sagen, wie es aussieht.

Das Spendenverhalten hat sich in den vergangenen 25 Jahren verändert. Man konnte früher davon ausgehen, dass Menschen sich über eine längere Zeit an ein bestimmtes Werk binden. Die Daueraufträge kamen in einer gewissen Regelmäßigkeit, und die Werke konnten mit diesen Beträgen kalkulieren. Das ist heute nicht mehr so. Junge Menschen beispielsweise spenden spontan und eher projektorientiert. Vielleicht tauchen sie anschließend nie wieder auf.

Ältere Freunde, die in der Vergangenheit regelmäßig spendeten, können nichts oder nicht mehr so viel geben. Sie brauchen die Ersparnisse für teure Altenwohnungen und Pflege. Da fällt etwas weg, auf das man sich früher verlassen konnte.

Immer öfter wird zielgerichtet und kontrolliert gespendet. Die Menschen wollen heute wissen: Kommt mein Geld an? Man gibt nicht etwa Geld „für die Sache Gottes", sondern man gibt für eine bestimmte Gruppe oder Aufgabe, die einleuchtet.

Wie ist das mit dem projektunabhängigen Geben zur Ehre Gottes? Ich denke an jene Frau in Betanien. Sie hat Jesus mit einem köstlichen, kostbaren Öl gesalbt. Der Wert entsprach dem Jahreslohn eines Landarbeiters. Die Jünger regen sich auf und sagen: Was hätte man mit dem Geld alles machen können! Wie viel hätte man den Armen geben können? Und jetzt wird dieses Öl da einfach in Nullkommanichts „verschwendet". Die Jünger entdecken ihr soziales Herz. Diese Frau aber gibt dieses Vermögen als Dank für den Mensch gewordenen Gott. Sie gibt ihr Vermögen und gibt damit Gott die Ehre (Markus 14).

Irgendwo habe ich den Satz gelesen: „Ich will in Zukunft nicht mehr überlegen: Wie viel von meinem Geld gebe ich für Gottes Sache? Sondern: Wie viel von Gottes Geld behalte ich für mich?"

Doch wer spendet, sollte auch einmal darüber nachdenken, warum er es tut. Will er sich vielleicht freikaufen vom eigenen Handeln? Wir lassen lieben, bezahlen und nennen das Diakonie. Wir lassen missionieren, bezahlen und nennen das Mission und Evangelisation. Aber können wir uns wirklich freikaufen vom eigenen Zeugen- und Liebesdienst?

3. Was den Groschensammlern einfällt

Die Fürbitte

Ich versuche den Leuten klarzumachen: Wir brauchen nicht nur euer Geld, sondern auch euer Gebet. Überweisungen sind wichtig, aber das lobende Gebet ist unser Ausgangs- und Zielpunkt.

Die Club-Idee

Als KIRCHE UNTERWEGS haben wir eingeladen zum „Club 88". Unsere drei hauptamtlichen Mitarbeiter und die etwa 130 ehrenamtlichen Mitarbeiterinnen und Mitarbeiter sind im Jahr rund 100.000 Kilometer unterwegs. Wir brauchen also kein Baugeld, sondern Wegegeld. Aber wir können kein Schildchen anbringen: „Gesponsort von ..." Weder an den Reifen noch an der Tischdecke wäre so ein Hinweis sinnvoll. Nein, das mit der Werbung haut nicht hin. Auch gibt es bei der KIRCHE UNTERWEGS nichts zu besichtigen. Man kann sie nur erleben. Und doch wird diese Kirche sichtbar für jene, die vielleicht schon lange den Kirchturm übersehen und das Glockenläuten als störend empfinden.

Der „Club 88" sucht nun zusätzlich zu den bisherigen fleißigen und treuen Spendern 88 Leute, die uns über einen längeren Zeitraum hinweg pro Jahr 888 Mark überweisen. Diese sorgen dafür, dass in drei Jahren, wenn der letzte Rücklagenpfennig verbraucht wäre, die bewegliche Kirche sich noch immer auf den Weg machen kann zu den Menschen unserer Tage. Dabei sein ist alles. Was Sie bekommen, wenn Sie Mitglied werden? Das ist schnell gesagt: Sie bekommen eine Spendenbescheinigung, sonst nichts. Ab und zu können Sie mal etwas hören durch einen freundlichen Dankbrief. Vielleicht entwerfen wir, wenn wir Zeit und auch ein bisschen mehr Geld haben, einen exklusiven Club-Ausweis. Aber damit bekommen Sie keinen verbilligten Eintritt in ein Schwimmbad, geschweige denn in den Himmel. Nein – der Ausweis ist so gut wie nichts wert.

Wenn Sie Club-Mitglied werden möchten, wenn Sie möchten, dass wir auch weiterhin unterwegs sein können, dann füllen Sie einen Abschnitt aus und schicken ihn zu uns. Der Abschnitt sieht so aus:

❑ Ja, ich werde Mitglied im „Club 88".
❑ Ich habe meine Bank angewiesen, mein Geld auf die Straße zu werfen und einen Dauerauftrag über DM 888,-/ DM 444,- pro Jahr eingerichtet.

Und dann kommt ein Kästchen, das man ankreuzen kann:
❑ Ich weiß, dass ich für mein Geld nichts bekomme, bin aber trotzdem im Vollbesitz meiner geistigen Kräfte.

(Unterschrift)

Solch ein Club kann helfen. Es macht auch Sinn, wenn man ein wenig originell vorgeht und nicht mit einem „Jammertext". Dazu kommt, dass man diese Leute dann wahrscheinlich für eine längere Phase gewinnt. Von unseren 30 Club-Mitgliedern haben sich einige bis zum Jahr 2002 festgelegt. Das ist kalkulierbares Geld.

Wunsch- und Bedarfslisten

Im Freundesbrief und an einer Litfasssäule machen wir bekannt: Wir brauchen einen neuen Drucker, Preis 2.460 DM. Wer finanziert uns den? Wir brauchen zehn neue Blumenvasen, Stück 9,50 DM. Wer übernimmt das? Ganz verschiedene Sachen in verschiedenen Größenordnungen von 10 DM bis 5.000 DM können die Leute speziell finanzieren, wenn sie ein Kärtchen ausfüllen und zurückschicken: „Ja, das übernehme ich."

Das ist anders als die früher üblichen direkten Sachspenden. Vor Jahren hat man noch geschrieben: Wir brauchen einen Drucker, wer hat einen, den er uns schenken kann? Reine Sachspenden sind problematisch. Man muss nehmen, was kommt. Man sollte sich herzlich bedanken, auch wenn es alt und fast unbrauchbar ist. Oder: Es gibt Leute, die haben eine bestimmte Vorstellung von Kunst und spenden dann irgendwelche Kunstwerke. Die müssen dann auch aufgehängt oder aufgestellt werden. Denn die Leute kommen und wollen ihre Sachen sehen. Auch der Wert ist problematisch. Das Kunstwerk muss verbucht werden, und eine Spendenbescheinigung muss ausgestellt werden. Also, wir bitten um Finanzierung und nicht mehr um Sachspenden.

Gehälter bezahlen

Viele Gemeinden stellen inzwischen Diakone und Jugendreferenten an auf Spendenbasis. Kleine Vereine werden gegründet, die speziell sagen: Wir finanzieren unseren Diakon allein. In den USA ist diese Praxis gang und gäbe.

Bei uns sehe ich mehr Probleme als Vorteile. Erstens sehe ich nicht ein, dass Gemeindeglieder einen Diakon bezahlen sollen, weil die Kirche sagt, es gibt keinen. Die Kirche sollte sich mindestens daran beteiligen und nicht aus ihrer Pflicht entlassen werden. Denn die Kirche macht es sich zu leicht, wenn sie sagt: Na seht ihr, es geht doch! Ich kenne viele Gemeinden und rate: Ein bestimmter Betrag soll über den Haushalt der Kirchengemeinde eingebracht werden. Denn der Diakon oder die Gemeindehelferin arbeitet ja für die Gemeinde und nicht für die 30 oder 40 Spender. Oft höre ich dann: „Bei uns wird ein- bis zweimal ein Opfer pro Jahr im Gottesdienst speziell für die Diakonenstelle erbeten. Da kommt viel zusammen." Und von wem? Noch einmal von denen, die sowieso schon als

Spender dabei sind. Das ist nicht in Ordnung. Unsere Kirchen dürfen nicht so schnell aus der Verantwortung entlassen werden.

Dazu kommt, dass oft die rechtliche Absicherung unklar ist, die Fort- und Weiterbildung nicht geklärt ist, ebenso die Altersversorgung, Zusatzversorgung und so weiter. Da muss man sehr behutsam vorgehen, damit man junge Leute nicht in eine Situation bringt, die sie dann in 10, 20 Jahren bereuen. Dazu kommt ein gewisses Maß an Abhängigkeit: „Wes Brot ich ess, des Lied ich sing."

Sie können das anders sehen. Ich sage, wo ich an dieser Stelle meine Probleme habe. Da wurde jemand für eine Teestube, für eine offene Jugendarbeit angestellt. Er hat eine bestimmte Konzeption und sagt: Zunächst einmal Kontakt, Kontakt, Kontakt, Begegnung. Die Spender aber wollen etwas sehen und fragen nach dem missionarischen Element. Die Messlatte heißt: „Wann endlich kommen deine Chaoten aus der Teestube in den Gottesdienst?"

Dieser Erwartungsdruck von denen, die sozusagen den Geldhahn zudrehen könnten, der ist anstrengend.

Patenschaften

Mit Patenschaften gibt es gute Erfahrungen. Nicht nur bei Kindern und Missionaren in Übersee. Wir haben in Unterweissach an der evangelischen Missionsschule eine Patenschaft für einen Ausbildungsplatz eingerichtet. Also nicht für eine bestimmte Person. Unsere Ausbildung kostet pro Jahr pro Ausbildungsplatz eine bestimmte Summe. Wer übernimmt mit seinem Hauskreis oder mit anderen zusammen die Finanzierung eines Ausbildungsplatzes? Das bleibt in einer gewissen Weise anonym, eine bestimmte Person muss nicht denken: „Au, jetzt sollte ich auch noch einen Weihnachtsgruß schicken und vielleicht noch ein paar Brötchen dazu, weil die für mich zahlen."

Das halte ich für sinnvoll.

Das Schneeballsystem

Man bittet einfach irgendjemanden: „Du spendest bei uns. Sorge doch dafür, dass aus deinem Freundes- und Bekanntenkreis noch Leute dazukommen. Die gewinnst du für unsere Sache."

Dieses Vorgehen ist auf jeden Fall sinnvoll, da wir die Grenzen unserer Wirksamkeit dadurch erweitern. Wenn Freunde von uns bei ihren Kollegen, bei ihren Freunden sagen: „Du, übrigens, ich unterstütze die KIRCHE UNTERWEGS, die machen das und das. Könntest du da nicht auch mit 10 DM pro Monat einsteigen? Oder mit 100 DM pro Jahr?"

Mit Gewinnchancen
Es ist ein uraltes Prinzip, früher nannte man das Tombola, heute nennt man es Lotterie: Irgendetwas kann man für seinen Einsatz als Gegenleistung gewinnen. Das machen uns ja die Medien vor: „Ein Platz an der Sonne" zum Beispiel hat so über Jahre hinweg großen Erfolg. Man tut etwas Gutes, und mit etwas Glück kann man ein Haus gewinnen oder einen erheblichen Betrag. Das versuchen inzwischen manche Werke. Natürlich nicht mit solch großen Gewinnen. Aber die Idee heißt Lotterie oder Tombola.

Ich bin da eher skeptisch. Ob wir mit diesen Tricks arbeiten sollten? Ich will es nur der Vollständigkeit halber erwähnen.

Sponsoring
Das große Thema „Sponsoren" will ich nur ganz kurz behandeln. Ich habe nach reiflicher Überlegung entschieden, keine Sponsoren zu gewinnen für unsere missionarische Arbeit auf den Campingplätzen. Wir sind ein Glaubenswerk und leben von Spenden. Bei Sponsoren muss man sagen: Da wird etwas verkauft. Das ist keine Spende. Da zahlt jemand und bekommt eine Gegenleistung. Die mag nicht im Verhältnis stehen, aber wenn ich nun auf unsere Wohnwagen und überall draufkleben müsste: „Gesponsort von Firma Mustermann", dann ist das Werbung für Firmen, die ich so nicht will. Ich bitte Leute und Firmen um Spenden und nicht um Sponsoring. Das mag jeder für sich ganz anders einschätzen oder entscheiden.

4. Dass der Groschen auffällt

Wenn man um Spenden bittet, braucht man eine gute Öffentlichkeitsarbeit. Hilfreich ist es beispielsweise, ein Leitbild zu erstellen. Mein Mitarbeiter hat für die Diakoniestation in der Gemeinde, in der er lebt, über anderthalb Jahre hinweg mit den Diakonieschwestern ein Leitbild erstellt und es dann in einem Gottesdienst der Gemeinde vorgestellt. Es ist sinnvoll, wenn die Menschen wissen: Was sind eigentlich unsere Ziele? Was sind unsere Aufgaben? Diese Durchsichtigkeit müsste hergestellt werden.

Auch in der Presse sollten wir häufiger von uns reden machen – „Was nicht in der Zeitung stand, hat nicht stattgefunden." Wir können doch sagen und schreiben, was wir tun. Ankündigungen und Berichte sind zumindest in der regionalen Presse immer willkommen. Wenn ich die Zeitung durchblättere, dann wird jede Altkleider- und Altpapiersammlung vom Kleintierzüchterverein beschrieben. Aber wenn die Kirchengemeinde beispielsweise ein Familienfest macht, kommt nur selten eine Vorankündigung noch ein exklusiver Bericht danach. Wir müssen mehr Mut haben, an die Öffentlichkeit zu gehen. Man muss natürlich gut überlegen, was ich in die Öffentlichkeit bringen kann.

Es gehört auch zur Öffentlichkeitsarbeit, den Kreis der Freunde und Spender mit guten Informationen über unsere Vorhaben und Ereignisse zu versorgen.

Wir sollten sparen und auch davon reden

Sind wir gute Haushalter? Dann müssen wir uns – wie in unserem Privathaushalt – täglich fragen: Was brauchen wir wirklich? Was müssen wir anschaffen, auf was können wir verzichten? Wir sollten sparen und auch das dann mitteilen: „Liebe Freunde, wir haben nicht nur das Spendenaufkommen steigern können, sondern wir haben im zurückliegenden Haushaltsjahr etwa 10.000 DM eingespart gegenüber dem Vorjahr."

Leben ist Begegnung

Freundestage sind Gelegenheiten zur Begegnung – Papier ist ein schlechter Wärmeleiter! Über das Papier können wir nicht die Wärme vermitteln, die Leute sagen lässt: Jawohl, die sind es wert.

Begegnungen sind wichtiger als Programme. Personen sind wichtiger als Konzeptionen.

5. Damit der Groschen uns zufällt

In der Bergpredigt heißt es: „Trachtet am ersten nach dem Reich Gottes, so wird euch das andere alles zufallen." Wer sich missionarisch, geistlich auf den Weg macht, hat den Rückhalt des Gottvertrauens. Vielleicht ist das schwerer zu lernen als Tricks, wie man an die Geldbeutel der Leute kommt: Dass wir Gottvertrauen haben, dass wir entsprechend der Bergpredigt wirklich vertrauen: Er sorgt für uns. Jesus sagt: „Nach solchem allem trachten die Heiden. Ihr aber sorget nicht. Euer Vater sorgt für euch."

Es ist der ausführlichste Abschnitt in der „Regierungserklärung" Jesu in der Bergpredigt, wo er das deutlich macht: Es wird euch zufallen. Da verwendet er Bilder mit den Vögeln und mit den Lilien und eben dieses Heidesein. Wer sich allzusehr, auch als freies Werk, auch als missionarische Einrichtung, von den Sorgen bewegen lässt, muss fragen: Habe ich Gottvertrauen oder bin ich ein Heide? Wenn Gott dieses Werk will, dann sorgt er auch für die Finanzen. Das ist meine Aussage für unser kleines, bescheidenes freies Werk. Ich schaue sorgfältig und nüchtern unsere Abrechnungen an. Aber mit großer Gelassenheit sage ich: Wenn der Herr dieses Werk will, dann sorgt er auch für uns. Und wenn er es nicht mehr will, dann ist es zu Ende. Vielleicht muss manches auch sterben.

Ich will nicht nur clever Groschen sammeln, sondern im Vertrauen auf Gottes Fürsorge meinen Verkündigungsdienst tun.

Ruth Merckle

Im Strudel gesellschaftlicher Veränderungen

Die Erfahrungen, Gedanken und Probleme, von denen ich Ihnen berichte, habe ich in unserem Betrieb in Blaubeuren und Ulm gesammelt. Wir sind ein Familienbetrieb und stellen Arzneimittel her. Zur Zeit arbeiten mit uns bei der Firma Merckle und ratiopharm etwa 1.800 Mitarbeiterinnen und Mitarbeiter in Produktion, Verwaltung und Außendienst. Davon sind etwa zwei Drittel – meist junge – Frauen. Ich bin – neben unserem ältesten Sohn und anderen – Geschäftsführerin. Mein Mann trägt Verantwortung in der Holding. Ich kümmere mich vorwiegend um den sozialen Bereich.

Die Organisationskultur in Firmen hat sich stark verändert. Wir sprechen viel über Umstrukturierung, Neuorientierung, Straffung, kürzere Wege, Streichung von mehreren Ebenen, über Kosten- und Personalreduzierung, Geschäftsprozessoptimierung, Teamarbeit und ein anderes Arbeitszeitverständnis. Neuerungen gibt es bei uns auch, sie sind eine große Herausforderung an die Personalabteilung, vor allem wenn es darum geht, jeden Mitarbeiter in jeder Abteilung dafür sensibel zu machen. Veränderungen müssen sein, Stillstand ist der Anfang vom Ende. Ein Betrieb muss Veränderungen in der Organisations- und in der Führungskultur zulassen, sie herausfordern, herbeiführen. Zukunft muss gestaltet werden, es gilt vorauszudenken, früh zu agieren und nicht zu reagieren. Ich werde Ihnen hauptsächlich über die veränderte Führungskultur berichten, in die ein Betrieb heute hineinwachsen muss.

Frauenfreundlicher Betrieb

Ich habe bereits erwähnt, dass wir zu zwei Dritteln Frauen beschäftigen. Wir gelten als und sind ein frauenfreundlicher Betrieb, vielleicht kann man auch sagen, ein menschenfreundlicher Betrieb, denn das eine Drittel Männer will ja auch berücksichtigt werden.

Ein Betrieb muss maschinell und organisatorisch auf der Höhe sein, das ist klar. Die heutige Herausforderung für das Unternehmen ist jedoch der Mensch. Er muss im Vordergrund stehen. Ihm gelten unsere Bemühungen. Er ist unsere Stärke und unser höchstes Gut.

Wir wünschen uns keine Job-Arbeiterinnen, sondern Mit-Arbeiterinnen. Dazu sind aber wir als Betrieb in der Bringschuld.

Frauen- und familienfreundliche Bedingungen herzustellen, Chancengleichheit und Flexibilität in der Arbeitszeit erscheinen uns als wesentlich und bekommen bei den Mitarbeiterinnen die wertvollste Anerkennung. Dabei sollten wir immer bedenken, dass viele Männer und Frauen in unserer Firma einen Vorarbeiter haben, einen Meister, einen Abteilungsleiter, einen Bereichsleiter und einen Firmenchef. Sie haben sich angewöhnt, keine zusätzliche Verantwortung zu übernehmen, ihre eigenen Gedanken für sich zu behalten, sich also nicht wirklich einzubringen. Zuhause aber sind sie Vorstand der Familie, haben Geld zu verwalten, treffen viele richtige und gute Entscheidungen, sind im Elternbeirat und Vorstand eines Vereins. Das ist eine ungleiche Wertung desselben Menschen.

Zeit ist Leben

Zeit ist Leben, nicht nur Geld – so stellt sich die moderne Auffassung von Mitarbeiterinnen und Mitarbeitern dar. Zu Recht übrigens, wie ich meine. Das beinhaltet, möglichst alles gleichzeitig zu schaffen: zu arbeiten, Geld zu verdienen, gleichzeitig aber auch eine Familie zu gründen, ein Haus zu bauen und auch noch Karriere zu machen. Das bedeutet für uns, dass wir – speziell für Frauen – familiengerechte Arbeitszeiten mit Karrieremöglichkeiten anbieten müssen und auch wollen. Unsere flexiblen Arbeitszeiten umfassen viele Möglichkeiten, das geht von einmal wöchentlich arbeiten zur 630-DM-Basis, über Jobsharing zu Computerheimarbeit und vielem mehr. Bewusst sind mir hier auch die Gegenargumente von Chancengleichheit und ungenügender Altersrente. Es gilt ja als unsozial, Frauen nicht voll zu beschäftigen – eben weil dann die Arbeitsrente gering wird.

Der Frau, die alles gleichzeitig meistert, stehen alle Türen offen. Aber nicht alle Frauen haben die Kraft zu dieser Doppel- und Dreifachbelastung über ein ganzes Leben hin. Wir müssen zusätzliche Angebote schaffen für die Frau, die sich für Kinder entschieden hat und eben diesen Kindern für einige Jahre die Hauptpriorität geben möchte. Auch diese Frauen müssen eine Chance haben, etwas Geld dazuzuverdienen, einmal in der Woche aus dem Haus zu kommen, mit Kollegen zu plaudern und am Berufsleben, sei es auch in noch so geringer Form, teilzuhaben.

Nicht zuletzt aus diesem Grund sollten wir die Menschen nicht darin bestätigen, immer mehr von sich zu fordern, immer anderes zu wollen als das, was sie wirklich erbringen können, sondern sich im Gegenteil daran zu erfreuen, wie viel sie zu leisten imstande sind, damit sie stolz und auch zufrieden sein können. Wenn wir immer alles an den Maximalvorstellungen aufhängen, überfordern wir die meisten Menschen in ihren persönlichen Möglichkeiten. Lebensglück besteht schließlich nicht nur aus Arbeit und Karriere.

Denn wenn die Frauen selbstsicher, verantwortungsvoll und selbstbestimmt sind, was sie selbst, was die Kirche, die Unternehmen und unsere Gesellschaft wünschen und fordern, dann können sie auch selbst entscheiden, welches dieser Angebote für sie wichtig und richtig ist. Ich jedenfalls als Unternehmerin möchte jeder Frau eine Chance bieten, der Berufs-Karrierefrau, der Familien-Karrierefrau und der Individual-Karrierefrau.

Deshalb arbeiten wir größtenteils nur noch mit Arbeitsstundenkonten. Jede Mitarbeiterin (und auch jeder Mitarbeiter) kann sagen, wieviel Stunden sie wöchentlich, monatlich arbeiten will, natürlich im Rahmen des Jahresbudgets an Arbeitszeit. Das ist das Gebot der Stunde, kommt den verschiedensten Auftragssituationen zugute, aber trifft auch voll die Bedürfnisse der Frauen. Wir versuchen, für sie die Arbeitszeiten zu individualisieren, bestmöglichst auf jede einzelne Mitarbeiterin zuzuschneidern, aber auch, den Druck der Familiensorgen durch Tagesstättenangebote in der Nähe, finanzielle Hilfen für Alleinerziehende, Ferienbetreuung vor allem während den kleinen Ferien, Jobsharing und vieles mehr zu mildern.

„Frauenimpulse"

Wir haben „Frauenimpulse" veröffentlicht als Resultat einer Tagung, bei der alle Frauen sagen konnten, was sie drückt, was fehlt, wo Änderungen angebracht sind. Diese „Frauenimpulse" sind nun bindend für alle im Haus. Dazu gehört, dass Frauen und Männer, die in

Teilzeit arbeiten, selbstverständlich gleich behandelt werden wie die Vollzeitmitarbeiter. Sie werden zur Weihnachtsfeier, zum Betriebsausflug eingeladen, informiert und an allen Vergünstigungen beteiligt. Unsere Frauenreferentin – übrigens eine zukünftige Vikarin – ist da ganz pfiffig und findig. Zusammen mit einem Frauenprojektteam hört sie von immer anderen – kleineren und größeren – Problemen, die sie dann praktisch und undogmatisch angeht und ändert. Dieses Frauenteam ist auch verantwortlich für ein Gesundheitsprogramm mit Rückenschulung, für die Rundgänge mit der Betriebsärztin, die prüft, ob die Höhe der Stühle stimmt, ob es zieht, ob der Computer augengerecht steht und Ähnliches. Dadurch fühlen sich die Mitarbeiterinnen betreut und ernst genommen.

Die Familienfreundlichkeit unseres Betriebes wirkt sich auch schon bei einer Bewerbung aus. Ich möchte, dass einer Frau, die sechs Jahre Kinder erzogen und einen turbulenten Haushalt gemanagt hat, dies als Pluspunkt gewertet wird. Sie ist doch erfahrener und vielfältiger und wahrscheinlich beweglicher als eine Frau, die während dessen sechs Jahre gleichmäßig acht Stunden täglich ins Büro gegangen ist.

Der Kontakt zu den Frauen in der Familienpause wird bewusst gepflegt. Wir fördern die Frauen, die danach den Wiedereinstieg in den Beruf suchen. Einmal, indem wir sie während der Pause immer wieder zu einer Aushilfe anfordern – was ungemein beliebt ist. Sie bleiben dadurch auf dem Laufenden und haben keine Hemmschwelle, nach drei oder auch sechs Jahren zurückzukehren.

Ebenso ist ehrenamtliche Arbeit als eindeutiger Pluspunkt zu werten. Könnten wir nicht den Gedanken in die Welt setzen: Die Arbeit eines Ehrenamtlichen ist mehr wert als die eines Hauptamtlichen, er wird schließlich nicht bezahlt dafür?

Chancengleichheit für Mann und Frau

Ich gehe in meinen Überlegungen noch weiter. Wir leben im Aufbruch.

Sicher kennen auch Sie schon eine Geschäftsführerin und vielleicht auch schon den einen oder anderen Hausmann. Die Grenzen werden sich immer mehr verwischen. Entweder teilt sich ein Ehepaar Zeit und Arbeit genau auf oder – noch idealer: es wird nach Neigung

geplant. Die Werte, die Orientierung, die Ziele werden neu gewich-
tet. Es scheint sich ein Wertewandel anzubahnen. Der Mann wird
irgendwann auf sein Recht pochen, sich zumindest zeitweise ebenfalls vorrangig um die Familie kümmern zu können. Auch er will Zeit
für die emotionale Zuwendung in der Familie haben und an der
Verantwortung für Familie und Erziehung teilhaben dürfen. Ich glaube, erst, wenn die Frau auch dem Mann diese Möglichkeit voll und
ehrlich zugesteht, kann sie ihrerseits auf die Freiheit pochen, ihr
Leben selbst zu gestalten und in die Hand zu nehmen. Der
Idealzustand wird dann erreicht sein, wenn die Kindererziehung im
sozialen Prestige und materiell so angehoben ist, dass sich Mann und
Frau um den Familienberuf reißen. Noch haben die Meinungs-
macher diese Entwicklung nicht hinreichend erkannt und auf ihre
Positivliste genommen. Auch in den Unternehmen fehlt oft noch das
Verständnis für solche Neuerungen. Selbst bei den Frauen stoßen sol-
che Gedanken noch nicht überall auf Gegenliebe.

Weiterbildung

Da sind wir bei der wichtigsten Aufgabe eines Unternehmens: Wir
müssen Weiterbildung anbieten. Sachbezogenes Wissen selbstverständlich, aber mehr noch: Wir müssen die Frauen und Männer, für
die wir verantwortlich sind, aufklären, sie schulen und beraten, zu
selbständigem Denken, zu Eigenverantwortung erziehen, wir müssen
sie zu mündigen Mitarbeitern machen. Wir müssen sie ermuntern,
eigenwillige Persönlichkeiten zu werden, selbst Entscheidungen zu
treffen und gesundes Selbstvertrauen zu entwickeln.

Es ist vermehrt Aufgabe der Unternehmen, den Menschen Zuversicht und Mut zuzusprechen, sonst sind sie den Anforderungen der
heutigen Arbeitswelt nicht gewachsen. Es ist auffallend für mich, dass
Menschen, die eine Heimat in der Kirche haben, leichter mit den neuen
Herausforderungen fertig werden, als diejenigen, die diesen Halt nicht
haben. Wir müssen wieder lernen, Gott in unsere Sprache aufzuneh-
men und ihn so in unsere Arbeitswelt mit einzugliedern. Unsere
Frauenbeauftragte, obwohl Theologin, macht die Erfahrung, dass seel-
sorgerische Gespräche kaum gefragt sind, die Mitarbeiterinnen fangen
nicht davon an und unsere Frauenbeauftragte auch nicht.

Ich kenne einen ausgezeichneten Krankenhausseelsorger, der aber sagt: Ich bete nur mit einem Patienten, wenn der mich darum bittet. Wenn jetzt aber beide Seiten warten und hoffen, dass der andere zuerst anfängt ... Auch das ist ein Tabu, über Gott spricht man nicht im Alltag.

Wie normal ist es, Gott mit einzubeziehen in den Alltag? Was ist normal, wer setzt die Norm? Es zeigt sich, dass das, was als normal gilt, sich im Laufe der Zeit immer wieder verändert hat. Wer entscheidet eigentlich darüber, was als normal gelten soll und darf? Vielleicht sollten wir, die wir für viele Verantwortung tragen, den Mut haben, neu festzulegen, dass es normal ist, Gott mit in den Alltag einzubeziehen. Wir müssen wieder den Mut haben, unser Christsein in den Mittelpunkt zu stellen, und aus dieser Mitte heraus klare, einfache Schritte gehen.

Grenzen

Was aber mindestens genau so wichtig ist: Wir müssen den Menschen helfen, auch ihre Grenzen zu erkennen, und noch mehr – diese auch annehmen zu lernen. Eine junge Frau muss auch Ja zu sich sagen können, wenn sie keine Superfrau ist, wenn sie nicht den Ansprüchen der Werbung entspricht und nicht alle Traumziele erreichbar sind. Eine Frau ist nicht schlecht, nur weil sie sich nicht als Vorarbeiterin eignet. Meine Erfahrung ist es, dass Menschen, die sich von Gott unterstützt und gehalten wissen, sich da leichter tun.

Selbstverwirklichung

Jeder kennt die Forderung der Zeitungen und Psychologen, wir sollen uns selbst verwirklichen, und wir hätten das Recht der Freiheit, sie sei das höchste Gut. Wir haben die Chance, diese zwei zu Modeworte degradierten Begriffe wieder mit Leben zu füllen. Selbstverwirklichung kann eigentlich nicht bedeuten, sich um seiner selbst willen zu verwirklichen. Die Bedeutung liegt darin, sich zu entwickeln, zu entfalten, Ja zu sich selbst zu sagen – zu seinen Schwächen und Stärken – um dann das Beste vor Gott, für andere und sich selbst daraus zu machen, um dadurch frei zu werden, sich seiner Aufgabe stellen zu können. Sich selbst verwirklichen – doch nicht um seiner selbst willen, sondern um Gottes willen gerecht zu werden.

Freiheit

„Befreien von äußeren Zwängen" – so weit gehen Meinungsmacher, dann aber fehlt oft das Wesentliche: Was mit der Freiheit anfangen? Ich habe die Freiheit, nicht nur an mich zu denken, sondern kann mich selbst in eigener Verantwortung entscheiden, ich habe die Freiheit zu entscheiden, an was und wie ich mich binden will. Denn kein Mensch kann ohne Bindung leben. Es ist unnatürlich, als Einzelgänger durch die Welt zu gehen, ohne Gemeinschaft auszukommen, keine Bindung jeglicher Art einzugehen.

Wenn ein Mensch die Grundlagen der Freiheit verstanden hat, dann kann er sich freiwillig und selbständig entscheiden, wo sein Schwerpunkt liegt, sei es bei der Arbeit, auch in der Familie, in der Feriengestaltung, im Lebensstil, im Kirchen- und Glaubensleben. Er muss nicht dauernd auch das andere wollen und immer unglücklich sein.

In einer Gesellschaft, in der alles erlaubt und alles erhältlich ist, ist zugleich viel mehr Entscheidungswillen und Kraft gefordert, auch den Mut zur Beschränkung aufzubringen und Selbstkontrolle zu üben. Müssen wir alle in Mallorca gewesen sein, muss das Auto mit dem irgend eines anderen vergleichbar sein? Muss das weihnachtliche Angebot der Erdbeeren auch in unserem Haus Eingang finden? Das Angebot ist da, wir selbst müssen entscheiden, ob und wie wir es in Anspruch nehmen. Dazu braucht der Mensch Hilfe. Wer könnte da besser helfen als Gott und sein Wort! Die Erwartungen an die Kirche sind groß.

Die soziale Frage

Ich stelle manchmal die etwas provozierende Frage: Wie sozial muss ein christliches Unternehmen sein? Wie sozial darf es sein, um seinen Mitarbeitern nicht zu schaden? Ist ein Unternehmen noch sozial, wenn es alle sozialen Anfragen erfüllt, die herangetragen werden?

Dies will ich an einem Beispiel erklären: Ich bekomme so manche Anfrage mit der Bitte um einen Arbeitsplatz von Menschen, die im wahrsten Sinne des Wortes hilfsbedürftig sind. Es erscheint bei jedem Einzelnen sinnvoll, ja geradezu dringlich, ihn einzustellen. Ich meine nicht echte Sozialfälle, sondern all die, die bei einer Bewerbung einfach herausfallen, weil sie zu langsam sind, bei denen das Zeugnis nicht stimmt, wo einige Jahre im Lebenslauf fehlen oder einfach solche, bei denen die Leistungsbereitschaft angeknackst ist. Mit solchen Bitten beanspruche ich unsere Einstellungskapazität enorm und – was fast noch schlimmere Auswirkungen hat – die „normalen" Mitarbeiter werden bis zur Unzumutbarkeit belastet. Ist es trotzdem das, was meine christliche Ethik erfordert? Muss ich nicht auch sozial sein zu diesen normalen Mitarbeitern?

Je länger ich Einblick habe in den Alltag unserer Mitarbeiterinnen, um so größer wird mein Anliegen, diese unermüdlichen, laut- und klaglosen Mitarbeiterinnen zu unterstützen. Auch sie brauchen Zuwendung, suchen nach Anerkennung und hoffen auf Dank. Müssen sie erst auffallen, zum Außenseiter werden, einer Randgruppe angehören, damit wir uns um sie kümmern?

Der Besuch unserer Auszubildenden im christlichen Jugenddorfwerk

Da ich nicht fürs Theoretisieren bin, versuche ich kleine, mir mögliche Schritte. Auf einen möchte ich kurz eingehen: Alle Auszubildenden im ersten Jahr dürfen für acht Tage ins christliche Jugenddorf (CJD) in Altensteig. Dort wird ihnen ein Programm geboten, das zu einer besseren Eigenverantwortung, Mobilität und Selbsteinschätzung führen soll und wo das Miteinander eingeübt wird – auch ein Rhetorikkurs ist dabei. Alles – so hoffe ich – geschieht auf Basis einer christlichen Grundeinstellung, die nicht nur verschämt vermittelt, sondern auch klar ausgesprochen wird.

Im zweiten Lehrjahr dann lernen sie das Kloster Volkenroda kennen. Dort ist ein Jugendbildungszentrum der Gnadenthaler Brudergemeinschaft. Da erleben die jungen Leute, wie Menschen aus Überzeugung an einem trostlosen Ort ein Kloster wiederbeleben und Arbeitsplätze schaffen – ein überzeugendes Beispiel gelebten christlichen Glaubens. Es ist erstaunlich, wie Menschen, die Visionen haben, Kraft zuwächst und sie fähig werden zu handeln. Unsere jungen Leute waren im höchsten Grad beeindruckt, allerdings auch davon, daß sie fünfmal am Tag beten mussten!

Mobilität

Was wir immer mehr als Mangel empfinden, ist die fehlende Mobilität, die fehlende Bereitschaft, beweglich zu bleiben oder zu werden. Oft fehlt schon die Flexibilität, innerhalb der Firma auf einen anderen Platz gestellt zu werden. Die Angst vor einer neuen Herausforderung ist zu groß. Wir sind immer wieder erschreckt, wie wenig mobil sogar jüngere Leute sind. Selbst ein verlockendes Angebot, das aber einen Wohnungswechsel einschließen würde, wird wegen einer Freundin oder einer vorhandenen Wohnung abgelehnt. Wir müssen alle bereits unseren Auszubildenden klarmachen, dass das Wichtigste für sie sein wird: Mobilität im Denken und Handeln. Denn es wird in Zukunft kaum mehr einen Menschen geben, der den in der Jugend erlernten Beruf bis zum Rentenalter ausüben wird. Und wir sollten auch nicht von uns weisen, einem Arbeitsplatz nachzuziehen. Es ist doch besser, den Wohnort zu wechseln, als resigniert am angestammten Platz Arbeitslosenhilfe zu beziehen. Da sehe ich z.B. einen gewissen Druck von Leitungsseite durchaus als legitim an. Manchmal fordere ich von unseren Mitarbeitern durchaus etwas, was zuerst unbequem erscheint.

Auch müssen wir gegen die unheilvolle Ansicht angehen, dass Arbeit immer nur angenehm ist und immer nur Spaß bringen soll. Ich finde, wir müssen die Menschen, für die wir verantwortlich sind, so stimulieren und festigen, dass sie durchaus auch in der Lage sind, unangenehme, langweilige oder schwierige Arbeit zu leisten. Allerdings müssen wir dann auch – ehrlichkeitshalber – diese Arbeit so benennen und sie nicht beschönigen und so tun, als wäre das ein Kinderspiel.

Führungsgedanken

Die Führungsgedanken, die wir in unserer Firma bewegen und die wir einzuüben versuchen, würden uns bei unserem Urgroßvater, der vor 115 Jahren die Firma gegründet hat, ein Kopfschütteln einbringen.

Jede Gemeinschaft braucht Führung, und führen soll derjenige, der es am besten kann, gegebenenfalls zeit- und objektabhängig. Voraussetzung für ein Delegieren der Verantwortung ist einerseits das Gewähren von Freiraum bei der Durchführung und auf der anderen Seite eine Identifizierung mit den Zielen des Unternehmens. Eine Gemeinschaft gedeiht, wenn sie mit Weitblick, Schwung geführt wird und wenn es gelingt, ein Klima größtmöglicher Entfaltung für einen jeden Einzelnen zu schaffen. Aber Führung einer Gruppe kann nicht bedeuten, zwingend immer allseitige Zustimmung zu erhalten. Unser heutiges Demokratieverständnis bei der Meinungsfindung kann tödlich sein für ein Projekt. Bis Einigung erreicht ist, hat sich die Gruppe zerredet, ist die Spontanität verloren, und unter Umständen ist der ideale Zeitpunkt verpasst. Da sind manche Unternehmer gefährdet, noch mehr allerdings die Kirchen, so ist meine langjährige Kirchenerfahrung.

Dem Bewahren des Bewährten muss die Lust am Wandel gleichwertig zur Seite gestellt werden. Auch rasche, unkomplizierte Entscheidungen müssen möglich sein.

Führung kann nicht bedeuten, selbst alles am besten zu können, sondern denjenigen der Gruppe, der die Fähigkeit dazu hat, handeln zu lassen. Führung heute bedeutet vordenken, den Weg ebnen, die Voraussetzungen schaffen, verschiedene Möglichkeiten aufzeigen. Führung ist also mehr Hilfestellung geben als zu bestimmen, und immer muss eine Vision vorausgehen, an der sich alle orientieren können.

Bisher schien als vorrangiges Ziel einer Gruppe, Solidarität und Gleichheit herzustellen. Heute aber liegt die Betonung auf der Förderung der menschlichen Eigenschaften, um so eine Vielfalt an Kreativität und Gestaltungskraft zu entwickeln. Alles in allem: Der Mensch mit Eigenverantwortung steht im Vordergrund.

Jürgen Mette

Verändern und erhalten –
die Spannung zwischen Alt und Neu

Einleitung

Dieser Beitrag beschäftigt sich mit der Planung und Durchführung eines Umbaus, nicht eines Neubaus. Wir planen nicht auf der grünen Wiese, sondern finden eine Struktur vor: eine Unternehmensstruktur, eine Institutionsstruktur. Wir sind davon überzeugt, dass dieses Unternehmen weiter bestehen muss. Darum die entscheidende Frage: Haben Sie noch Hoffnung und Liebe zu dem Unternehmen, in dem Sie tätig sind, zu Ihrer Gemeinde, zu Ihrem Verband, zu Ihrem Missionswerk, zu Ihrer Kirche, zu Ihrer Institution überhaupt?

Wenn Sie schon so weit emigriert sind, dass diese Liebe fehlt, dann rate ich Ihnen, auszusteigen. Sie können nichts Überzeugendes beisteuern. Ich erlebe Führungskräfte, die bereits separiert sind. Wir müssen versuchen, diese Leute zurückzugewinnen. Ein Bild aus dem Freizeitskisport: Wenn Sie einen Abhang „'runterdüsen", haben Sie bis zu einem bestimmten Punkt aus der Abfahrtsgeschwindigkeit noch so viel Restgeschwindigkeit und Energie, dass Sie den nächsten Hügel wieder hochkommen. Hat man aber nicht genug Geschwindigkeit mitgenommen für den nächsten Hügel, bleibt man schlichtweg im Tal oder auf halben Weg stecken. Dann ist der Schwung wirklich weg.

1. Basisthesen

1.1   Wer Altes vorschnell aufgibt, wird auch Neues nicht lange durchhalten!

1.2   Alles Alte war mal neu, alles Neue wird zunehmend schneller alt! Bedenken Sie die Halbwertzeit unseres Wissens und die rasante Folge von neuen Trends. Alles, was heute neu ist, wird sehr schnell alt.

1.3 Geben Sie keine Tradition vorschnell auf, ohne eine neue Tradition zu stiften! Eine Gemeinde oder ein Unternehmen werden scheitern, wenn sie keine neuen Traditionen stiften. Traditionen konservieren Werte, die für lange Zeit stabile Fundamente bieten.

1.4 Alle Innovation speist sich aus tradierten Werten! Irgendwann haben Führungskräfte ein Wertefundament geschaffen, sie haben es in ihr Herz oder auf Papier geschrieben und an die nächste Gemeinde- und Firmengeneration weitergegeben. Auf dieser Basis können wir heute auch über Neues nachdenken und mit überschaubarem Risiko experimentieren.

2. Altes und Neues im biblischen Befund

In Psalm 77,6 sagt der Psalmist: Ich denke nach über die alte Zeit. Er reflektiert die alte Zeit, er filtert Gutes heraus und speist damit seinen Glauben für die nächste Zeit. Völlig konträr dazu Jesaja 43,18: Denkt nicht an das Alte, hängt euch nicht an das Alte, oder: Das Alte ist vergangen, Neues ist geworden. In den Paulinischen Briefen finden wir Bilder vom Kleiderwechsel: Altes ablegen, Neues anziehen – das bedeutet nicht, Altes zu verachten. Dann das berühmte Wort in Matthäus 9,16: Niemand flickt ein altes Kleid mit einem neuen Stück Stoff, oder Matthäus 9,17: Neuer Wein gehört in neue Schläuche.

Das Fazit aus diesem kurzen Befund: Die alte Botschaft ist zu konservieren, sie ist haltbar zu machen, sie ist aufzubewahren. Wir haben diese alte Botschaft zu kultivieren, zu tradieren und sie neu anzustiften, damit sie sich weiter entwickelt und bewahrt bleibt. Mit „alt" meinen wir nicht, dass etwas alt aussieht und alt klingt. Alt ist das, was nicht mehr der Zeit und dem Menschen dient, was nicht mehr kompatibel ist. Das Alte, d.h. die alten Formen, Strukturen und Methoden sind aufzugeben. Neue Inhalte brauchen neue Gefäße. Das Evangelium proklamiert Neues, ohne Altes zu verwerfen. So kann man vielleicht das ganze Spannungsfeld „Alt und Neu" aus der Heiligen Schrift auf einen kurzen Nenner bringen.

3. Erhaltungsbedarf erkennen

Was wollen wir in unserer Gemeinde erhalten, und was ist uns in unserer Firmenkultur so wichtig, dass es absolut unaufgebbar ist? Was wollen wir konservieren, bewahren und tradieren? In einer Immobilienanzeige fand ich die Beschreibung: „Wertvolle Bausubstanz in bester Lage, Denkmalschutz, alter Baumbestand, romantisches Ambiente, antikes Foyer, Garagentorantrieb mit Wasserkraft." Das klingt doch gut! Die Frage stellt sich also: Welche Traditionen, welcher Wert, welche Substanz und welches Image dient dem heutigen Bedarf, und wie können sie für die Zukunft für alle Innovationen und Experimente als Basis dienen? Sprechen Sie mit Ihrem Team darüber und bilanzieren Sie: Was wollen wir auf keinen Fall aufgeben? Schreiben Sie auf, was fünfzig Jahre sehr gut funktioniert hat. Das sind Werte, die wir erhalten müssen, sonst geben wir unsere Basis auf.

4. Veränderungsbedarf erkennen

Wo zwingen uns finanzielle oder arbeitsmarktliche Bedingungen, wo zwingt uns der Kunde, unser Angebot, unser Produkt, unsere Dienstleistung zu verändern? Das Lebenstempo zwingt uns zu Veränderungsprozessen. Es zwingt uns zu Fusion und Konzentration. Die Globalisierung sprengt partikulares Denken und fordert Vernetzung.

5. Ressourcen und Auswirkungen erfassen

5.1   Image: Wie reagiert der Kunde auf unsere Veränderung? Wie reagiert Frau Meier, die siebzig Jahre ist und seit fünfzig Jahren in die Gemeinde kommt, auf ein neues Gottesdienstkonzept? Wir müssen vorausschauen, wie Menschen wie sie reagieren werden. Und vermutlich werden sie sagen: „Das sind nicht mehr meine Lieder." Wir müssen Brücken schaffen, um diesen Leuten das neue Liedgut näher zu bringen.
5.2   Personal: Mit wem betreiben wir diese Veränderungen?

5.3 Finanzen: Sind diese Veränderungen überhaupt finanzierbar? Sind die damit verbundenen Risiken finanzierbar?

6. Änderungsprozesse betreiben oder erleiden?

Entweder wir betreiben Veränderung oder wir erleiden sie. Kräfte von außen zwingen uns zur Veränderung. Die Personalfrage – nicht die Sachfrage – ist deshalb ein interessanter Zugang zum Thema.

In meiner Beratungsarbeit in Gemeinden, aber auch in Missionswerken habe ich verblüffende Entdeckungen gemacht. Sehr hoch geachtet sind Leiter, die ich einmal „Propheten" nennen möchte, obwohl sich der Prophet eigentlich durch positivere Zeichen ausweist. Das sind die „Wächter sehr hoch auf der Zinne", die jene Trompete der Warnung blasen. Diese Leute wissen, woher der Zeitgeist weht. Sie sind in eschatologischen Fragen wirklich Experten (oder auch nicht). In der Gemeinde haben sie ein hohes Image, einen hohen Wert. Man hört auf ihren Rat. Diese Leute haben die Berufung, zu bewahren und die Gemeinde zu schützen.

Der zweite Typ im Beziehungskreuz der Leiterschaft ist der „Chancenspäher", eigentlich ein typischer Evangelist, der in all den Herausforderungen, die der „Prophet" als Kennzeichen der Endzeit betrachtet, Chancen für die Evangelisation wittert. Der „Evangelist" ist äußerst pragmatisch orientiert. Er betrachtet Blockaden und Krisen als Herausforderungen des Glaubens. Er steht in einer ständi-

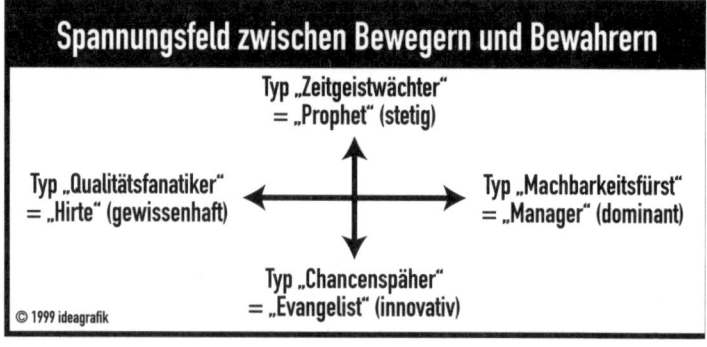

gen Differenz zum „Zeitgeistwächter". Jede Leitungssitzung baut zwischen diesen beiden Typen eine ständige Spannung auf.

Die dritte Gruppe in den Führungsteams möchte ich „Qualitätsfanatiker" nennen oder biblisch positiver „Hirten". Sie haben ein großes Interesse an Qualität, im Gegensatz zu den „Evangelisten", die mehr die Quantität schätzen. Der „Hirte" möchte die Herde in die Tiefe führen, zur Sättigung, zur Qualität, zur Reife bringen. Mit großer Gewissenhaftigkeit geht er einem Schaf nach und lässt die restlichen hundert auf der Wiese stehen.

Der „Qualitätsfanatiker" lebt in einem ständigen Spannungsfeld mit den „Machbarkeitsfürsten", den „Managern", die dominant, quantitätsbewusst und äußerst effektiv denken. Sie durchdringen jedes Führungsteam mit ihrer Vision und sind in den Gedanken meist schon im nächsten Jahrtausend.

Diese vier Leitertypen tun sich in jedem Führungsteam weh. Sie fügen sich Verletzungen zu und reduzieren dadurch ihre Führungskraft. Es kommt deshalb darauf an, die unterschiedlichen Leitungstypen so zueinander zu führen, dass sie sich gegenseitig ergänzen und Leiterschaft mit hoher Qualität ausüben. Jeder braucht den anderen, jeder Leitertyp für sich wäre unerträglich. Er braucht immer das Gegengewicht, um überzeugend Leiterschaft ausüben zu können.

Im Neuen Testament finden wir zwei Leitungsbegriffe: zum einen den Begriff der „kybernesis" (1. Korinther 12,28): Gott hat gegeben „charismata der kybernesis". Da geht es ganz konkret um die Steuerung von Prozessen. Die Lehre vom Gemeindeaufbau wird im Fachbereich Pastoraltheologie mittlerweile „Kybernetik" genannt. Der andere Leitungsbegriff ist der Begriff „prohistemie" (Römer 12,8), der aus der Sprache des Militärs kommt und soviel bedeutet wie „vorstehen". In dem „prohistemie"-Begriff wird ein bewahrendes Element, in dem „kybernesis"-Begriff wird ein aktives Steuerungselement ausgedrückt.

Spannungen erkennen und nutzen

Ein biologisches Beispiel: Kein Wachstum ohne Spannung. Kein Apfelbaum biegt sich gewaltig unter der Frucht, wenn Sie ein paar Jahre keinen Baumschnitt machen. Jesus sagt uns in Johannes 15: Mehr Einschnitte – mehr Frucht. Also ein biologisches Beispiel zum

Thema „Spannungen erkennen und nutzen". Ein technisches Beispiel: Spannungen entladen sich im Kurzschluss, oder Spannungen setzen durch Überwindung von Widerständen Energien frei.

7. Praxisschritte der Veränderung im Detail

7.1   Definition des Ziels der Veränderung. Jedes Jahr arbeiten wir während unserer dreitägigen Klausurtagung mit dem ganzen Team sehr intensiv an unseren Jahreszielen. Wir beten, prüfen Zahlen und berücksichtigen Marktanalysen. Und daraus leiten wir Veränderungsprozesse ab. Ziel der Veränderung ist, dass wir mehr Menschen erreichen und mehr Menschen für den Gemeindeaufbau gewinnen.

7.2   Wir erstellen einen Zeitplan für diesen Prozess.

7.3   Wir berufen keinen Change-Manager, sondern einen Change-Moderator, der die Spannungen auf ein erträgliches Maß „heruntermoderiert" und fruchtbar macht.

7.4   Wir gewinnen das Leitungsteam und inspirieren das ganze Personal mit dieser Veränderungstheorie.

7.5   Wir stellen ehrlich die Risiken, aber auch alle Chancen dar. Wir sprechen davon, was passieren kann, wenn wir uns in unserem Veränderungsprozess tatsächlich geirrt haben sollten. Das können alle Risiken sein, wir wollen nur keine Arbeitsplätze verlieren.

7.6   Wir brauchen Bereitschaft zu Gruppen- und Einzelgesprächen, um Blockaden und Opposition abzubauen. Besonders in größeren Unternehmen ist es wichtig, möglichst früh zu erkennen, wo sich eine Opposition bildet, die beleidigt „vor sich hinbrummelt". Habe ich ein Ohr dafür und bin ich in der Lage, in Einzelgesprächen mit diesen Leuten Widerstände abzubauen?

7.7   Wir müssen Wachstumsschmerzen erkennen und entsprechend therapieren.

7.8   Wir kommunizieren und publizieren Teilerfolge.

7.9   Wir identifizieren Fehlentwicklungen.

7.10 Wir honorieren Erfolge, indem wir z.B. ein Fest feiern und schaffen damit Motivation für den nächsten innovativen Schritt.

Michael Noss

Keine Veränderung ohne Konflikte – Konfliktmanagement in Veränderungsprozessen

Es gibt keine Veränderungsprozesse ohne Gegenbewegung und Verweigerung. Diese Erfahrung machen alle, die in einer Organisation, gleich welcher Art, etwas verändern wollen. Es wird unbequem, Sicherheit geht verloren, Gewohntes wird weggenommen, das Neue ist noch nicht da, es trägt noch nicht. Menschen reagieren auf solche Veränderungen. Viele verhalten sich zunächst einmal abwartend und beobachtend, auch dann, wenn man mit reinstem demokratischen Gewissen, es müßte jetzt allen klar sein, und schließlich war ja auch eine erkennbare Mehrheit dafür, nun in einen Erneuerungsprozeß einzusteigen. Eine Gruppe vertrauenswürdiger Menschen hat für die Veränderung geworben. Alles scheint bestens vorbereitet zu sein. Trotzdem: Eine große Gruppe von Menschen verhält sich zunächst einmal abwartend.

Immer wieder gibt es aber auch eine nicht zu unterschätzende Gegenbewegung oder Verweigerungshaltung. Manche nennen diese Gegenbewegung Widerstand. Nun klingt das Wort Widerstand sicher zu hart, zumindest in der Kirche mag man dieses Wort so vielleicht nicht hören. Aber das, was es hier beschreiben soll, gibt es in jeder Organisation, also auch in der Kirche und den Gemeinden. Von einer Gegenbewegung oder von Widerstand kann immer dann gesprochen werden, wenn vorgesehene und gemeinsam getroffene Entscheidungen oder Maßnahmen aus zunächst nicht ersichtlichen Gründen bei einzelnen Menschen, aber auch bei einzelnen Gruppen oder bei einem großen Teil der Gemeinde auf diffuse Ablehnung stoßen, nicht unmittelbar nachvollziehbare Bedenken erzeugen oder dadurch unterlaufen werden, daß viele sich passiv verhalten und sich dadurch verweigern.

Die innere Einstellung bei Menschen, die zum Widerstand oder zu einer Gegenbewegung führt, ist sehr unterschiedlich. Wir haben ja schon mehrfach gesehen, daß Menschen, gerade weil sie unterschiedlich im Denken, Fühlen und Handeln sind, auch auf eine Veränderung unterschiedlich reagieren. Je nachdem, wie ein Mensch persönlich in seiner Lebens- und Erlebenswelt gelagert ist, werden Veränderungen als etwas aufregend Neues oder als etwas Bedrohliches erlebt.

Wie auch immer Menschen reagieren, eines bleibt auf jeden Fall klar: Widerstände, Gegenbewegungen und Abwehrhaltungen sind ein natürlicher Wegbegleiter eines jeden Veränderungsprozesses. Menschen, die mit Widerstand reagieren, fühlen sich „aus der Bahn" geworfen. Die soziale Stellung wird hinterfragt, was sie bisher für richtig hielten, gilt scheinbar nicht mehr, Sicherheiten und Orientierungsmöglichkeiten sind zunächst nicht mehr zu erkennen. Dabei kann man davon ausgehen, daß der Widerstand um so stärker wird, je weiter die angestrebten Verhältnisse vom Status quo entfernt sind. Dabei zeigt sich dieser Widerstand in offener, aber auch in versteckter Form.

Offenen Widerstand zeigen Menschen durch:

• Ständige Diskussionen mit Argumenten gegen die Veränderung. Diese Diskussionen sind schrecklich zeitraubend und enden meistens ohne jedes Ergebnis.

• Vorwürfe, die den Verantwortlichen gemacht werden. Diese enthalten oft Argumente im Blick auf finanzielle Unverantwortlichkeit, mangelnde Würdigung der Vergangenheit, das Eigentliche aus dem Blick zu verlieren, nicht umsichtig genug zu sein, etwas zu tun, was „viele" nicht wollen usw.

• Drohungen mit Austritt oder mit der Verweigerung weiterer Mitarbeit oder anderen Dingen, die deutlich machen sollen: „Wenn ihr so weitermacht wie bisher, mache ich auf jeden Fall nicht mehr mit!"

• Polemik, die oft mit dem Satz begleitet wird: „Das, was ihr euch hier Neues denkt, hatten wir schon mal. Damals hat es auch nicht geklappt. Aber scheinbar müßt ihr die Erfahrung auch noch einmal machen. Schade um die Zeit, ums Geld usw."

• Die Berufung auf die formalen Strukturen. Dazu eine kleine Begebenheit: In einer Region wollten mehrere landeskirchliche Nachbargemeinden ihre noch vorhandene Kraft zusammentun, um neu zu starten und wieder aufzubrechen, dem eigentlichen Auftrag von Kirche gemäß. Es wurde viel diskutiert. Schließlich schaffte der

Moderator es, die Gemeinden dazu zu bringen, doch einmal zu sagen, was jede Gemeinde einbringen könnte, um ein Ziel zu formulieren und den Aufbruch zu initiieren. Dabei wurde schnell klar, daß jede Gemeinde auch auf Liebgewordenes verzichten müßte. Es würde eben vieles anders werden. Ein Pfarrer hatte schon die ganze Zeit seinen Unwillen deutlich gemacht. Als er merkte, daß es deutlich in eine Richtung ging, die auch von ihm Neues verlangte und den Abschied von anderen Dingen nötig werden ließ, stand er auf und verabschiedete sich mit dem Satz: „Ich bin Beamter meiner Kirche. Die hat dafür zu sorgen, daß ich mein Gehalt bekomme, und ich dafür, daß das getan wird, wozu ich verpflichtet bin. Alles andere interessiert mich nicht!"

Diese verbalen Gegenäußerungen zur Veränderung sind von unterschiedlichen, nicht fassbaren Gegenbewegungen bzw. Gegenaktionen begleitet. Es entsteht Unruhe. Immer wieder bricht an nicht vorher auszumachenden Stellen Streit aus. Oft entsteht dieser in Gruppen der Gemeinde bei genauerem Hinsehen wegen Bagatellen, bei noch genauerem Hinsehen immer mit einem deutlichen Bezug auf die anstehende Neuerung. Intrigen werden gesponnen. Auch davon ist die Gemeinde nicht frei. Dieses intrigante Verhalten wird dann oft noch mit dem Anheizen der Gerüchteküche verbunden. Was Menschen alles in der Lage sind, sich an Gemeinheiten auszudenken oder an dummem Zeug zu erzählen, das nachweislich nicht stimmt, aber gerne verbreitet wird und immer wieder dankbare Abnehmer findet, würde mehrere Bücher füllen. Ich will keine Beispiele erzählen, um solche Dummheiten nicht noch zu verbreiten. Jeder Mitarbeiter in einer Gemeinde kann ein eigenes Lied davon singen. Als Zeichen eines Widerstandes bilden sich auch gerne Gruppen Gleichgesinnter. Diese Cliquen entwickeln oft eine ungeheure Energie. Die Entstehung solcher Gruppen sind aber im Veränderungsprozess normal.

Verdeckten Widerstand zeigen Menschen durch:

• Schweigen – man sagt einfach nichts mehr, auch wenn man sich früher immer beteiligt hat. Dieses Schweigen kann eine ziemliche „Lautstärke" entwickeln, wenn es sehr demonstrativ geschieht. Darauf angesprochen, sagen viele: „Ach, frag mich lieber nicht."

Oder: „Man hat mich ja auch nicht gefragt, als die Sache geplant wurde, warum soll ich jetzt was dazu sagen?" usw.

• Bagatellisieren – was andere als wichtige Entscheidung für die Zukunft bezeichnen, wird als gar nicht so bedeutungsvoll hingestellt.

• Das Ins-Lächerliche-Ziehen der Dinge, die anderen wichtig sind – ein paar blöde Bemerkungen in einer Diskussion, ein paar Witze über vergleichbare Entscheidungen usw. Nicht nur die Dinge werden dadurch ins Lächerliche gezogen, sondern auch die Menschen.

• Eine äußere Haltung der Distanz – mit verschränkten Armen sitzt einer da, eine andere mit versteinertem Gesicht. Manche rücken immer weiter in die „hinteren Bänke", setzen sich deutlich von anderen ab.

• Diskussionen über Sekundärthemen – ständig werden irgendwelche Themen angesprochen, die im Blick auf die Veränderung nur zweit- oder auch drittrangig sind. Die Gemeinde möchte zum Beispiel einen Gottesdienst modernisieren. Es wird viel über neue Musik und neue Gestaltungsmittel nachgedacht. Schließlich fängt einer die Diskussion über die dringend notwendige Renovierung der Orgel an. – Eine Gemeinde möchte ein diakonisches Projekt starten. Jemand beginnt die Diskussion über die Situation der Menschen in der Dritten Welt …

Die Orgel ist sicher wichtig, die Menschen der sogenannten Dritten Welt ein ständiges Anliegen der Christen. Im Blick auf die anstehende Entscheidung sind es aber Sekundärthemen, die in diesem Fall nur die Funktion haben, von der eigentlichen Neuerung abzulenken.

• Menschen ziehen sich zurück. Das fängt damit an, daß solche Menschen nicht mehr zuhören und schon gar nicht mehr hinhören. Sie beschweren sich aber ständig darüber, nicht richtig informiert zu werden. Andere sind ständig müde, müssen sich erholen, haben keine Zeit. Wieder einige bleiben mehr oder weniger demonstrativ weg. Andere sind zwar noch körperlich da, haben aber den Weg in eine innere Emigration angetreten. Manche werden auch richtig krank.

Richtiger Umgang mit Gegenbewegung und Verweigerung

Noch einmal: Unterschiedliche Menschen reagieren auf Veränderung unterschiedlich. Das ist eine wichtige Erkenntnis auch im Blick auf den richtigen Umgang mit der Gegenbewegung. Nur wer die Gefühle und oft unbewussten Ängste von Menschen wahrnimmt und ernst nehmen kann, ist in der Lage, richtig und angemessen mit diesem Widerstand umzugehen. Menschen müssen da abgeholt werden, wo sie stehen. Die Menschen in einer Gegenbewegung sind nicht abzulehnen, als widerspenstige Querdenker zu behandeln oder verbal in die Ecke zu stellen. Da stehen sie ja meistens schon, oder besser, sie kommen sich so vor, als stünden sie in einer Ecke, mit dem Rücken zur Wand.

Man kann solche Menschen dadurch abholen, daß man sich für sie interessiert. Sie müssen gefragt werden, sie sollen zum Sprechen gebracht werden, es kommt darauf an, was ihre Sorgen, Ängste und oft auch Hilflosigkeiten ausmacht. Gute „Veränderer" entwickeln ein Gespür für die Denkweise dieser Menschen. Es ist auch hier wichtig, die Position des anderen Menschen einzunehmen.

Das Bemühen, sich die unterschiedlichen Sichtweisen von Menschen immer wieder bewusst zu machen, könnte eine große Anzahl von Konflikten entschärfen. Wahrnehmen heißt, auf die gleiche Wellenlänge zu gehen, sich auf andere einzulassen. Das setzt natürlich auch die Bereitschaft voraus, andere Menschen anzuhören und ernst zu nehmen.

Nicht nur Menschen in einer Gegenbewegung stehen in der Gefahr, Gerüchte zu verbreiten oder irgendwelchen Vorurteilen nachzuhängen. Die „Veränderer" tun es auch. Es kommt darauf an, den Menschen immer wieder deutlich zu machen, was die Veränderung auch für sie Positives bedeuten kann. Gerade für Christen sollte es kein Problem darstellen, sich anderen Menschen zuzuwenden. Zuwendung bringt Zuwendung. So ist das nun einmal.

Es gehört zur Führungsverantwortung von leitenden Mitarbeitern, Gegenbewegungen, Widerstände und letztlich auch Ängste bei anderen wahrzunehmen. Hat man sie dann einmal erkannt, kommt es darauf an zu versuchen, die fördernden Kräfte zu stärken und die weniger förderlichen abzubauen. Menschen fördern kann man einmal durch Lob und Anerkennung. Dabei ist eine alte Regel zu beachten: Kritik immer nur an der Sache. Lob und Anerkennung immer nur den Menschen und nicht der Sache, die einer gut gemacht hat: „Ich finde es einfach toll, dass du das so gemacht hast." Es geht um mehr, als nur danke zu sagen. Man sollte den Menschen, mit denen man zusammenarbeitet, mehr gratulieren. Gemeinsame Erfolgserlebnisse können helfen, Widerstände abzubauen. Nach einer Aktion allen denen, die in irgendeiner Weise daran beteiligt waren, einen persönlichen Brief zu schreiben, die Mitarbeiter zu loben und sie als besondere Menschen anzuerkennen, ist Führungsaufgabe.

In einem Veränderungsprozess geht die für alle Menschen notwendige Sicherheit verloren. Deshalb müssen Menschen begleitet und unterstützt werden: „Ich bin für dich da." – „Wenn du Hilfe brauchst, lass es mich wissen." – „Ich stehe vor dir, um dich zu schützen, und ich stehe hinter dir, um dir den Rücken freizuhalten." Es ist immer wieder wichtig, Menschen an ein positives Denken zu gewöhnen, ihnen positive Gefühle zu vermitteln und damit auch konstruktive Kräfte zu wecken.

Jeder kennt das Beispiel vom halbvollen Glas. Ist das Glas jetzt halbvoll oder halbleer? Letztlich kommt es auf die Sichtweise an. Wenn ich etwas trinken will, ist es jedenfalls eher zuträglich, über das halbvolle Glas zu reden. Wenn ich letztlich überhaupt nicht am Inhalt interessiert bin, dann werde ich über das Glas reden, das zur Hälfte leer ist. Genauso geht es vielen Menschen in der Gemeinde. Sind sie wirklich an den Inhalten interessiert, werden sie über das reden, was da ist, und nicht über das, was nicht da ist.

Wer immer nur den Mangel beklagt, hat keinen Blick für das, was schon geworden ist. Deshalb ist es Führungsaufgabe, immer wieder den Blick auf das zu lenken, was da ist. Die Geschichte von der Speisung der Fünftausend aus Johannes 6 ist dafür ein schönes Beispiel. Jesus beklagt sich nicht über den Mangel. Er hat immerhin fünf Brote und zwei Fische. Für die zu lösende Aufgabe eigentlich weniger als nichts. Er macht aber das einzig Richtige, er nimmt die Brote und Fische, dankt Gott für dieses Kapital und teilt aus. Das Wunder geschieht – es ist für alle genug da. Es bleiben sogar noch zwölf Körbe übrig. Für jeden der Jünger mehr, als Jesus selbst hatte. Es kommt darauf an, das zu sehen, was da ist, dafür dankbar zu sein und das „auszuteilen". Das Wunder ist und bleibt dann Gottes Sache.

Vertrauen gegen Angst – Hoffnung gegen Resignation

Veränderung hin zu einem neuen Zustand oder einer neuen Situation geht nie ohne die Erfahrung, daß man sich von einem alten Zustand verabschieden muß. Man kann eben nicht von A nach B reisen, ohne A zu verlassen. Man muß sich verabschieden. Dieser Abschied ist immer auch mit Schmerz verbunden, den viele nicht wollen und deshalb lieber so bleiben wollen, wie sie sind und wo sie sind.

Abschied nehmen zu müssen ist auch mit Trauer verbunden. Diese Trauer muß verarbeitet werden. Erst wenn dieser Abschied entsprechend vollzogen und verarbeitet worden ist, ist man letztlich frei für das Neue. Trauerarbeit ist ein Prozeß. Hilfreich, um in diesem Prozeß gut zurechtzukommen, ist die Kenntnis der Trauerphasen, die die in Amerika lebende Psychiaterin Elisabeth Kübler-Ross exemplarisch und allgemein anerkannt beschrieben hat. Kübler-Ross hat diese Phasen als Sterbephasen beschrieben, sie gelten aber auch für jeden Trauerprozeß, ob im persönlichen Leben oder im Leben einer Organisation. Dieser Prozeß verläuft nie geradlinig, sondern in verschiedenen Phasen und mit wechselnder Intensität. Dabei können einige Abschnitte durchaus mehrmals erlebt oder auch übersprungen werden.

In den ersten Phasen ist von Seiten der verantwortlichen Mitarbeiter gar nicht viel mehr möglich als menschliche Anteilnahme, Verständnis und die Hilfe dafür, Angstgefühle abzubauen. Gut gemeinte Ratschläge nützen meistens nichts. Erst später ist es dann auch möglich, wieder nach vorne denkend Wünsche zu erfragen, positive Schritte zu planen und zu gehen und dann langsam in einen Dialog zu treten, der helfen soll, sich zunächst auf eine neue Sichtweise einzulassen.

Informationen sind wichtig. Immer wieder geht es darum, in Einzelgesprächen, in Gruppen und in Mitarbeiterkreisen die Gründe und Hintergründe für die Veränderung darzulegen. Falsche Vorstellungen müssen abgebaut bzw. richtig gestellt werden. Ein Veränderungsprozeß braucht immer wieder neue Argumente, warum es sich lohnt, sich einzusetzen.

Widerstände werden kleiner, die Gegenbewegung läßt nach, wenn es gelingt, ein gemeinsames Verständnis zu wecken und ein Einverständnis zu erreichen. Der einzelne Mensch ist wichtig. Ihn gilt es zu gewinnen. Deshalb muß die Darstellung der Veränderung auch möglichst individuell geschehen und für die einzelnen Menschen einsichtig sein, damit sie sie annehmen können.

Ängste und Sorgen sollten bewußt angesprochen werden. Es ist kein Zeichen von Kleingläubigkeit, wenn Menschen gegen eine Veränderung sind. Ein erfolgreiches Bewältigen kleiner Schritte fördert das Selbstvertrauen als Grundlage der Veränderung. Das Gute im Alten muß eingebaut werden. Nicht alles, was früher war, wurde falsch gemacht. Die äußeren Umstände haben sich meistens verändert oder werden sich verändern. Ihnen gilt es zu entsprechen.

Immer mit dem Widerstand gehen

Es gibt Bibelzitate, die fast jeder kennt, auch die, die sonst mit der Bibel und Kirche nichts zu tun haben. Eines dieser Bibelworte ist die Aussage Jesu in der Bergpredigt: „... wenn dich jemand auf deine rechte Wange schlägt, dem biete die andere auch dar ..." (Matthäus 5,39b). Dieser Satz ist sicher auch deswegen so bekannt geworden, weil er nun einmal etwas verlangt, das so ganz und gar gegen jedes menschliche Fühlen und Denken geht. Unserem Denken und Fühlen entspricht die in diesem Zusammenhang von Jesus zitierte alttestamentliche Aussage „Auge um Auge, Zahn um Zahn." Der Volksmund hat daraus gemacht: „Wie du mir, so ich dir." Dieses Denken paßt, das läuft uns nicht zuwider.

Aber Jesus sagt es eben anders, und genau das meint auch die Aussage: Immer mit dem Widerstand, nicht gegen den Widerstand gehen. Das ist schwer, hart, fast unmöglich, aber genau richtig und entscheidend. Denn da, wo man sich gegen den Widerstand stellt, macht man ihn stark, fließt ihm eine Kraft zu, die letztlich von dem kommt, der sich gegen die Gegenbewegung stellt.

Wenn man noch einmal das Beispiel mit dem Schlag ins Gesicht gebraucht, dann wäre ja die natürliche Reaktion: Ich schlage zurück. Damit ist aber dann Tür und Tor für jede Art von Eskalation geöffnet. Er schlägt mich, ich schlage etwas fester zurück. Er schlägt wieder, ich auch. Er greift zum Messer, ich zur Keule. Der Kampf ist erst vorbei, wenn einer der Gegner kampfunfähig am Boden liegt.

Nun muß man sich solche Auseinandersetzungen gar nicht immer so handgreiflich vorstellen. Das geht auch in jeder anderen Weise, die menschliche Kreativität im Negativfall hervorbringen kann. Wenn mir einer einen Schaden zufügt, habe ich instinktiv das Gefühl, nur dann weiterleben zu können, wenn ich nun meinerseits dem anderen verbal oder sehr indirekt auch einen Schaden zufüge. Das Ganze nennt man Rache, und da hilft uns auch schon das Alte Testament, nach dem dieses Handeln in der Souveränität Gottes steht.

Um noch einmal das Beispiel aus der Bergpredigt aufzugreifen: Schlägt mir jemand ins Gesicht und ich schlage nicht zurück, sondern mache mich sogar noch angreifbar, kann es sein, daß der andere noch ein zweites Mal zuschlägt. Sicher ist das aber nicht. Da, wo der andere keinen Gegendruck bekommt, wird sich sein Angriff letztlich erledigen. Das ist keine Theorie. Aber letztlich gilt das für jede Art von Gegenbewegung und Widerstand.

In erster Linie geht es darum, aus der Gegenbewegung den Druck herauszunehmen. Dem Widerstand muß Raum gewährt werden. Das geschieht zum Beispiel dadurch, daß man immer wieder auch den Dialog mit den Menschen in der Gegenbewegung sucht. Jeder hat seine Sichtweise und eigene Argumente. Es ist gut, dabei die Ursachen zu erforschen, Fragen zu stellen und zuzuhören. Die Motivation der anderen muß erfragt werden. Andere Menschen sind ja nicht deswegen gleich zu bekämpfen, weil sie anders denken. Auch in jeder Gegenbewegung steckt etwas Positives, das es auf diese Weise zu entdecken gilt.

Dazu gehört auch die Kunst, einem anderen Menschen im Blick auf seine Aussagen Recht geben zu können. Auch hier ist es wieder wichtig, sich in das Denken eines anderen Menschen zu versetzen. Geduld ist eine wichtige Tugend. Mit ihr gilt es immer wieder auch dem anderen zu vermitteln, daß die Widerstände, die Probleme, unterschwellige Gefühle und offene Fragen ernst genommen werden. Oft verbirgt sich hinter dem Widerstand und der Gegenbewegung ein Gefühl von Verlust. Deshalb ist es wichtig, über die für den anderen entscheidenden Themen zu reden.

Im Dialog können Sie durch das gegenseitige Wahrnehmen des anderen kleine Schritte in Richtung Ziel gehen. Auch auf diese Weise kann ein Mensch mit in die Veränderung eingebunden werden. Ich habe oft die Erfahrung gemacht, daß gerade solche Gespräche und darin gezeigte Offenheit anderen die Möglichkeit gegeben haben, aus der Gegenbewegung auszusteigen.

Immer dann, wenn Menschen auf eine Veränderung reagieren, hat ihre vielleicht als eher negativ empfundene und erscheinende Reaktion durchaus auch eine positive Funktion, die für alle vom Veränderungsvorgang Betroffenen eine wichtige Bedeutung haben kann.

• Menschen geraten durch die angekündigte oder angefangene Veränderung durcheinander. Wenn ihre Reaktionen das erkennen lassen, können die verantwortlichen Mitarbeiter vielleicht entscheidende Dinge übersehen haben. Vielleicht zeigen Menschen in der Gemeinde dadurch, daß sie immer noch nicht verstanden haben, worum es eigentlich bei der Veränderung gehen soll. Dann sind Informationen nötig, Pläne müssen gemacht und erklärt werden. So werden durch Gegenreaktionen oft mögliche Probleme gefunden, an die vorher vielleicht niemand gedacht hat.

• Andere Menschen reagieren bei Veränderungen mit Angst. Wenn sich vieles ändert, ist es wichtig, das nicht zu übersehen, was in der Vergangenheit gut war und auch heute noch Bestand haben sollte. Nicht alles Alte ist automatisch dadurch schlecht, daß es alt geworden ist. Es hat sich eben auch bewährt. Das Alte, welches immer noch eine direkte oder indirekte wichtige Funktion hat, muß in die Veränderung eingebaut werden. Wenn Menschen mit Angst reagieren, können sie auch davor warnen wollen, nicht zu schnell Altbewährtes aufzugeben. Auf diese Weise kann eine notwendige Kontinuität gewahrt bleiben.

• Für viele Führungspersönlichkeiten in einer Gemeinde ist es eine schmerzliche Erfahrung, wenn Menschen sich zurückziehen. Diese Menschen können aber durch ihre Haltung zum Nachdenken und Stillhalten einladen. Auch hier gilt es immer wieder, das Gespräch zu suchen. Auch wenn man irgendwann damit leben muß, daß sich auch Menschen ganz verabschieden werden. Trotzdem ist es wichtig, allen am Veränderungsprozeß Beteiligten immer wieder diesen Rückzug zuzugestehen. Ein Veränderungsprozeß ist sehr anstrengend. Gerade um weiter mitmachen zu können, brauchen auch positiv eingestellte Menschen immer wieder Ruhepausen und Zeit zum Luftholen. Diese zu gewähren und Menschen nicht zu überfordern, ist eine wichtige Führungsaufgabe.

• Natürlich gibt es auch in einem Veränderungsprozeß immer wieder Menschen, die sich über die Veränderungen ärgern und diesem Ärger deutlich Luft machen. Das ist zwar unbequem, aber auch gut, denn dadurch werden Themen und Probleme angesprochen und öffentlich gemacht. Nun kann man auch reagieren. Damit wird die vorhandene Unzufriedenheit, die vorher nie offen geäußert wurde, ihrer zerstörerischen Kraft beraubt. Es ist natürlich nie schön, wenn es ordentlich kracht, aber auf diese Art und Weise kann Druck abgebaut werden. Manche Menschen fühlen sich dann einfach freier und sind wieder zugänglicher. Eine offene Diskussion kann zwar sehr unangenehm sein, ist aber tausendmal besser als ein ständig heimlich gärender Widerstandsprozeß.

Konflikte und Konfliktmanagement

Daß bei einem Veränderungsprozeß Konflikte entstehen, ist normal. Es wäre schon etwas eigentümlich, wenn viele Menschen miteinander in einen dynamischen Prozeß eintreten und alles würde vollkommen konfliktfrei ablaufen. Wenn Menschen mit Menschen zu tun haben, prallen eben auch unterschiedliche Meinungen, Vorstellungen, Interessen, Bedürfnisse, Erfahrungen usw. aufeinander. Das gilt für einzelne Menschen genauso wie für Gruppen und ganze Organisationen. Ich verrate kein Geheimnis, wenn ich sage, daß auch die Kirche und die Gemeinden davon nicht frei sind. Menschen sind nun einmal unterschiedlich, und deshalb ist es auch klar, daß Situationen, Programme und der Wunsch nach Veränderung unterschiedlich bewertet werden.

Wir Menschen haben sicher alle eine natürliche Begabung, mit Konflikten umzugehen. Das Zauberwort heißt nicht selten Kompromiß. Das haben wir alle gelernt, und die meisten Menschen können auch mit einem Kompromiß leben, weil man ja zusammenarbeiten will. Orientiert man sich am gemeinsamen Ziel, ist das Ziel wichtiger als die eigene Meinung und damit ein Ausgang aus dem Konflikt aufgezeigt. Im Kompromiß hat jeder auch ein Stück der eigenen Vorstellung mit eingebracht und gleichzeitig dem anderen ein Feld geöffnet, wo sie oder er nun auch sich selbst einbringen kann.

Ohne Kompromißbereitschaft läßt sich kein Konflikt lösen. Dabei ist es gut zu beachten, daß Konflikte unterschiedliche Ebenen kennen.

1. Ein Konflikt beginnt meistens auf der „Interessen-Ebene". Das heißt: Menschen haben im Blick auf eine Sache unterschiedliche Interessen oder eine unterschiedliche Meinung. Gelingt es, auf dieser Ebene einen Kompromiß zu finden, dann nennt sich dieser Kompromiß „Interessenausgleich". Beide Seiten bringen sich ein, verzichten auf eigene Interessen und Meinungen und sind bereit, sich den Interessen und der Meinung des anderen zu öffnen. Der gefundene Kompromiß wird akzeptiert, weil beide Seiten aufeinander zugegangen sind und entdeckt haben, daß der im Kompromiß gefundene Interessenausgleich mehr wiegt als das Eigeninteresse oder die eigene Meinung.

2. Gelingt es allerdings nicht, auf der „Interessen-Ebene" einen Konsens zu finden, geht der Konflikt auf die nächste Ebene über. Dies ist dann die „Rechts-Ebene". Beide Seiten sehen sich rechtlich auf der richtigen Seite und klagen ihr Recht ein. Dabei ist auch das Recht nie nur eindeutig. Die Normen, auf die man sich beruft, sind interpretierbar. Nun ist der Kompromiß auch nicht mehr ohne fremde Hilfe zu finden. Eine dritte Person wird wichtig, die die Rolle einer Schiedsstelle einnimmt. Es muß nun entschieden werden, wer Recht hat. Diese dritte Person muß die nötige Autorität besitzen zu entscheiden, wer Recht hat. Auch hier ist ein Kompromiß noch möglich, aber sehr viel schwerer als auf der ersten Ebene. Hier wird eher für eine Seite entschieden.

3. Ist der Konflikt auch nach dem Schiedsspruch nicht beendet, geht der Konflikt auf die „Gewalt-Ebene" über. Nun geht es nur noch um die Macht. Wer wird sich am Ende durchsetzen? Hier ist ein Kompromiß nicht mehr möglich, weil nun alles darauf zielt, den anderen zu „unterwerfen". Wer am unabhängigsten ist, hat die größte Chance zu gewinnen. Wer am wenigsten zu verlieren hat, wird sich durchsetzen. Hier spielt der Meinungsaustausch keine Rolle mehr, ein Gespräch ist unmöglich. Der Konflikt wird nicht mehr gelöst, sondern entschieden. Das Ende ist dann erreicht, wenn es einen Sieger und einen Verlierer gibt.

Im Konfliktmanagement gilt es immer zu beachten, auf welcher Ebene man sich befindet. Ist die „Gewalt-Ebene" einmal erreicht, geht es nur aus dem Konflikt heraus, wenn man wieder in die einzelnen Ebenen zurückgeht. Ein wirklicher Kompromiß ist nur auf der „Interessen-Ebene" möglich.

Deshalb ist es so schlimm, wenn sich Fronten verhärten, die „Gewalt-Ebene" also erreicht ist. Dann entsteht ein Grabenkrieg, der zu einer Spaltung führen kann. Diese Spaltung ist genau das, was viele Menschen in der Gemeinde fürchten, wenn sie etwas verändern. Manchmal ist gar nicht mehr deutlich, woran und warum sich die Fronten verhärtet haben und womit die Fähigkeit zum Kompromiß verloren gegangen ist. Während der Kompromiß auch einem anderen Menschen Lebensraum geben will, ist in dieser Situation nur noch das Ziel, über den anderen Menschen oder die andere Menschengruppe zu siegen. Das Schlimme ist: In einem solchen verhärteten Zustand gibt es kaum einen Sieger, sondern meistens nur Verlierer. Kommt es nämlich wirklich zur Spaltung, behalten alle tiefe Wunden zurück, die oft noch nach Jahrzehnten nicht verheilt sind. Eigentlich sollte man ja meinen, daß gerade in christlichen Kreisen genug Wissen darüber vorhanden sein müßte, wie man aus dieser Lage herauskommt. Aber leider sprechen die vielfältigen Zeugnisse einer langen Kirchengeschichte dagegen.

Natürlich gehört es zur Führungsaufgabe, solche Konflikte zu verhindern. Gebraucht wird die Fähigkeit, konfliktgeladene Situationen rechtzeitig zu erkennen und so zu steuern, daß die angestrebte Veränderung möglich ist und kein Schaden entsteht, der allem Weiteren den Boden entzieht. Die Verantwortlichen brauchen in dieser Lage ein gehöriges Maß an Selbsterkenntnis, eine gute Wahrnehmung anderer und das Wissen darum, daß alle Menschen letztlich von der Vergebung leben. Vergebung ist aber genau das, was uns als Menschen leben läßt – in unserem Verhältnis zu Gott, aber auch im Verhältnis zu anderen Menschen.

Anmerkung: Der Beitrag ist ein Auszug aus dem Buch von Michael Noss „Aufbrechen – verändern – gestalten. Auf dem Weg zu einer einladenden Gemeinde". Der Abdruck erfolgt mit freundlicher Genehmigung des Oncken-Verlages Wuppertal und Kassel.

Horst Marquardt

Nachwort:
Nicht später – heute

Wenn tausend christliche Führungskräfte zweieinhalb Tage beisammen sind, um über ihr Leben und ihre Arbeit nachzudenken, dann muss das für unsere Gesellschaft Auswirkungen haben. Wir wünschen uns das jedenfalls, deshalb haben wir ja diesen Kongress geplant und durchgeführt. Drei Stichworte dazu:

Denken – nicht später, heute

Täglich will ich mich fragen: Wie kann ich das Beste aus meinem Auftrag machen? Bei allem Denken über mich, mein Leben, meine Arbeit will ich mit der richtigen Einstellung an die Sache herangehen, Leidenschaft, Flexibilität und Begeisterung nicht nur von meinen Mitarbeitern verlangen, sondern selbst mit Leidenschaft bei der Sache sein, flexibel bleiben und mir die Begeisterung nicht rauben lassen.

Ich will intensiver bedenken, was ich andern geben kann. Es beunruhigt mich, dass unsere westliche Welt satt ist, gefüllt bis obenhin, und dass darum für die Wirtschaftswelt gilt, was Elsa Klensch, die Lifestyleredakteurin bei CNN, so formulierte: „Die Geschäfte müssen sich klarmachen, dass niemand mehr wirklich etwas braucht. Service, Service und noch einmal Service ist der Schlüsselfaktor" (Tom Peters, „Der Innovationskreis", S. 455).

Das gilt sicherlich nicht nur für alle diejenigen, die etwas verkaufen wollen, sondern das gilt auch für die Kirchen, für die Gemeinden. Gefragt sind: Dienst für den andern, Geborgenheit für den Einsamen, Schutz für den Gefährdeten, Zeit für den Gestressten. Nicht erst später, sondern heute. Bei aller Sattheit, die uns hier geschenkt ist, gilt es auch derer zu gedenken, die in anderen Teilen der Welt oft nicht einmal das Nötigste haben. Ich will bedenken, wie ich mit meinem Leben, meiner Familie, meinem Betrieb, meinem Land besser nutzen kann.

Ich will bedenken, wie und wo meine Erfahrungen am besten eingebracht werden können. Der Kongress sollte erreichen, dass wir
nicht nur an unserem Arbeitsplatz bessere Führungspersönlichkeiten
werden, sondern dass wir etwas von unserer Führungsqualität auch
in der Gemeinde Jesu einbringen. So können Gemeinden bereichert
werden, Denkanstöße erhalten und aus Siegen und Niederlagen
anderer lernen. So bleiben sie bewahrt vor einschläferndem
Rhythmus und bloßer Routine.

In seinem Buch „Eiserne Ration eines Christenmenschen" sagte
der Theologieprofessor Heinrich Vogel: „Meine nur nicht, dass Gott
einen so trefflichen Menschen wie dich brauchte. Aber wahrlich: Du
brauchst Gott!" – Im gleichen Atemzug aber sagte Vogel: „Meine nur
nicht, dass ein so armseliger Mensch wie du für Gott überflüssig
wäre; Gott hat dir eine große Aufgabe zugedacht!"

Ich will bedenken, dass Gott auch weiß, wie ich mit dem Geld
umgehe. Auf der einen Seite dürfen wir nicht leichtsinnig sein, auf
der anderen Seite nicht zur falschen Zeit sparen. Eines der größten
Probleme der großen Unternehmen ist die Vorstellung, nichts in
Angriff nehmen zu können, bevor das große Geld da ist. Das gilt aber
auch für Kleinbetriebe. Das gilt auch für Kirchengemeinden und für
ganze Denominationen. Es wäre gut, wir würden uns öfter des
Pauluswortes erinnern: „Wer kärglich sät, der wird auch kärglich ernten!" (2. Korinther 9,6).

Beten – nicht später, heute

Es ist uns neu bewusst geworden, wie nötig das Gebet ist. Ich will
mehr Zeit finden zur Stille, zur Besinnung, zum Hören auf Gott und
zum Reden mit Gott. Auch wenn man als Chef für Tausende
Verantwortung trägt, ist es keine Schande, mit Gott zu sprechen und
zu hören, was er uns sagt. Wenn die Zeit dafür zu fehlen scheint,
muss ich sie desto bewusster suchen.

Ich will mich nicht von Zweifeln gefangen nehmen lassen. Es ist
keine Schande, Zweifel einzugestehen; aber es ist schädlich, im
Zweifel zu verharren. Machen wir es wie Mose, von dem es heißt,
dass er sich an Gott hielt, den er nicht sah, als sähe er ihn (Hebräer
11,27). Das sind keine Phantasten, die diesem Beispiel folgen, son-

dern das sind die großen Realisten. Sie sehen Gott nicht mit ihren Augen, aber sie rechnen mit ihm und sprechen zu ihm wie zu einem Freund.

Ich will Gott danken für die Werte, die er mir schenkt, z.B. für die Wahrheit. Wer betet, erfährt Gottes Weisung. Wer betet, weiß, ob und wann er auf gefährlichem Weg ist. Wer betet, gewinnt – auch wenn es schwer zu sein scheint – den Mut zur Wahrheit!

Ich will mich meiner Schwächen nicht schämen. Wer betet, wer ständigen Umgang mit dem lebendigen Gott hat, der hat große Möglichkeiten, auch über die Schwächen seines Lebens hinwegzukommen. Gott sieht uns und liebt uns, auch mit unseren Schwächen. Christus ist in diese Welt hineingekommen, um gerade die Schwachen zu tragen, nicht nur, um sie zu ertragen. Darum können wir sogar froh sein, wenn wir Fehler machen. Ihm können wir sagen, was wir falsch gemacht haben.

Steve Ross, der verstorbene CEO von Time Warner Enterprises, hat einmal gesagt: „In diesem Unternehmen werden Sie entlassen, wenn Sie keine Fehler machen." Nun, soviel Kraft werden wahrscheinlich nicht viele Unternehmer haben. Steve Ross ist allerdings mit dieser Philosophie nicht schlecht gefahren.

Wir wollen uns daran erinnern, dass einer, der an Jesus Christus glaubt, auch Fehler machen kann und dass er Kraft und Weisheit empfängt, mit eigenen und fremden Fehlern fertig zu werden. Wer nicht an Jesus Christus glaubt, beraubt sich selbst, denn wenn man vor Jesus seine Fehler ausspricht und ihn um Vergebung bittet, dann schenkt er diese Vergebung. Das hat er versprochen. Viele haben das erfahren.

Ich wünsche Ihnen die Erfahrung der Vergebung, selbst wenn es nicht nur um einzelne Fehler gehen sollte, sondern um eine grundsätzliche Schuld Ihres Lebens, sogar um Ihre Gottlosigkeit. Vertrauen Sie darauf, dass Christus Ihr Leben in Ordnung bringen kann. Heute schon. Nicht erst später.

Ich will ständig mit Gott im Gespräch bleiben, nicht nur wenn's brennt. Beten Sie auch öffentlich, ob Sie in der Kantine essen oder in einem Restaurant, ob Sie in einem Krankenhaus liegen, im Speisewagen sind oder im Flugzeug sitzen. Ich denke an einen meiner Freunde, der auf einem Campingplatz neben einem türkischen Zahnarzt zu stehen kam. Beide haben sich gegenseitig zum Essen eingeladen. Als die Türken bei den Deutschen zu Gast waren, hat mein Freund vor dem Essen gebetet. Daraufhin sagte der türkische Arzt voller Erstaunen: „Haben Sie etwa eben gebetet? Sie sind der erste Europäer, den ich beten gesehen habe."

Handeln (Tun) – nicht später, sondern heute

Keine Angst vor der Zukunft. Wer im Glauben mit Christus lebt, muss keine Angst haben vor der Zukunft. Auch wenn die Erfolgsfaktoren der Vergangenheit in Zukunft nicht mehr gelten werden.

Christen sind nicht Feinde der technischen und wissenschaftlichen Entwicklung. Es geht ihnen vielmehr um die richtige Balance, um den Ausgleich. Wir wollen offen sein für das, was uns künftig geboten wird an modernen Entwicklungen, gleichzeitig aber nicht vergessen, dass auch die besten und großartigsten Entwicklungen nichts nutzen, wenn wir sie losgelöst vom lebendigen Gott gebrauchen.

Gemeinsam handeln. Suchen Sie Freunde, die an Jesus Christus glauben. Es gibt einige Verbände, die gemeinsam die Interessen von Christen im Beruf und in der Wirtschaft wahrnehmen. Nehmen Sie Kontakt auf zu solchen Verbänden. Suchen Sie Gleichgesinnte, innerhalb und außerhalb Ihrer Gemeinden. Notwendiger denn je ist am Ausgang dieses Jahrhunderts der Wille, unsere Gesellschaft beeinflussen und gestalten zu wollen, und da, wo es erforderlich ist, diese Gesellschaft zu verändern. Die Zukunft gehört nicht irgendeiner der Weltreligionen oder dem Atheismus oder dem Egoismus. Christen rechnen mit Christus. Wir wollen mit ihm tätig werden, nicht erst später, sondern heute.

Leben, leiten, denken, beten Sie und tun Sie alles in der Gewissheit, dass Sie einen Gott haben, der Sie sieht. Ob in guten oder in bösen Stunden – wenden Sie sich an ihn und vertrauen Sie ihm. Sprechen Sie ihn an und sagen Sie ihm: Du bist ein Gott, der mich sieht.

Die Autoren

Dr. Peter Barrenstein. Studium der Betriebswirtschaftslehre an der Universität zu Köln, Promotion in Nürnberg. Director im Münchener Büro der weltweit agierenden Unternehmensberatung McKinsey & Company. Im Mittelpunkt seiner Projektarbeiten stehen insbesondere Fragen der Strategie, Organisation sowie operative Verbesserungsmaßnahmen. Er war Initiator und Leiter des Pro bono-Projektes von McKinsey für das Dekanat der Evangelischen Kirche in München. U.a. Mitglied im Vorstand des Arbeitskreises Evangelischer Unternehmer in Deutschland (AEU).

Dr. Siegfried Buchholz. Geboren und aufgewachsen in Westfalen. Nach seinem Studium der Chemie in Münster, Regensburg und Erlangen hat er promoviert und war von 1961 bis 1993 in den Bereichen Forschung, Anwendungstechnik, Verkauf und General-Management für die BASF AG national und international tätig. Er war u.a. Vice President der amerikanischen BASF Corporation und zuletzt Generaldirektor der BASF Österreich. Von 1993 bis 1996 war er Vorstandsmitglied und Vorstandsvorsitzender der CONSTANTIA AG. Seit Oktober 1996 nimmt er Aufgaben als Managementberater und -coach wahr.

Johannes Czwalina. Theologe und Berater für Führungskräfte. 1997 veröffentlichte er gemeinsam mit Andreas M. Walker das Buch „Karriere ohne Sinn? Der Manager zwischen Beruf, Macht und Familie".

Dr. Klaus Douglass. Geboren 1958, seit zehn Jahren Pfarrer der Andreasgemeinde Niederhöchstadt. Autor mehrerer Bücher („Gottes Liebe feiern"; „Glaube hat Gründe") und vielgefragter Referent zum Thema Gemeindeaufbau. Näheres zur Geschichte und zum Konzept des GoSpecial-Gottesdienstes finden Sie in dem Buch „Ein Traum von Kirche" oder auch im Internet unter http://www.andreasgemeinde.de.

Klaus Eickhoff. Geboren 1936 in Berlin, aufgewachsen in Westfalen: Schule, Graveur-Handwerk, Theologiestudium. Verheiratet, sechs

Kinder. 1980 bis 1997 Leiter des Werkes für Evangelisation und Gemeindeaufbau der Evangelischen Kirche, A.B., in Österreich. Vorsitzender der Arbeitsgemeinschaft für Gemeindeaufbau (AGGA), 2. Vorsitzender der Akademie für christliche Führungskräfte (AcF).

Eckart Flöther. Geboren 1939, Studium der Volks- und Betriebswirtschaft sowie der Theologie und Psychologie, 1967 bis 1972 Trainings-Referent der ESSO AG und Trainings-Manager der Schering AG, 1972 bis 1975 Ressortleiter für den Bereich „Management" der „Wirtschaftswoche", 1975-1978 Ghostwriter für den Ministerpräsidenten eines Bundeslandes, seit 1979 Publizist, Berater und Trainer für strategisches Management, Unternehmenskultur, Prozess-Management, Teamentwicklung und Führungsfragen für weit über 10.000 Führungskräfte. 1986 Gründung und bis 1996 Leitung des Management Instituts Starnberg, das 1992 an den Gabler Verlag verkauft wurde, seit 1995 Chef der Beratungsgruppe Eckart Flöther & Partner, Starnberg und Edinburgh/Schottland.

Helmut Martin Großkopf. Diplomkaufmann. 44 Jahre. Verheiratet, fünf Kinder. Studium der Betriebswirtschaft. Generalstabsausbildung bei der Bundeswehr. Geschäftsführer eines Franchising-Unternehmens. Seit 1998 selbständiger Berater mit den Schwerpunkten Selbstorganisation, Rhetorik, Mitarbeiterführung und Unternehmensplanung. Dozent für allgemeine Betriebswirtschaftslehre. Leiter Firmenseminare bei tempus.

Ulrike Jooß. Geboren 1960. Verheiratet, 3 Kinder. Diplom-Betriebswirtin, Rhetorik-Studium in Tübingen, Trainerausbildung, seit 1993 selbständige Trainerin für Rhetorik- und Persönlichkeitsentwicklung, Mitglied im Vorstand von „Christen in der Wirtschaft".

Dr. Jörg Knoblauch. Jahrgang 1949. Verheiratet. Ingenieurstudium, Studium der Betriebswirtschaft. Leiter der Knoblauch Unternehmensgruppe: tempus (Zeitplanbuch-Verlag), drilbox (Werkzeugverpackungen), DISG (Persönlichkeitstraining). Lehrbeauftragter im Bereich „Führungslehre" an der FH Nürtingen. Vorsitzender des Instituts „Innovation im System Arbeit" (ISA), langjähriger Vorsitzender der „Arbeitsgemeinschaft zur Förderung der Partnerschaft in der Wirtschaft e.V." (AGP), Mitglied des württembergischen Präsidiums des Bundes der Selbständigen (BDS), Vorstand der Deutschen Managementgesellschaft (DMG).

Geschäftsführer der „Arbeitsgemeinschaft für Gemeindeaufbau" (AGGA), internationales Vorstandsmitglied „Christian Business Men's Committee" (CBMC), Gründungsmitglied im Arbeitskreis „Christ und Manager", Mitarbeiter innerhalb der evangelischen Landeskirche in der Gemeindepflanzung „OASE", einem Gottesdienst für junge Familien. Autor zahlreicher Bücher.

Martin L. Landmesser. Geboren 1952, verheiratet, drei Töchter. Bankausbildung, Studium der Betriebswirtschaft, Ausbildung zum Management- und Verkaufstrainer, Direktor der Akademie Bayerischer Genossenschaften, 2. Vorsitzender von „Christen in der Wirtschaft", 2. Vorsitzender des Evangelischen Bildungswerkes Neumarkt, Präsident 97/98 des Lionsclubs Beilngries.

Friedhelm Loh. Geboren 1946. Verheiratet, drei Kinder. Inhaber der Friedhelm-Loh-Unternehmensgruppe mit sieben Gesellschaften im Inland, insgesamt ca. 7000 Mitarbeitern weltweit. Seit 1974 Vorsitzender der Geschäftsführung. Mitglied der FeG Ewersbach, Aufsichtsratsvorsitzender des Bundes-Verlages/R. Brockhaus Verlages, Vorstand Bibellesebund, Vorstandsvorsitzender der CINA e.V.

Horst Marquardt. Geboren 1929. Rundfunk-Journalist. Studium der Theologie; Pastor der Evangelisch-methodistischen Kirche (EmK) in Berlin, Wien und Wetzlar; von 1963 bis 1993 beim Evangeliums-Rundfunk (ERF) in Wetzlar (Leitung); von 1994 bis 1997 Internationaler Direktor von Trans World Radio (TWR); gründete 1972 den Informationsdienst der Evangelischen Allianz (idea); Mitbegründer der Konferenz Evangelikaler Publizisten (KEP).

Helmut Matthies. Geboren 1950. Diakoniewissenschaftliches Diplom, Pfarrer. Seit 1978 Leiter der Nachrichtenagentur idea und Geschäftsführer des Christlichen Anzeigen-Verlages (Wetzlar).

Ruth Merckle. Geboren 1937. Verheiratet, vier erwachsene Kinder. Geschäftsführerin der Merckle GmbH, Arzneimittelhersteller in Blaubeuren/Ulm. Seit mehr als 25 Jahren im Kirchengemeinderat, seit einigen Jahren im Vorstand des Arbeitskreises Evangelischer Unternehmer, von 1992 bis 1997 Mitglied im Rat der EKD.

Jürgen Mette. Geboren 1952. Verheiratet, drei Söhne. Der gelernte Zimmermann studierte am Theologischen Seminar Tabor in Marburg und an der Trinity International University in Chicago. Seit Januar 1997 leitet er die Evangelistische Zentrale und die Marburger Blätter-Mission des Deutschen Gemeinschafts-Diakonieverbandes (DGD).

Claudia und Eberhard Mühlan. Verheiratet, sieben eigene, sechs angenommene Kinder. Leitende Mitarbeiter des Vereins „Neues Leben für Familien e.V." Zahlreiche pädagogische Ratgeberbücher.

Ulrich Parzany. Geb. 1941 in Essen, verheiratet, drei Kinder. Studium der Theologie, Vikariat in der Evangelisch-Lutherischen Kirche in Jordanien, 1967–1984 Jugendpfarrer des Weigle-Hauses in Essen, seit 1984 Generalsekretär des CVJM-Gesamtverbandes in Deutschland e.V. Redner bei „ProChrist '95", „ProChrist '97" und „ProChrist 2000". Vorsitzender des „Pavillon der Hoffnung e.V.", einem großen Jugendprojekt bei der Expo 2000 Hannover.

Michael Noss. Unternehmensberater und Theologe, Berlin.

Eugen Reiser. Geboren 1943. Verheiratet, drei erwachsene Kinder, theologische Ausbildung in der Evangelischen Missionsschule der Bahnauer Bruderschaft in Unterweissach. Betriebsseelsorger, CVJM-Sekretär. Elf Jahre im Reisedienst des Evang. Jungendwerkes Württemberg, Schriftleiter verschiedener Arbeitshilfen. Seit 1988 Leiter der KIRCHE UNTERWEGS der Bahnauer Bruderschaft e. V, seit September 1999 Direktor der Evangelischen Missionsschule der Bahnauer Bruderschaft Unterweissach, Weissach im Tal.

Prof. Dr. Dr. habil. Kurt Nagel. Jahrgang 1939. Studium der Betriebswirtschaftslehre, lange Zeit leitender Chefberater von IBM, Honorarprofessor an der Universität Würzburg. Nagel ist Herausgeber mehrerer Schriftenreihen, Verfasser anerkannter Fachbücher und Inhaber der Beratungs- und Weiterbildungsfirma „Systeme für Erfolg" mit Sitz in Sindelfingen.

Norman Rentrop. Diplom-Kaufmann. Geboren 1957 in Bonn. Verheiratet, zwei Kinder. Herausgabe des Fachmagazins „Die Geschäftsidee" bereits als Schüler. Studium der Betriebswirtschaftslehre an der Universität zu Köln. Ab 1982 Herausgabe der Loseblattzeitschrift „Handbuch für Selbständige und Unternehmer", seit 1984 des Loseblattwerkes „Der Werbeberater". Zahlreiche weitere Bücher und Loseblattwerke rund um das Thema Existenzgründung und Selbständigkeit zählen inzwischen zu seinen Veröffentlichungen. Die eigene Verlagsgruppe ist weltweit tätig und hat derzeit rund 600 Mitarbeiter. 1990 wurde Norman Rentrop der Ehren-Existenzgründerpreis vom Bundesverband mittelständische Wirtschaft verliehen. Mittlerweile zog sich Norman Rentrop aus dem operativen Geschäft des Verlags Norman Rentrop zurück und ist nun Aufsichtsratsvorsitzender des umbenannten VNR Verlag für die deutsche Wirtschaft. So kann er sich auch intensiver seinen Engagements wie zum Beispiel dem Verein Hour of Power Deutschland widmen, der sich für die Ausstrahlung des meistgesehenen Fernsehgottesdienstes der Welt, der „Hour of Power" des evangelikalen Pfarrers Robert Schuller/USA im deutschen Fernsehen einsetzt.

Dr. Heinrich Christian Rust. Geb. am 9.8. 1953 in Bückeburg. Verheiratet, drei Kinder. Studium der Theologie in Hamburg und Leuven/Belgien. Referent im Bundesmissionshaus des Bundes Evangelisch-Freikirchlicher Gemeinden in Deutschland (Baptisten).

Günter Sauder. Geboren 1942. Verheiratet, zwei Kinder. Diplom-Kaufmann, Honorarprofessor, Senator der Jaycees International, verschiedene leitende Funktionen im Personalbereich von Industrieunternehmen, seit 1997 selbständiger Berater, Trainer und Coach für Führungskräfte, zahlreiche Veröffentlichungen zu den Themen Führung, Personalarbeit und Mitarbeiterentwicklung.

Karl Schock. Geboren 1934. Verheiratet, vier Söhne. Dipl. Ing., Geschäftsführer der Schock&Co GmbH, einem Industrieunternehmen in Schorndorf. Leitungsfunktionen im Christlichen Zentrum SCALA, Schorndorf, Gründer und Vorsitzender der Stiftung für Gemeindeentwicklung (SGE), Vorsitzer der Akademie für Christliche Führungskräfte (ACF), Mitinitiator des Kongresses für christliche Führungskräfte. 1996 gründete er „Opportunity International Deutschland" (OID), eine Stiftung für christliche Armutsbekämpfung, die innerhalb eines internationalen Netzwerkes von 60 Partnern in über 30 Ländern allein im letzten Jahr rund 750.000 Menschen in der sogenannten Dritten Welt bleibend aus der Armutsspirale befreien konnte.

Peter Strauch. Präses des Bundes Freier evangelischer Gemeinden in Deutschland (FEG).

Dr. Christian Thielscher. Geboren 1964. Verheiratet, ein Sohn. Studium der Humanmedizin. Vier Jahre ärztliche Tätigkeit, u. a. an der Universitätsklinik Bonn. Danach Studium der BWL mit Abschluss Dipl.-Kfm. und VWL (Dipl.-Volksw.). Seit 1994 Berater bei McKinsey.

 **ideaSpektrum**

brandaktuelle Nachrichten, Kommentare und Hintergrundberichte
über Theologie, Kirchen, Politik, Mission, Gemeinde, Seelsorge u.a.

- umfangreichster Anzeigenmarkt der überregionalen evangelischen Presse – mit zahlreichen Stellen-, Reise-, Wohnungs- und anderen Angeboten

- für engagierte Christen in Landes- und Freikirchen

- Im Internet finden Sie ideaSpektrum in Auszügen sowie weitere Informationen über die Arbeitsbereiche von idea (auch telefonisch abrufbar unter: 06441/915-120).
  http://www.idea.de

Bestellen Sie Ihr Schnupper-Abo:
8 Ausgaben für 14,30 DM

Rufen Sie uns an, oder senden Sie ein Fax:
Tel. 06441/ 915-122
Fax 06441/ 915-148

Das aktuelle

Nachrichtenmagazin

für engagierte Christen

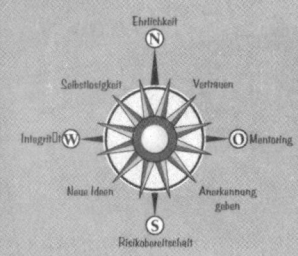

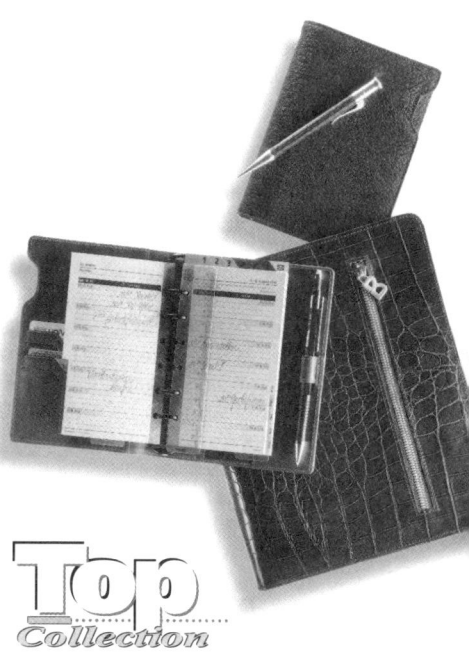

Gemeinsam SEINE Ziele ansteuern

1997 gründeten einige christliche Leiter, u.a. die Unternehmer Karl Schock, Schorndorf, und Dr. Jörg Knoblauch, Giengen, die Akademie für christliche Führungskräfte. Sie will Christen mit Leitungsgaben und -aufgaben zur Entfaltung ihrer Führungsbefähigungen verhelfen.

Manche Prinzipien der Unternehmensführung können sinnvoll zum Aufbau der Gemeinde Jesu Christi genutzt werden. Andererseits benötigt die Wirtschaft dringend biblische Führungsprinzipien und Wertmaßstäbe. Die Akademie für christliche Führungskräfte will deshalb eine Brücke mit Gegenverkehr sein, über die fortschrittliches säkulares Führungswissen und biblisch-orientierte Führungsweisheit vermittelt werden.

Der Kongress für christliche Führungskräfte war der Start für unser Studienprogramm „Christliche Leiterschaft und Management", das im September 1999 beginnt. In diesem Studium können die Teilnehmer ihre Führungskompetenz verbessern. Sie lernen

- wie sich biblische Kybernetik und erprobte Management-methoden gegenseitig ergänzen
- in ihrer Persönlichkeit und Leiterqualität zu wachsen
- im Einklang mit dem Willen Gottes strategisch zu denken und zu planen
- Mitarbeiter zu gewinnen, zu führen und zu motivieren, um gemeinsam SEINE Ziele anzusteuern.

Der berufsbegleitende Studiengang richtet sich sowohl an Personen mit Führungsverantwortung in christlichen Gemeinden oder Werken wie auch an Christen mit Führungsverantwortung in säkularen Unternehmen. Die Kurse finden als intensive einwöchige Präsenzveranstaltungen mit entsprechender Vor- und Nacharbeit statt. Eine Akkreditierung des Studiengangs als Master-Studium wird angestrebt.

Erfahrene Dozenten und Professoren aus Wirtschaft und Theologie geben Kurse über:

- Bibel und Management
- Persönlichkeitsentwicklung und Sozialkompetenz
- Methodenkompetenz
- Kulturkompetenz.

Das ausführliche Studienprogramm sehen Sie auf unserer Homepage www.acf.de. Wir senden es Ihnen auch gerne zu.

Akademie für christliche Führungskräfte

1. Vorsitzender: Karl Schock, Unternehmer, Schorndorf
2. Vorsitzender: Pfr. Klaus Eickhoff, Sierning
Kontakt: Dr. Volker Kessler (Studienleiter), Furtwänglerstr. 10, 51643 Gummersbach. Fon 02261/807227; Fax 02261/807228
E-mail: info@acf.de